이애주의 춤 생각

이애주의 춤 생각

이
애
주    지
     음

### 이애주의 춤 생각

| | |
|---|---|
| 펴 낸 날 | 2023년 5월 10일 |
| 지 은 이 | 이애주 |
| 엮 은 이 | 이애주문화재단 |
| | |
| 디 자 인 | 장성하 |
| 펴 낸 이 | 윤혜경 |
| 펴 낸 곳 | 개마서원  1989년 8월 17일(제1-953) 등록 |
| | 서울 성북구 아리랑로 111-4 |
| | ongoejisin@gmail.com |

ISBN 979-11-952515-8-2

copyright ⓒ 2023, 이애주문화재단
값 25,000원

이 책에 수록된 사진과 글은 저작권법에 의해 보호를 받는 저작물입니다.
저작권자와 출판사의 서면 동의 없이 무단 복제 및 전재를 금합니다.

이애주의 춤 생각

개마서원
Publishing co.

# 춤만큼이나 생각이 많았던 춤꾼 이애주

**임진택**
창작판소리 명창
이애주문화재단 상임이사

우리시대의 춤꾼 이애주 선생이 세상을 떠나신지 벌써 두 해를 맞는다. 선생은 돌아가시기 전에 후배이자 제랑弟郎인 나에게 자신의 생애와 업적을 후대에 남겨달라고 유언하셨고, 나는 선생과 각별했던 유홍준 전 문화재청장과 협의하여 문화재단을 서둘러 설립하고 선생의 유업을 기리는 작업을 진행해왔다. 그리하여 2년 동안 해온 일들을 돌이켜보니 선생이 남긴 글들을 모아 책을 만드는 일, 선생이 남긴 전통춤을 제자들로 하여금 제대로 전승케 하는 일, 선생이 묻힌 마석 모란공원 묘소 인근에 묻혀있는 민주열사들을 함께 해원解寃하는 일이었다.

선생이 가신지 1주년 되던 지난해에 우리는 선생이 써놓은 여러 글들을 추슬러 세 권의 책을 냈다. 하나가 국가무형문화재로 지정된 우리춤의 대표종목「승무」에 관한 글들을 취합·정리한 『승무의 미학』이고, 또 하나가 선생의 박사학위 논문인 『고구려 춤 연구』이고, 다른 하나가 그의 일생과 춤 활동, 춤에 관한 생각들을 모은 『춤꾼은 자기 장단을 타고난다』였다.

ⓒ 오윤

　그 중 『춤꾼은 자기 장단을 타고난다』라는 책은 2008년도에 한국문화예술위원회 아르코예술정보관이 설계하여 추진한 『한국 근현대예술 구술사』 프로젝트의 결과물이 있어서 시작될 수 있었다. 다만 이애주 선생이 자신의 전 생애를 다 구술하지 못한채 1987년까지의 반半생애만 구술하고 작고하신지라, 아쉽게도 생애구술사로서 완성되지 못한 한계가 있었다. 분량도 한권의 책으로 만들기에는 부족하여 우리는 이애주 선생이 남긴 다른 글들을 찾아 보완하기로 하였는데, 뜻밖에도 논문 형식이 아닌, '춤에 관한 생각'을 담아놓은 글들이 다수 발견되었다. 그리하여 그 글들과 구술 내용을 합하여 한권의 책으로 내게 된 바, 그 책이 『춤꾼은 자기 장단을 타고난다』였다.

　그런데 예기치 못한 문제가 발생했다. 아르코예술정보관 생애구술사의 내용은 원칙적으로 일반에 공개할 수 없으며, 책의 판매도 금지되어 있었기 때문이다. 그래서 우리는 구술 내용 중심으로 이미 제작된 『춤꾼은 자기 장단을 타고난다』를 비매품으로 영구 보관하게 하고, 그가 남긴 춤에 관한 생각들을 널리 다시 모아 새로운 책을 내기로 마음먹었다. 그가 했던 각종 인터뷰와 강연 내용을 채록하였고, 갖가지 공연물에 남겨놓은 기획 의도와 창작 구상 등 실천적인 다양한 생각들을 찾아내었다. 그리하여 만든 책이 바로 이 책 『이애주의 춤 생각』이다.

 선생 가신 후 유고를 찾아 정리하다보니 먼저 두 편의 소중한 글이 발견되었다. 하나는 이애주님이 어릴 적 춤에 입문할 당시 최초의 스승이었던 김보남 선생님에 관한 글이고, 다른 하나는 서울대 문리대 국문과로 편입학한 후 스승으로 모셨던 정병욱 교수님에 관한 글이었다. 김보남 선생과 정병욱 교수에 관한 이같은 글은 처음 공개되는 것이다. 이 글들은 전통예술 전반에 있어 이제까지 알려지지 않은 깊고 올곧은 시각과 생각들을 전해주고 있어 대단히 소중한 글이다.

 이애주는 1987년 6월항쟁의 한복판에서 시대의 질곡을 가르는 한판춤을 추어냄으로써 엄청난 파문을 일으킨 '시대의 춤꾼'이다. 내가 알고 있는 바, 이애주는 백기완 선생으로부터 커다란 영향을 받았다. 일반인들은 백기완 선생을 '세력 없는 정치인' 정도로 알고 있지만, 그는 우리 민족문화·민족예술에 대해 대단한 혜안을 가진 불쌈꾼(혁명가) 시인이다. 그가 1980년 감옥에서 써내려간 장시 「묏비나리」의 첫 구절은 이렇게 시작된다. "젊은 춤꾼이여, 한 발 떼기에 목숨을 걸어라!" 그의 또다른 연설 혹은 글에는 이런 구절이 있다. "혁명이 늪에 빠지면 예술이 앞장서는 법이야!"
 이애주의 1987년 한판춤 〈바람맞이〉와 거리에서의 춤 시위 '썽풀이춤'을 이해하려면 백기완 선생의 이 포효를 연계해야 한다. 이애주가 피로써 써낸 글 「나의 칼 나의 춤」은 그러한 관점에서 다시한 번 곱씹어 읽어볼 필요가 있다고 본다.

뿐만아니라 이들 〈바람맞이〉와 '씻풀이춤'을 비롯하여 격동의 1970~80년대에 이애주가 벌인 창작춤판들, 〈땅끝〉〈나눔굿〉〈도라지꽃〉 등에 관한 작품 의도와 안무 구상은 시대와 예술을 함께 반추할 수 있는 매우 귀중한 자료들이다.

1996년 이애주는 돌아가신 스승 한영숙 선생의 뒤를 이어 무형문화재 제27호 승무의 예능보유자가 되었다. 그리고는 일체의 정치적(?) 연관을 끊었다. 과천으로 거처를 옮긴 후 제자들을 육성하기 위한 승무 전수소를 설비하고 그 일에 정성을 기울였다. 하지만 그에게는 제자가 많지 않았다. 실제로는 찾아온 후학들이 적지 않았으나, 그가 거절했거나 제자들 스스로 견디지 못하고 떠나는 일이 많았다. 무엇보다 그는 제자들을 엄하게 다스렸다. 그는 제자들에게 춤의 정신과 기본을 가르쳐주는 일에 전념했지, 학원 선생들이나 하는 것처럼 순서를 가르쳐 바쁘게 진도進度 나가는 일을 결코 하지 않았다.

이애주는 승무 전수관에 거울을 걸지 못하게 했다. 춤은 자기 내관內觀인지라 만드는 것이 아니라 추어지는 것, 거울 쳐다보며 춤추는 것이 아니라고 야단쳤다. 무형문화재 예능보유자가 된 후에도 자신이 여전히 부족하며 춤이 도대체 무엇인지 아직도 다 알지 못한다고 말하고는 했다. 그런 선생인지라 무용 지망생들이 춤 순서나 얼른 대충 배워 끝내고 제자연 하는 것을 용납하지 않았다. 혹 서운하게 생각한 제자들이 있었다면 이제 그 서운함을 풀고 선생의 진의를 되새겨 주기 바란다.

80년대와 90년대 그 격변의 시대를 온몸으로 부딪쳐 뚫고 헤쳐나간 이애주가 다시 귀의한 길은 두 갈래이다. 하나는 자신이 그렇게 추어댔던 그 몸부림의 춤사위 원형이 결국은 우리 전통춤사위 안에 고스란히 들어있더라는 재발견이다. 명예의 정상에 오른 승무예능보유자 이애주가 어느 순간 자신의 직접적인 스승 한영숙 선생을 뛰어넘어, 직접 만나본 적 없는 그 할아버지 한성준 선생을 발견한 것이다. 이것은 거의 깨달음이다. 한성준 선생은 우리춤을 집대성한 천하명무이거니와 장단과 반주에 있어서도 타의 추종을 불허하는 천하명인이었다. 이애주는 춤이란 과연 무엇인지, 전통은 무엇이며 바람직한 춤의 전승은 어떠해야 하는지를 한성준을 만나고서야 다시금 새롭게, 깊이 깨달은 것이다. 이에 관해서는 이애주가 남긴 또다른 책 『승무의 미학』에 보다 상세히 서술되어 있다.

이애주가 귀의한 또 다른 지점은 고대 우리 민족의 생명철학과 이에 바탕한 생활역사이다. 이애주는 춤의 본성을 찾아내기 위해 주역과 정역에까지 관심을 기울였고 천부경에 심취하기도 했다. 단군시대를 연구하기도 하고 고구려 무덤벽화에 남아있는 고구려춤에 천착하기도 했다. 그 과정에서 찾아낸 민족춤의 근원에 이른바 '영가무도'가 있고 '한밝춤'이 있다. 이에 관해서는 향후 서울대 출판부에서 출간될 『이 땅에, 춤이란 무엇인가』에 서술될 예정인 바, 춤에 관한 이애주의 모든 생각은 그로해서 완성된다고 볼 수 있을 것이다.

이애주는 생전에 많은 동년배 동지 예술인들과 교우했다. 제일 먼저 꼽아야 할 벗이자 동지가 오윤 화백이다. 오윤은 한국 민중판화의 대표작가이려니와, 춤꾼 이애주를 그려 넣은 판그림을 가장 많이 새겼다.
또 한 사람 꼽아야 할 벗이자 동지가 사진작가 김영수이다. 김영수는 이애주와 수년간, 파괴되어가는 우리 산천을 동행 답사하며『우리땅 터벌림』

이라는 걸작 사진집을 남겼다.

그리고 또 한 사람 빼놓을 수 없는 동지이자 벗이 민예총의 설립자이자 탁월한 문화운동 기획자인 화가 김용태이다.

이애주의 유작이랄 수 있는 이 책 『이애주의 춤 생각』에 이 세 동지의 사연이 빠져서는 안 되리라는 생각에 그들에 관련한 글과 그림을 실어놓았다.

이 책을 발간함에 있어 서울대학교 사범대학 체육교육학과 제자이자 동아리 '한사위'와 '춤패 신' 회원으로서 오직 스승에 대한 그리움으로 여러 달 밤낮없이 전념하여 준 이연실 이애주문화재단 자료실장의 갸륵함에 고마움을 전한다. 또한 산재해 있는 글의 내용을 살펴 정확성을 기하도록 정성껏 도움을 준 제자 김연정과 권효진, 그리고 누구보다 헌신적으로 수고해 준 이애주문화재단 양정순 특임위원, 김종호 연구지원팀장에게 고마움을 전한다.

아울러 책의 출판에 심혈을 기울여주신 개마서원 윤혜경 대표님과 편집 디자이너 장성하님의 노고에 지극한 감사의 말을 전한다.

2023년 5월

# 스승님이 있어 빛나던 시절

제자 이연실
이애주문화재단 자료실장

일시무시일―始無始― 일종무종일―終無終―
시작도 끝도 없다시더니
억만년의 역사를 둥둥둥
신명나게 놀리시더니

온몸으로 바람을 맞아
수족상응手足相應 온몸 다해
시대 한복판을
답지저앙踏地低昂 하시더니

바람에 걸리지도 않고
시작도 끝도 없는 그곳으로
하늘과 땅이 하나인 억겁의 그곳으로
훨훨 가셨네

한판춤, 길 닦음이라는 화두로 한국 전통춤을 시대의 몸짓, 삶의 몸짓으로 때로는 맨몸의 현장으로 무대로 종횡무진 춤을 추신 시대의 춤꾼 이애주 선생님이 추구하고 펼치시려 했던 춤세계를 선생님의 자취를 따라 다시 정리하게 되면서 감탄과 경외심, 그리고 춤추며 싸우는 형제들이 있던 시대의 그리움이 가득합니다. '다식전언왕행多識前言往行 이축기덕以畜基德' (선대로부터 이어져 오고간 말씀을 많이 듣고 배워 그것으로 덕을 쌓는다). 춤도 그러하다는 선생님의 말씀, 그러하지 못한 저는 통한의 마음을 금할 길 없습니다.

'한사위' 와 '춤패 신' 활동을 함께한 인연으로 저는 선생님의 자료를 정리하는데 일조할 수 있게 되었습니다. '한사위' 는 1983년 올바른 우리 몸짓의 계승과 몸짓을 통해 새로운 대학문화운동을 전개하고, 기존의 향락적이고 소비지향적인 춤에 대한 문제제기를 하며 만들어진 큰 몸짓이라는 뜻의 동아리로 이애주 선생께서 기꺼이 지도교수를 맡으시면서 출발 되었습니다. '춤패 신' 은 다음 해인 84년 이애주 선생님이 만든 공연 춤패입니다.

특히 87년 6월 26일 함께했던 서울대 〈바람맞이〉 춤 공연은 독재의 판을 깨고 민중의 염원인 민주·통일·해방을 여는 춤판이 되었고, 개인적으로는 그 날 선생님의 불춤은 아직까지 80년대 민주화 형상으로 각인되어 있습니다. 자료를 다시 보니 미처 보지 못했던 선생님의 절실함과 처절한 아름다움이 사진자료 곳곳에 있어 볼 때마다 가슴 뭉클함과 끝까지 함께하지 못한 회한이 밀려왔습니다. 서울대 민주광장 바람맞이 이후에 함께했던 민주화 현장에서의 봄꽃처럼 빛나던 이애주 선생님, 그 신명의 시절을 함께할 수 있어서 참 운이 좋았습니다. 선생님은 2014년 춤 인생 60년을 결산하는 〈천명〉 공연을 앞두고 다음과 같이 당신의 춤을 정리해 두셨습니다.

> 첫째 전통춤 습득과 춤의 세계관을 세운 법무의 시대,
> 둘째 역사를 관통한 창작과 시대의 바람맞이를 펼친 신명의 시대,
> 셋째 전통과 승무를 연구하며 춤의 원류를 찾아 우리춤의 세계를 드넓힌 터벌림 시대,
> 넷째 우주 생명 몸짓의 깨달음과 자연춤·흔밝춤 을 펼친 천명의 시대.

선생님의 춤은 김보남 선생님으로부터 뼈대를 잡고 정중동으로 대표되는 한국 민속춤의 대가 한영숙 선생님께 피와 살을 붙이고, 전통과 민속에 대한 사상적 스승이신 정병욱 교수님에 이르기까지 이애주춤의 근간이 되었습니다. 문화 운동 선 후배와 함께 시대를 관통한 공연 예술의 창작과 역사의 바람맞이 시대의 살풀이를 했던 신명의 시대와 역사의 수레바퀴를 돌리며 전통연구와 우리몸짓의 원류를 찾고 춤의 원형이라 여긴 영가무도를 수련하며 참나를 찾으며 춤세계관을 확장하였습니다. 이땅의 춤의 사상적 깊이를 더했던 정신과학회 시기를 거쳐 홍역학으로 정립된 '흔밝춤'을 통해

자연 생명춤과 태평춤을 펼친 천명의 시기로 볼 수 있습니다.

　이애주 선생님은
　"진정한 춤은 인간답게 살기위한 몸부림, 삶의 몸짓, 전통춤은 끊임 없이
　자신을 닦아 참 나를 찾는 깨달음, 우리춤은 만년의 역사가 축적된 영혼의
　몸짓, 우주 생명의 몸짓"
이라고 했습니다.

　제가 기억하는 선생님의 모습은 작은 체구로 눈빛은 매섭게 살아있어 함부로 할 수 없는 힘이 있었고, 매사 신중하시고 진중하심이 '한 발 떼기에 목숨'을 거는 모습 그대로였습니다. 특히 배움에 있어서는 타의추종을 불허했습니다.
　함께했던 방학기간의 지방 문화재 전수활동에서 선생님은 저희 한사위 학생들 보다 더 열심히 배우시고, 사소한 몸짓 하나 놓치지 않고 익히고 또 익히셨던 흔적들이 자료를 정리하다보니 고스란히 모아져 있었습니다. 춤에 관한 자료를 정성을 들여 모두 모으고 정리해 놓으신 걸 보면서 감탄과 죄송함이 앞섭니다.
　전통 안에 모든 창작이 있다고 하셨듯이 〈밀양 백중놀이〉를 배우고 도라지꽃의 전반부를 재창조 했고 밀양백중놀이 상쇠 김타업 선생님에게 '휘쟁이 춤'을 배워 80년대 많은 민주 열사들 장례 진혼굿에 녹여 내셨습니다.
　'진도 도깨비굿'을 알고 여성수난사를 다룬 〈도라지꽃〉의 열림판으로 재창조 하셨고 강강술래도 일본군 성노예의 처참함으로 재창작 하셨습니다.
　창작은 현장에서 직접 몸으로 체득하고 몸으로 익히는 시간을 들여서 우리 선조가 해놓으신 것을 회복하는 것이라 하셨습니다. 모든 것이 다 선조

들이 해놓았는데 후대에 이르러 제대로 그를 잇지 못함을 통탄해 하셨습니다. 선조가 해놓은 것을 회복하는 것이 우리를 살리는 길이라고도 하셨습니다. 진정한 한류 문화는 정신이 함께 가야 한다고 전통의 정신과 역사의식 사상적인 이론 공부에 남다르게 몰두하셨습니다. 말년에는 홍역학에 이르러 우리춤 이론 정립을 하시려했습니다. 요즘처럼 빨리 변하고 달라지는 세상에 본질에 충실함 그것이야 말로 세상의 구원이 된다고 믿으신 듯 춤의 근원 몸짓의 본질을 파고 또 파셨습니다.

특정계층에 독점 되어있고 왜곡되어 있는 우리춤을 함께 나누고, 보여 주기식의 춤이 아닌 함께 하는 춤으로 민중과 함께 하려는 노력은 시공간을 넘나들어 만년의 역사를 몸으로 깨달았다고 단언하셨습니다.

우리춤에는 우리 민족의 만년의 역사가 축적되어 있고 우리몸에는 만년 역사의 선조들의 유전자가 흐르고 있어 몸에 대한 깨우침은 우리가 누구인가를 알아가는 깨달음과 동시에 과거와 현재를 잇고 미래로의 길을 춤이 제시한다고 보았습니다.

서슬퍼런 1980년대 군부독재의 총칼 앞에서도 온몸을 내어 민주·통일·해방 세상을 위해 찬란하게 봄꽃처럼 빛났던 선생님, 전통의 뿌리를 찾아 캐고 또 캐어내 천·지·인의 생명 우주관을 우리춤 정신으로 가져오신 불세출의 춤꾼 이애주 선생님.

지금의 우리는 어떤 춤을 추어야할까요? 만생명이 죽음에 직면한 판에서 자연 생명의 판으로 어찌 열어갈까요? 막막한 마음으로 선생이 1983년 한사위 창단공연에 내어주신 글로 대신합니다.

어렵고 조심스럽게 배를 가르고 나온
티 없는 생명 한사위에게 축복을 보내며
그 생명력의 불꽃이 어두운 혼돈의 춤계를
고요하게 밝혀줄 것이 기대 되네.

한사위의 춤꾼들이여
우선 몸의 긴장을 풀고
텅빈 무無인 상태에서
인위적인 조작 없이

여유롭고 자연스럽게
호흡을 가다듬고
시방세계十方世界의 넓은 공간을
신바람 나도록 춤추어 보게나.

                2023년 5월, 과천 스승님의 옛 서재에서

# 한국춤을 독보적이고 창조적인 경지로 승화시킨 춤꾼 이애주

**백현담**
문화기획가

　서울대학교 교수였던 이애주 선생과 백기완 선생의 인연은 1980년대 초반부터 이어져 왔다. 1987년 이른 봄, 박종철 고문치사 사건이 세상에 알려진 후 이애주 교수는 솟구쳐 오르는 분노를 억제치 못하고, 나의 아버지 백기완 선생을 찾아와 내 방에서 석 달 가량 머물렀다. 당시 두 분은 우리춤과 민중의 몸짓을 주제로 줄기찬 댓거리를 나누었고, 그렇게 해서 그 해 6월 탄생한 춤이〈바람맞이〉이다.

　〈바람맞이〉는 모질고 거센 압제의 칼바람에 맞서는 민중의 몸짓을 형상화한 것으로 연우무대 소극장에서 김덕수 사물놀이패 장단에 맞춰 초연되었고, 그해 6월 민주화 항쟁에서 이애주 교수가 거리와 광장에서 맨발로 대오를 이끌며 춘 '씻풀이춤'으로 전화轉化되었다. 말하자면 〈바람맞이〉가 '씻풀이춤'의 예술적 측면을 보다 부각시킨 것이라면, '씻풀이춤'은〈바람맞이〉의 항쟁적 측면을 더욱 강조한 것이라 하겠다.

당시 15살이었던 나는, 탁월한 두 분의 예술가들이 골방에 차려놓은 밥상이 모두 식고, 한여름의 뜨거운 아스팔트 위에서 타버린 새까만 발바닥을 씻지도 못한 채 쓰러져 잠이 들 때까지 계속하던 댓거리를 듣고 또 들었다. 세월이 흘러 2002년 무렵, 이애주 교수가 당신의 춤 스승이신 벽사 한영숙 선생님 추모 흉상 건립기금을 마련하기 위한 공연을 하면서 나에게 글을 한번 써보라 하여, 15년 전 귓가에 남은 말들을 되살려 내놓은 것이 「인류의 몸짓을 형상화하는 춤꾼 이애주」라는 글이었다.

애주언니(나이 차이가 많이 나는데도 불구하고, 한 가족처럼 지내 언니라고 불렀다)는 내 글에 몹시도 기뻐하면서, 이 글을 2014년 당신의 춤 인생 60년을 기념하는 〈천명天命〉이라는 공연 팸플릿에 재수록하기도 했다.

그리고 2년 전 아버지도 돌아가시고 애주언니도 돌아가셨다. 상을 치루면서 사무치는 그리움이 밀려왔다. 그리움의 뒤안길에는 내가 썼던 서툰 글이 내내 마음에 걸려 있었다. 그러던 차에 이애주문화재단 임진택 오빠로부터 애주언니 2주기 추모에 즈음하여 『이애주의 춤 생각』이라는 책을 내는데, 내 글을 다시 싣고자 한다는 제안을 받았다. 반가운 마음에 본격적인 개고改稿는 훗날을 기약하기로 하고, 우선 예전 글 그대로 제목만 바꾸어 그리운 언니 이애주님을 추모하는 자리에 동참하고자 한다.

한국의 춤은 단순한 표현 양식이 아니라 몸에서 저절로 배어나오는 것이요, 넘쳐나는 것이다. 이를테면 봄 버들가지에 물이 오르듯, 또는 이 골짜기와 저 골짜기에서 흐르던 샘물이 맞부딪쳐 굽이치듯 몸의 내면에서 솟구치는 것이다. 한국춤은 어떤 의도를 몸으로 형상화하는 것이 아니라 마음속에 있는 뜻(의미), 가슴에 맺힌 생채기(상처), 머리 속에 있는 꿈이 내면에서 형상화되는 것이요. 그것이 외연적으로 형성되는 과정이다.

한국춤의 기본 사위는 맺히면 제끼고 감기면 푸는 것이다. 흩어지는 듯 하다가는 중심을 잡고 다시 그 중심을 끊임없이 외연적으로 확대해 가는 과정이다. 그리하여 우주를 몸에다 품고 또 다시 새로운 우주를 몸 안에서 생산해 내는 것이다. 여기서 우주란, 추상적인 자연계로서의 우주가 아니라 사람의 보편적인 염원인 아름다운 사람과 아름다운 세상을 빚어내는 것으로서의 우주를 말한다.

이렇듯 우리 한국춤은 노동과 삶의 예술적 연장을 기본으로 하되, 그 주체가 사람이라는 점에서 노동과 그 꿈을 빚는 온몸의 언어이다.

이애주의 춤은 이러한 한국춤의 철저한 바탕 위에 서 있다. 그런데 한국춤은 오랜 동안 지배계층의 도락道樂적 전유물이 되어 그들의 비생산적 취향에 맞춰 춤사위의 역동성과 전투성은 퇴화되고 춤의 형식과 기교만이 강조되는 것으로 변질되었다. 이애주는 이러한 우리 한국춤의 퇴영성을 복원하고 그것을 오늘에 발전시키는데 자신의 춤인생 50년을 바쳤고, 마침내 한국춤을 독보적이고 창조적인 경지로 승화시켰다.

이애주는 우선 먼저 살풀이와 승무, 태평무 등 전통춤의 형식과 기교라는 측면에서 전통적으로 전해내려오는 기능성을 누구보다도 완벽하게 소화하여 1996년 국가가 인정하는 중요무형문화재 예능보유자가 되었다.

그러나 이애주의 춤의 세계는 전통춤의 그 기교와 형식의 한계를 이미 훌쩍 뛰어 넘어서고 있다. 그의 몸짓 하나하나는 우리춤 원형의 복원과 창조인 동시에 끊임없이 문제 제기를 하는 몸짓이며, 나아가 인간의 삶의 몸짓 그 본질을 춤으로 형상화해 내고 있기 때문이다. 이애주가 1987년 7월 9일

군사독재와 싸우다 최루탄을 맞고 죽은 이한열 열사의 유해를 앞세워 독재정치에 항거하는 장례식을 치르려고 거리로 쏟아져 나온 200만의 시민 앞에서 전통적인 해방춤 '살풀이'를 오늘에 발전시킨 '썽풀이(恨풀이)춤'을 춘 것이 그것을 증명해 주고 있다. 이 일은 우리나라 춤의 역사뿐만 아니라, 세계 춤의 역사에 있어서 처음 있는 일이다.

 한국의 춤은 사람의 몸짓이요. 사람의 염원을 빚는 몸짓의 총화總和이다. 그 특징은 피해받은 사람의 생채기를 달래고 일그러진 사람의 꿈을 몸으로 빚어 실현하는 경지라 할 수 있다. 이것은 우리춤의 특징임과 동시에 삶의 염원을 형상화하는 측면에서 세계 인류 문화의 특징이다.
 이를 끊임없는 몸짓으로 승화시키고 있는 이애주의 춤은 한국인의 춤이자 세계 모든 인류의 춤으로 나아가고 있음이다.

 마석 모란공원 묘지에 가면 아버지 '백기완 묻엄' 바로 옆에 '춤꾼 이애주 묻엄'이 있다. 우리 시대 '곧은목지'의 전형이요 역사의 질곡을 앞장서 헤쳐나간 불쌈꾼(혁명가) 백기완과 한국춤을 독보적이고 창조적인 경지로 승화시킨 춤꾼 이애주! 두 분은 그 곳에서도 삶과 역사와 예술에 대해, 우리춤과 민중의 몸짓을 주제로 줄기차게 댓거리를 이어가고 있으실 것이다.
 쟁쟁한 그 목소리, 그 타고난 장단을 다시 한번 일러듣기를 청하노니, 맵찬 역사의 바람 앞에서 새날을 빚는 이들의 가슴에 불씨로 되살아나기를 바란다.

· · · · ·
글싣는 순서

춤만큼이나 생각이 많았던 춤꾼 이애주 | 임진택 | 6
스승님이 있어 빛나던 시절 | 이연실 | 12
한국춤을 독보적이고 창조적인 경지로 승화시킨 춤꾼 이애주 | 백현담 | 18

## 제1장
## 사람이 생겨나면서부터 춤은 잇섯다 ─────

한성준론                               27
김보남 춤의 법도                       45
한영숙 춤의 성립 배경과 특성           62
백영 정병욱의 예술론 체계               80


## 제2장
## 춤꾼은 자기 장단을 타고 난다 ─────

육체의 해방, 삶의 해방                 133
나의 춤 나의 칼                         140
'창조의 몸부림' 그것이 곧 창작의 뿌리    174
그림이 걸어나오고 춤이 들어가고         181

## 제3장
## 춤꾼이여, 딱 한 발 떼기에 목숨을 걸어라

| | |
|---|---|
| "춤은 역사를 일궈 나가려는 몸짓이지요" | 197 |
| 억압은 풀고 죽음은 살리는 '춤꾼' | 202 |
| 김동건이 만난 '시대의 춤꾼' 이애주 | 212 |
| '민중춤꾼' 이애주, 블랙리스트 오른 까닭 | 238 |
| 선대로부터 많이 배워 덕을 쌓는다 | 269 |

## 제4장
## 춤은 우주 생명의 몸짓

| | |
|---|---|
| 우주 자연의 몸짓 - 춤 | 283 |
| 신들린 춤사진과 하나된 생명의 춤 | 287 |
| 홍역사상洪易思想의 원류原流를 찾아서 | 294 |
| 소나무와 하나 되고 싶다 | 309 |

## 제5장
## 땅끝에서 천명까지

| | |
|---|---|
| 이애주 춤판 〈땅끝〉 | 315 |
| 나눔굿 | 321 |
| 도라지꽃 | 327 |
| 바람맞이 | 340 |
| 천명 | 349 |
| 한성준 춤 기념 예술제 | 356 |
| 한영숙 춤, 역사 그리고 창조 | 358 |
| 이애주 전통춤 | 360 |

## 제6장
## 이애주가 생각하는 우리춤

| | |
|---|---|
| 오늘날, 전통춤의 역할과 사명 | 365 |
| 인문학으로 풀어보는 우리춤 이야기 | 383 |

# 제1장

## 사람이 생겨나면서부터 춤은 잇섯다*

한성준론

김보남 춤의 법도

한영숙 춤의 성립 배경과 특성

백영 정병욱의 예술론 체계

> 조선춤의 역사는 대체 얼마나 되엿나?
> 조선춤은 어디서 어떠케 발전되어 전하여 나려왔나?
> 이러한 질문을 나는 여러사람에게 밧습니다만
> 나는 여기에 대하여 상세한 조사가 업슬뿐 아니라
> 설혹 얼마만큼 안다고 하여도 나는 그저
> 「사람이 생겨나면서부터 춤은 잇섯다」 이러케 대답해 왓습니다.

한성준, 조선일보, 1939년 11월 8일자 4면에서

# 한성준론*
- 한성준의 춤 인식과 춤 정립 -

## 1. 머리말

　한성준韓成俊은 지금의 춤이 하나의 큰 틀을 가지고 체계적으로 존재할 수 있게 한 선각자이며 개척자인 동시에 춤을 올곧게 정립하는 데 일생을 바친 춤의 대부이다. 그가 활동하던 당시에도 그에 대한 평가는 대단했는데 "우리 춤에는 오직 단 하나인 대가 한성준"[1)]으로 일컬어졌던 춤의 대표적 인물이다.

　그는 춤뿐만 아니라 이미 그 이전에 명고수로서 명성을 떨쳤었는데 그가 별세했을 때 양재경은 『춘추』에 "조선에 큰 북이 갔다"라고 하며 "창극 200년 사상에 불세출의 천재"라 언급할 정도로 장단과 소리북에 일인자였으며 조선조 명창들과 활동하며 우리 민속악을 체계적으로 정리하였다.

　민속춤과 민속악을 통해 그가 이룬 업적은 바로 민족예술사의 핵심적 내용이며 문화예술에서 큰 맥으로 자리한다. 따라서 근현대를 통틀어 민속악무를 구체적으로 거론할 때 한성준으로 중심이 모이게 되는 것은 당연한 이

---
*이애주,「한국 민속인물사(2)」, 제26회 민속학 전국대회, 용인대학교 1996.

치라 할 수 있다.

그러나 그동안 부분적으로 연구가 진행되기는 하였지만 그의 업적에 비하여 현재 우리들은 그의 존재를 제대로 성찰하지 못하고 있었으며 아직도 그 의미 또한 읽어내지 못하고 있다. 서구적 문화 형태와 서구적 학문연구로 침식당한 현시점에서 그에 대한 연구는 민속학은 물론 더 나아가 민족문화를 바로잡고 발전시켜 나가는 데 하나의 주춧돌이 될 것이다. 한성준, 한영숙[2]으로 이어지는 정통의 맥을 잇고 있는 필자로서는 자부심을 가지고 앞으로 연구를 펼쳐 나가는 데 온 힘을 쏟을 것이다.

본 연구의 내용은 한성준이 가지고 있었던 춤 의식과 춤 구성을 통한 연구와 실천을 중심으로 풀어나갈 것이다. 이미 발표된 「한성준 춤의 형성과 예술적 가치」에서는 한성준의 실제 춤의 세계, 즉 구성과 기법, 특질 등을 총체적으로 다룬 바 있다. 그 내용은 춤에 대한 역사의식, 춤의 형성, 춤의 특성과 예술성 등이었는데 이번 발표는 그 중에서 한성준이 가지고 있는 춤에 대한 인식과 연구에 따른 춤 구성의 방법 등을 집중적으로 조명해보겠다.

## 2. 한성준의 역사문화의식

한성준은 1874년 홍성군 홍주골 갈미리에서 태어나 1941년에 임종하기까지 조선조 말의 개화시기를 거쳐 일제 식민시절을 관통하며 혼란스러웠던 근현대를 살았으며 그가 태어난 지 2년 후인 1876년에는 강화도조약이 체결되었다.

6, 7세 되던 해부터 춤과 줄타기로 유명했던 외조부 백운채白雲彩에게 춤

과 북을 배워 여덟 살 때는 사람들 앞에서 승무를 추기 시작하여 천재라는 소리를 들을 정도로 춤에 능숙하였다. 14세 때부터는 서학조徐學祖에게 줄과 재주를 배웠으며 그 후 수덕사에서 춤과 장단을 수련하였다. 이렇게 춤과 장단과 재주 등을 넘나들며 우리 장단과 춤 기본을 총체적으로 정리하였다4).

그가 21세 되던 1894년에 그의 고향인 홍성에 동학란이 일어나 수만 명의 인명이 상하였으며 그 해 7, 8월에 한성준은 동학당에 들어갔는데 그 계기는 "부패한 당시에 정심수도正心修道하는 바른 길이라고 하야 밋게 된 것"5)이라고 후에 진술하고 있다. 여기에서 불의에 항거하는 그의 곧은 신념을 엿볼 수 있다.

그는 1938년에 〈조선음악연구회〉를 설립하면서 그 동기를 "쇠하여 가는 조선 가무악을 볼 때마다 점점 침체하여 가는 조선예술계를 슬퍼"5) 한다고 하였다. 이러한 언급에서 어려웠던 시기를 온몸으로 느끼며 올바른 역사의식을 가졌던 것을 알 수 있다. 그 당시 사회를 살면서 조선의 가무악이 쇠하여 가고 또한 조선 예술계가 침체하여 가는 것을 슬퍼할 정도라면 춤만이 아니라 총체적인 차원의 조선예술에 대해 역사적 아픔을 통감하고 있었다. 그리고 그 원인을 "우리들이 너무나 우리들의 고전을 경솔히 하는 좋지 못한 경향이 있기 때문"6)이라 하였다.

그 후에 그는 한 걸음 더 나아가 "마음만은 있으나 어떻게 하면 죽어 가는 조선무용을 살릴지 가슴이 답답할 따름이다"7)라고 하며 '죽어 가는 조선무용'을 살려낼 방안에 대하여 마음이 일기 시작하였다.

그는 마음의 정리를 "우리들의 고전, 우리들의 예술, 이것은 오로지 우리들의 손으로 보존하고 유지하여 가지 않으면 안 된다는 것을 우리는 지금에 와서 다시금 깨달아도 늦지 않습니다"[8] 라고 하며 당연히 우리들 자신이 우리 고전, 예술을 보존하고 지켜나가야 된다고 역설하며 지금부터라도 그 일에 매진하면 늦지 않음을 확신하고 앞으로 고전예술을 보존, 유지하겠다는 의지를 다짐하고 있다.

그것에 대하여 3년 후에는 구체적으로 언급하고 있는데 "춤을 통해 우리의 사라져 가는 우리의 춤을 되찾아 보전해야만 한다"[9]고 강조하면서 춤의 보전과 회복에 대한 근원적 명제를 제시했으며 춤의 체계적 정리작업을 진행하였다.

1940년 4월 한성준은 그의 손녀 한영숙과 20여 명의 제자를 이끌고 일본 동경 히비야 공회당에서 첫 해외공연을 가졌는데 이는 중요한 의미를 갖는다.

"히비야 공회당에서의 공연은 연 3일간 계속되는데 그동안 공연을 지켜본 일본인들은 자신들의 무용보다 우월한 조선 무용에 모두들 감탄하였다. 이것은 조선문화말살정책을 강행하려는 일제 총독정치에 찬물을 끼얹은 것으로서 문화교류라는 이름 하에 하나의 저항운동이라고 할 수 있는 것이다.[10]"

더 나아가 이는 역사의식의 관점에서 중요한 의미를 지닐 뿐 아니라 한성준 춤의 본질적 측면을 엿볼 수 있게 한다.
이처럼 한성준 춤은 역사적·민족적 의식 하에서 이해할 때 그 춤의 본령을 제대로 파악하게 된다.

위에 언급된 내용을 통해 우리는 그가 조선조 말을 거쳐 식민지 시절의 어렵고 비참했던 역사를 온몸으로 체감하며 올바른 역사문화의식을 가지고 정도를 밟아나간 춤 정립의 개척자였음을 확인할 수 있다.

## 3. 한성준의 춤에 대한 인식

### 1) 춤의 생명성

한성준은 조선 춤을 이야기하면서 "사람이 생겨나면서부터 춤은 있었다"11)고 하였는데 이 한 마디는 매우 중요한 의미를 갖는다고 본다.

사람이 생겨났다는 것은 사람의 생명이 시작되는 것을 뜻하는데 이것은 움직이는 생명성 자체인 인간의 몸동작을 춤으로 보는 광대한 의미의 춤을 뜻한다. 필자도 「춤이란 무엇인가」라는 글에서 "사람의 본질이 생명성, 생명력에 있다면 춤의 본질도 바로 생명성, 생명력에 있다"12)고 논한 바 있는데 궁극적으로 인간은 생명 본성의 표현으로서 춤을 춘다는 춤의 본질론에 해당한다.

지금의 춤이나 현 무용계의 병폐가 춤을 너무 좁은 의미로 축소해서 '보여주는 무대 위의 무용' 이라든지 '어느 틀 안에 잡힌 무용' 으로 해석하는 데 반하여 그 당시 한성준의 춤 인식은 생명의 출발이라는 근원적 차원에서 사고한 것을 알 수 있다. 춤 자체를 움직이는 생명성으로 보아 열린 의식으로 춤의 본질을 인식하고 있었다는 것은 지금의 후학들에게 시사하는 바가 크다.

## 2) 춤의 일상성

한성준은 춤을 일상생활의 동작과 연결하여 다음과 같이 언급하였다.

> 우리 춤에는 종류가 수백 가지 됩니다. 가령 뱃사공을 예를 들면 그들의 생활에 있어서 그야말로 노래 아닌 것이 업습니다…… 우리의 일거수 일투족이 모두가 춤입니다. 춤 아닌 것이 업습니다. 걸음 걷는 것이 라든지 하다 못해 안는 것이라든지 눕는 것이라든지 이것은 모두가 춤입니다. 춤이 될 수 있습니다. 사실 우리들의 일상생활에서 흔히 볼 수 있는 모든 동작을 거기다가 장단만 맞춘다면 그것은 모두가 훌륭한 춤이 될 수 잇는 것입니다[13].

여기에서 뱃사공의 예를 들어서 그들의 생활에 있어서 그야말로 노래 아닌 것이 없다는 의미는 누구나 사람의 생활 그 자체를 노래와 춤이라는 의미로 해석할 수 있으며 일거수일투족이 모두가 춤이라는 말은 일상적 몸짓 자체의 큰 의미를 춤으로 본 것이다. 더구나 일거수 일투족이 모두가 춤 아닌 것이 없다고 덧붙인 것은 아무나 함부로 말할 수 없는 중요한 춤의 본질을 이야기한 것이다. 그 다음에 "걸음 걷는 것이라든지 하다 못해 앉는 것이라든지 눕는 것이라든지 이것은 모두가 춤"이라고 하였는데 이는 춤동작의 기본요소인 앉고, 서고, 눕고, 걷고, 도는 등 춤의 기본틀을 이미 그 당시에 일상행위와 연결하여 예리하게 파악한 것으로 현단계에 이론연구에서 보더라도 인간동작학의 기본 핵심을 꿰뚫은 중요한 근거를 제시하였다고 하겠다. 이와 같이 모든 움직임 즉, 인간행위 자체를 춤으로 보는 열린 개념으로 파악한 것은 가장 쉬운 것 중에 보편적 진리가 담겨있다는 '간이' 의 철학을 움직임의 철학으로, 곧 춤의 철학으로 밝혀낸 점이다. 그 점에서 춤동작 하면 너무나 틀 안에 갇혀 춤추는 요즈음 현대의 춤에서 그 틀로부터 자유로워져야 하는 해방의 미학을 제시하고 있다.

### 3) 춤의 생산성(노동성)

한성준은 일하는 노동 자체를 노래로 보고 춤으로 보았는데 그 사실을 다음에서 알 수 있다.

> 노를 젓다가는 신이 나면 노래를 부르고 춤을 춥니다. 고기를 잡다가 그물을 당기면서도 그들은 목청을 도다 노래를 부르며 춤을 춥니다. 〈삿위대〉 준비하다가도 그들은 즐겁게 노래 부르며 춤을 추는 것 입니다[14].

춤을 노동과 생산성이라는 관점에서 바라본다면 사람은 팔다리를 움직여 자기가 얻고자 하는 것을 생산하고 획득하는데 이 행위를 우리는 일 또는 노동이라 한다. 이러한 노동은 인간 몸짓의 기본이자 생명력의 표현이었으며 사람의 생산적 노동은 가장 기본이 되는 사회적 실천의 행위였다. 한 인간이 노동을 하는 것은 자신에 대한 자기 확인이었고 구체적인 생존 의지이기도 하였다. 이와 같이 살고자 하는 표현은 자신의 주체적 몸짓, 몸놀림으로 나타났고 그것은 다름 아닌 바로 춤이었다. 춤은 이러한 노동과정에서 사람들의 사회적 관계와 사회적 실천의 요구로부터 자연스럽게 발생하였다.

이러한 실천 과정에서 노동으로서의 춤은 사람이 살기 시작한 초창기 원시종합예술 형태일 때부터 인간의 생산활동과 생산활동 사이의 휴식 및 내

일의 생산적 노동에 대한 준비라는 측면을 보다 많이 지니고 있었고 나아가서는 하나의 필수적인 삶의 의식으로 자리 잡게 되었다[15]. 이러한 면에서 노동의 연장으로서의 춤을 본다면 생산과 연결된 몸놀림으로부터 춤이 시작되며, 춤의 기본구조는 노동으로부터 출발한다. 한성준이 일하다 신이 나면 노래를 부르고 춤을 춘다고 언급한 바는 바로 노동과 신명, 예술적 형상과 생산성으로 자연스럽게 연결하여 이해할 수 있다. 다시 말해 노동의 몸짓, 일의 몸짓을 기본으로 해서 노동의 가치를 예술적으로 형상화했을 때 노동의 지루함·어려움 등이 타파되며 그것을 춤[16]이라 말할 수 있듯이 한성준이 일상적인 일의 행위를 그대로 지나치지 않고 곧바로 춤으로 연결해서 본 점은 온몸으로 풀어내는 사람의 예리한 직관적 통찰의 위대성을 느낄 수 있게 한다. 또한 요즈음의 춤들이 노동과 생산이라는 신성한 의미와 건강성이 배제된 현실을 생각할 때 그가 가진 춤에 대한 신성하고 건강한 관점은 매우 진보적이며 값진 것이라 할 수 있다. 곧, 신성한 건강성으로 출발하여 진보적 개념으로 춤을 파악하고 접근한 것으로 볼 수 있다.

## 4. 한성준의 춤 연구 방법

### 1) 살아있는 연구

한성준이 춤을 바라보고 춤을 접근하는 방법은 삶 자체의 깊은 통찰력을 밑바탕으로 하고 있다. 그의 이러한 연구방법은 요즈음의 머리와 문자로 하는 학문연구와는 다르게 움직임을 눈으로 파악하고 체득하여 몸으로 인식하는 방법이었다. 예컨대, 학춤을 구성한 경위를 보면 학의 생태와 움직임을 관찰하고 분석하는 데 있어 직접적으로 학과 함께 몸으로 부딪치며 하는 방법이었다. 먼저 그는 학의 움직임을 파악하기 위하여 여기저기 학을 찾아 다니며 학의 생태를 연구하였다. 그의 손녀 한영숙은 할아버지 그 당시 학춤에 가졌던 열정에 대하여 인상 깊었던 점을 다음과 같이 이야기하였다. "할아버지는 평상시 물가나 강변 등 대자연에서 노니는 학두루미와 같이 대화하시는 것 같았지. 그리고 어떤 때는 몇 날 며칠을, 아니 몇 달 동안을 동물원에 가서 하루 종일 학과 함께 있으며 거기에서 학이 노는 것을 관찰하시곤 하셨다. 어떤 때는 학두루미를 잡아다가 방에 넣고는 세심하게 움직임을 파악하였는데 그것도 모자라 방에다 뜨겁게 불을 때가며 뜨거워서, 뛰는 학의 그 날갯짓과 움직임을 세심하게 관찰하였다"고 생생하게 그 당시를 회고하였다.

그러한 연구 태도는 심도 있는 관찰력과 함께 매우 집요하리만큼 끈질긴 연구열로 연구 대상의 정확한 움직임을 체화體化한 것으로 볼 수 있다. 더구나 그처럼 온몸으로 부딪치는 체득과정은 그대로 몸으로 표출해내어 학춤이라는 결과물을 탄생시킨 것이다. 기존의 연구 결과와 제시 정도로 끝나는 연구 방법에서 머물지 않고 그것을 무한히 확장시켜 실천적 제시물을 구체적으로 내놓은 점이다.

연구 방법을 보면 그 범위와 깊이를 가능한 한 최대한으로 확장시켰고 더구나 연구의 성과까지 가시적인 결과물로 제시한 점은 지금의 부분적이고 표피적 연구 방법과 비교할 때 온몸으로 하는 살아 있는 연구가 어떤 것인가를 분명하게 가르쳐 주고 있다. 이 같은 방법이야말로 민속학의 실증주의적이고 체감주의적인 방법이 춤의 학문적 연구와 만난 사례라 할 수 있다.

## 2) 실천 체득의 연구

생전에 한영숙은 할아버지에 대하여 많은 이야기를 해주셨는데 그 모습까지 시늉을 하며 설명해 주던 점을 잊을 수가 없다.

> 언제나 아침 일찍부터 다니셨는데 항상 이렇게 걸어다니실 때도 홍얼홍얼 하시며 두루마기 안에서 걸음에 맞추어 장단을 치셨지[17].

여기에서 중요한 것은 걸어다닐 때에도 춤과 장단과 소리로 걸었다는 점이다. 두루마기에 손을 넣고 홍얼홍얼하면서 입으로는 구음을 하고 손으로는 두루마기 안에서 장단을 치고 또 그 장단을 타며 걷는 것은 곧 춤이었다. 아마 높은 고개를 올라갈 때는 아마 염불장단이나 늦은 타령 장단을 치셨을 것이고 걸음걸이는 느리고 무겁게 되었을 것이다. 그렇게 힘들게 올라가서는 고갯마루에서 한 장단 탄 다음 내려갈 때는 좀 잦은 장단을 타고 걸음걸이를 했을 것이 눈에 선하듯 필자는 한영숙 선생과 실제 걸음걸이를 옮기며 장단과 발걸음을 맞추어 보았다. 그 과정에서 보통 걸음걸이와 장단을 타며 걷는 춤걸음과의 차이도 자연스럽게 구분이 되었다.

이렇듯 걸어다니는 것도 춤으로 하는 식으로 일상의 움직임을 춤과 연관시켜 하는 한성준의 춤과 생활 곧, 춤 생활은 연구시간을 따로 두고 하는 연구를 위한 연구가 아니라 생활 자체가 그대로 춤화되는 삶 자체가 그대로 생생한 연구과정이었다. 삶의 움직임과 그 느낌 또는 경험을 바탕으로 하여 실천적으로 체득한 방법은 요즈음의 양적, 분석적, 기계적 연구방법과 비교할 때 정말로 삶 자체를 실천적으로 체득한 살아있는 질적 연구방법으로 기존의 연구방법의 틀에서 해방되어 연구라는 것이 무엇이며 어떻게 하는 것이라는 것을 다시금 깨닫게 해주는 것으로 후학들에게 시사하는 바가 대단히 크다 할 것이다.

## 5. 한성준에 의한 춤의 정립

### 1) 기본 춤사위의 구성

한성준 춤이 어떻게 구성되었나를 이해하기 위하여 우선 그 당시에 어떤 식으로 춤을 전수하고 가르쳤나를 설명하겠다. 한영숙은 조부 한성준에게 춤을 처음 배울 때에 "발걸음만 1년 이상은 했는데, 염불 발 떼는 것만 몇 달은 했지, 그 다음에 타령, 굿거리 장단으로 넘어갔는데……"[19)]라고 할아버지께 춤 배우던 당시를 회상하였다.

이 말의 의미는 춤에서 첫출발인 발걸음이 얼마나 중요한 토대인가를 뜻하며 발걸음 중에서도 제일 느린 염불 장단을 가장 중요시했다는 것을 알 수 있다. 느린 발걸음을 몇 달 하다 보면 땅에 뿌리가 내리며 깊이 있고 무게 있는 발걸음이 되기 때문에 춤의 토대를 든든히 기를 수 있는 법이다. 실제 필자가 어려서부터 춤을 해온 과정을 더듬어 볼 때도 그러한 방식으로 발걸음을 중히 여기며 춤 수련을 해왔고 현재도 제일 기본이 발걸음이라고 역설한다. 어느 정도 발걸음이 돼 가면 그 다음에 팔놀림 역시 염불장단에 맞추어 '팔 일자로 들기'를 하면서 팔과 발놀림을 같이 연습하였고 그 다음에 타령장단에 '팔 너울거리기', '허리 감기', 굿거리 장단에 평걸음으로 걸으며 '엎고 제치기' 등을 조화시켜 연결하였고, 그 다음 잦은 장단에 '잦은 걸음' 하면서 팔놀림도 빨라지며 잦은몰이로 넘어가게 된다. 이러한 과정은 춤구성에서 발걸음부터 단단히 기반을 다지면서 자연스럽게 변화의 계기를 맞게 되는데 무리 없는 동작의 변증법적 변화로 자연스러운 단계적 춤 구성이 이루어진다.

　예컨대 실제로 팔을 들어서 바람을 타면 태극의 곡선으로 움직여지며 너울거리게 된다. 그것이 바로 너울춤의 근원적 원리이다. 그 다음에 바람이 세게 불면 바람 부는 쪽으로 손이 엎어지게 되고 다시 반대로 회오리치면 반대 팔이 젖혀지게 된다. 나무와 풀도 바람 따라 눕고 일어나듯이 그러한 자연의 움직임과 함께 자연 동작들이 나와 팔놀림의 '엎고 제치기' 가 되었다고 할 수 있다. 그러한 발놀림, 팔놀림들과 함께 구성된 춤의 동선이 여러 형태의 태극선으로 돌아가게 되는데 바로 그 움직임은 무극사상에서 출발한 태극사상의 실현으로 춤사위 안에 자연스럽게 삶의 의식과 사상철학이 담겨진 춤놀림의 자연성으로 인식할 수 있다.

## 2) 춤의 구성

　한성준을 대표하는 춤으로 현재 중요무형문화재 제27호로 지정되어 있는 승무僧舞가 있다. 한국 전통춤의 핵심을 아우른 춤 기본인 동시에 춤의 중심을 이루고 있는 이 춤이 어떤 과정을 거쳐 성립되었나를 살펴보면 한성준 춤 구성 과정의 중요한 면을 파악할 수 있다고 본다. 이미 논급한 바와 한성준이 일곱 살 때부터 승무를 배웠다거나 여덟 살 때 사람들 앞에서 승무를 추기 시작하여 천재라는 소리를 들었다는 점은 이미 한성준 이전에 승무가 존재했었다는 것을 의미한다. 춤의 역사적 과정에서 볼 때 승무는 이미 한성준이 태어난 1874년인 조선조 말 이전에 이미 정착되어 있었음을 알 수 있다.

필자는 그러한 승무가 어떤 식으로 어떠한 과정을 거쳐 이루어졌는가를 「승무의 원류에 관한 고찰」이라는 글에서 대략이나마 밝힌 바 있다. 승무와 불교와의 관계를 논하며 민간신앙과 무속이 습합된 서민들의 민속춤과 불교의식과의 접합의 과정에서 민중이 추는 생동적 춤이 불교적인 정적인 춤으로 양식화되었고 그러한 불교의식무가 다시 민간으로 나오며 민중적으로 민속화되어 승무의 춤틀을 이루었다고 논급하였다. 곧 민간의 민속춤이 불교의식무로 정착된 과정과 불교의식무가 민속화된 과정 등에서 수없이 서로 오고 가며 서로에게 영향을 주고 받았다는 점을 상정할 수 있었다. 실제로 양쪽 부분의 춤사위에서 나타난 춤 기본이 거의 일치하면서 각각의 특징과 역할을 달리하며 현재에 이르고 있다고 할 수 있다.

그러면 그 당시의 승무와 한성준의 승무는 무엇이 어떻게 다른 것인가? 필자가 아주 어렸을 적인 1950년대에 국립국악원의 '김보남'에게 승무를 배운 적이 있는데 김보남은 바로 한성준에게서 승무를 배운 한성준의 제자이다. 필자가 학습한 김보남의 승무와 1970년 초에 한영숙에게 배운 승무는 모두 한성준의 승무로 그 계열이 같다. 김보남의 승무와 한영숙의 승무를 비교한다면 그 춤을 이루는 뼈대와 큰 가지는 같은데 다만 한영숙 승무가 좀 더 풍성하게 춤의 잔가지를 치며 활짝 꽃피웠다고 볼 수 있다.

그렇다면 한성준의 승무가 이미 지금 현존하는 승무의 틀을 가지고 있었다는 것을 추정할 수 있다. 그러면 왜 승무를 거론할 때 한성준의 이름부터 거론되고 그 이전에 어떤 이름도 거명된 적이 없는가? 그 점에서 본다면 그 이전에 있었던 승무를 한성준이 받아추면서 한성준 나름대로 한성준화하며 체계화시켰다는 논리가 나온다. 한성준의 일생을 보면 어려서부터 춤과 장단과 재주 등을 넘나들며 우리 장단과 춤 기본을 익혔다는 것은 앞에서 이미 논급하였다. 그렇게 춤 기본을 폭넓게 정리하면서 승무가 자연스럽게 체계화될 수 있었다는 점은 한성준의 천부적인 예술적 능력이 승무의 춤구성에서 나타난 것을 의미한다.

실제 승무의 춤사위와 구조를 보면 춤 기본이 총망라되어 있음과 동시에 고도의 기법까지 총체적으로 포함하고 있다.

이와 같이 한성준은 그 당시 민간에서 추어지던 승무를 더욱 더 체계화시켜놓고 정리하여 춤의 중심을 이룰 만큼 승무를 춤의 대표격으로 집대성시켜 놓았다[19]. 이러한 승무 성립의 역사적 과정에서 한성준 춤의 구성 경위의 면목을 구체적으로 알 수 있게 한다. 이것은 민요나 민속놀이 등 여타의 전통적인 민속예술이 누구 일개인에 의해 만들어진 것이 아닌 것처럼 승무도 마찬가지로 민중 대다수에 의해 만들어진 민속의 속성을 그대로 가지고 있는 것이다.

### 3) 춤의 정립

한성준의 춤 정립과정은 앞에서 본 바와 같이 일상의 움직임과 연결되어 기본 사위의 단계적 구성과정이 밑바탕이 된다. 승무의 구성에서도 보았듯이 그 이전에 이미 있었던 춤을 한성준이 독자적 특질로서 재구성하여 재현해 낸 것이다. 살풀이의 경우를 보면 보통 춤을 연마할 때에 처음에는 승무로 시작하여 그것을 어느 정도 익히고 이해하게 되면 살풀이로 넘어가는데 그처럼 승무의 기본에서 어느 단계가 되면 자연적으로 살풀이로 넘어가며 사람마다의 독자적인 맛과 멋을 즉흥적으로 풀어내어 서서히는 입춤으로 특성 지운 것이다. 태평무의 경우도 승무, 살풀이의 체계가 잡히고 거기에서 한 단계 넘어가며 그 다음에 그것을 풀어가는 것으로 연결된다. 태평무는 기존의 굿에서 있던 '왕꺼리'니 '군웅거리'니 하던 과정을 굿춤의 성격으로 재구성한 것을 한성준의 다음 언급에서 알 수 있는데 굿거리 중 "왕꺼리를 태평춤이라고 하여서 춤이름도 고치고 장단도 찾아내었고 형식도 훨씬 고전에 충실하게" 하였다고 한 점에서 재구성의 정립과정을 확인할 수 있다.

한성준은 불교 계통, 무속 계통, 교방 계통, 궁중무 계통, 탈춤 계통, 풍물굿 계통 등 여러 계통의 120여 가지의 춤을 독자적인 춤으로 재현해 내었다. 이는 한성준이 전국적으로 안 다닌 곳이 없이 활동하며 보고 접하고 터득한 각 지역마다 전승돼 오던 여러 춤들을 재조직하여 재현해 낸 것이라고 보는 것이 타당하다 하겠다.

그는 실질적으로 서울에 거점을 두고 중앙에서 활동하였지만 특히 굿의 장인들, 남도지방의 판소리꾼 등 여러 범위의 예술가들과 교류하며 전천후 활동을 펼쳤다. 특히 그 당시 서울은 한반도의 수도로서 전국의 소리 · 춤 · 놀이 등 모든 문화예술이 집중, 집결되는 곳이어서 자연스럽게 모든 긍정적, 예술적 요소가 총체적으로 집합을 이루었다고 본다. 그러한 문화적 상황이 전 반도를 누비던 한성준의 삶과 함께 예술적으로 결합되어 위대한 만남을 이루었다 하겠다.

실제로 그가 재현하고 정립한 춤들에는 전 지역의 일상적인 생활 몸짓 · 춤가락 등이 합쳐져 우리 춤의 모든 기법, 기량 등을 총체적으로 수렴하여 직관적으로 형상화해내고 있음을 발견하게 된다.

다시 말하면 민간에서 민중들이 하던 일상적 몸짓, 생활습속 등이 어우러진 기층 문화 예술을 기반으로 하여, 특히 무당 · 광대 등 천민 계급의 재인 활동을 주체적으로 껴안았고, 거기에다 궁중무악 요소까지도 수렴하였다. 결국 그는 몸으로 받아들인 모든 요소를 총체적으로 재현하여 독자적 춤으로 체계화시켰다고 확언할 수 있다. 그러한 과정에서 한성준의 탁월한 예술적 능력과 시대상이 함께 맞아떨어져 고도의 예술성까지 갖춘 민속춤으로 발전, 정립될 수 있었던 것이다.

따라서 한성준이 춤을 재구성하여 재조직한 경위는 지금의 '창작' 개념으로 볼 수는 없고, 앞서 논급한 불특정 다수에 의한 '민속'의 개념으로 이해되어야 한다. 곧 앞에서 논급한 과정을 거쳐 한성준에 의해 정립된 본격적 춤이 그 후에 '신무용' 활동을 하는 무용인들에게 그것을 소재로 한 창작의 길을 열어준 것이라 본다. 그러므로 한성준에 의해 정립된 춤과 신무용식의 창작춤과는 그 출발부터가 다르다는 것을 밝혀둔다.

## 6. 맺음말

지금까지 한성준의 춤에 대한 인식과 그에 따른 춤의 연구법 등 춤 정립에 관해 살펴보았다.

한성준의 춤은 그의 민족의식과 함께 진지한 실천적인 연구 태도와 탁월한 예술성이 뒷받침되어 역사적으로 전해 오고 추어지던 춤을 체계화시키며 정립함으로써 우리춤 역사에 중핵으로 자리 잡았다고 하겠다. 한마디로 그의 삶 자체가 그대로 장단이었고 춤이었으며 총체적 삶으로 춤을 인식하였다.

그의 춤 정립 과정을 살피면서 이 시대에 한성준 춤의 의미란 민족문화를 이끌 수 있는 구체적인 중심의 본체로서 자연스럽게 자리매김되는 것을 인식할 수 있었고 또한 민속을 뛰어넘어 민족춤이란 어떠해야 하나를 말해주고 있음을 자각하게 된다.

특히 그의 연구법에서 깊은 통찰력과 함께 몸으로 풀어내는 살아있는 연구가 어떠한 것이라는 것을 실감하였다. 이러한 삶의 실천적 체득으로서 실천 체득의 연구는 현재의 민속학 연구방법론에 온 삶으로 실현하는 '실천민속학' 이라는 방향을 제시하고 있다 하겠다.

### 참고문헌

조선일보, 1939. 5. 2.
조선일보, 1939. 11. 8.
조선일보, 1939. 11. 9.
동아일보, 1938. 1. 19.
『조광』, 1937. 4월호
이애주, 「춤이란 무엇인가」, 『서울대학교 사대 논총』 제39권, 1989.
「승무의 원류에 관한 고찰」, 『불교민속학의 세계』, 서울 집문당, 1996.
이병옥, 「한성준 가락과 춤 인생」, 『우리춤의 선구자를 말한다 한성준편』, 한국미래춤학회.

### 미주

1) 이애주, 한국 민속인물사(2), 제26회 민속학 전국대회, 용인대학교 1996.
2) 조선일보, 1938. 5. 2, 2쪽.
3) 한영숙은 한성준의 춤을 이어받은 그의 손녀로 1969년 중요무형문화재 제27호 승무보유자로 지정되었으며 1989년 작고하였다.
4) 이애주, 「승무의 원류에 관한 고찰」, 『불교민속학의 세계』, 집문당, 1996, 343쪽.
5) 『조광』 4월호, 1937, 12쪽.

6) 동아일보, 1938. 1. 19.
7) 조선춤이야기, 조선일보, 1939, 1, 8, 4쪽.
8) 『조광』, 1937, 13쪽.
9) 조선일보, 1939. 11. 8.
10) 조선인들 앞에서 도쿄공연, 1940.
11) 이병옥, 「한성준 가락과 춤인생」, 『우리춤의 선구자를 말한다-한성준편』, 한국 미래춤 학회, 1996, 23쪽.
12) 조선일보, 1939. 11. 8, 4쪽.
13) 이애주, 「춤이란 무엇인가」, 『사대논총』 제39권, 서울대학교, 1989, 26쪽.
14) 조선일보, 1939. 11. 8, 4쪽.
15) 조선일보, 1939. 11. 9, 4쪽.
16) 이애주, 앞의 글, 1989, 28쪽.
17) 이애주, 앞의 글, 1989, 29쪽.
18) 한영숙 談, 1982. 10. 15.
19) 한영숙 談, 1982. 10. 15.
20) 이애주, 앞의 책, 1996, 343쪽.

# 김보남 춤의 법도*

## 1. 들어가는 말

　신곡新谷 김보남金寶男 선생은 우리춤 역사에서 거대한 무게를 싣고 있는 거목임에도 불구하고 현재 거의 알려지지 않고 있는 묻혀진 인물이다. 선생께 입문한 지 어언 반세기가 다가오는 필자로서는 그 게으름에 자책감과 함께 매우 부끄러움을 느끼는 것이 솔직한 심정이다.
　오늘 미래춤학회에서 김보남 선생을 거론하는 것은 본격적인 춤학 연구에서 처음 있는 일로 매우 값진 것이며, 더구나 본인이 주제 발표를 하게 된 것에 대하여 더없이 영광스러운 마음을 전한다.
　김보남은 타고난 춤꾼으로 오늘날 한국 춤계에 끼친 영향은 매우 지대하다고 본다. 그럼에도 불구하고 그에 관한 자료는 거의 없고, 있더라도 매우 한정적이어서 필자가 춤으로 모셨던 과거로 거슬러 올라가 미약하나마 그의 전 삶을 통한 춤 활동과 그의 춤법에 대하여 논의해 보고자 한다.

---

*이애주,「김보남 춤의 법도」, 한국미래춤학회 학술심포지엄, 한국문예진흥원 강당, 1999.

## 2. 김보남 춤의 형성과정

### 1) 형성 기반

#### ① 기질

　김보남 선생을 한마디로 표현한다면 아마도 우리 현대 인물사에서 대단한 예술적 지조와 예술적 절개를 지닌 대표적인 예술가의 표본이라 할 수 있겠다. 선생을 떠올릴 때 항상 그려지는 그의 모습은 평상시 별로 말이 없었고 조용하게 비춰지었지만 그에게서 풍기는 예술적 당당함과 자부심은 대단한 것이었다. 그것은 바로 그를 뒷받침하고 감싸고 있는 우리 춤에 대한 자신감이었고, 그것이야말로 그를 당대의 춤계에서 중심인물로 우뚝 설 수 있게 하였다.

　성경린이 그를 '쾌남快男 김보남'이라 표현했듯이 그의 기질은 섬세하면서도 장쾌한 바탕을 가진 풍류가였음에 틀림없다.

> 이름은 보남寶男이면서 기질은 쾌남인 것이 산재에 미련이란 없는 사나이였고 술은 시작하면 이틀도 사흘도 통음하는 그런 주벽이었다. 그래 졸업 뒤에는 우리같이 술이 약한 축은 아예 젖혀놓고 이름 있는 선배들로 호유하기를 예사로 하였다.
> 목은 그리 타고나지 못했지만 통속가는 모르는 것이 없었고 춤가락은 정말 소질이 있는데다 장구를 멋있게 두드리는 재주가인지라, 주사에서의 인기는 대단하였던 것이다. 이렇게 말하면 애중하는 친구를 무슨 난봉꾼으로 딱

지를 찍는 것 같아서 미안하지만, 한때 우리는 모두 비슷비슷한 나날을 보내 몹시 퇴폐적이었던 것이었다.
저녁 시간이 되어서 술집을 찾는 게 아니라, 그 시각을 기다려서 술집을 찾는 꼴이었다.[1]

필자가 처음 선생을 대했을 때 그의 인상은 근엄하였고 어린 초등학생이었던 필자에게는 무섭기까지 하였던 기억이 있다. 그 당시 국립국악원은 마당 주위에 숲이 둘러져 있었는데 이름을 기억할 수 없는 나무들이 가득 차 있었다. 까마득한 옛 그대로의 원초적 숲의 모습으로, 필자 또래의 어린 춤반 아이들은 춤도 추었지만, 그 안에서 오디·까마중·산딸기 등을 따 먹으며 신나게 뛰놀기도 하고, 천하의 부러울 것 없이 노는 것에 정신이 팔리곤 하였다. 학교가 끝나자마자 바로 그곳에 뛰어가곤 했는데, 아직 근무 시간이었던 국악원에는 떠들어대며 노는 춤반 애들 때문에 선생은 동료직원들에게 면목이 없었을 것이고, 참다 참다 못하시면 우리에게 주의를 주곤 하셨다.

바로 그러한 이유 때문인가 그의 춤 지도 방법이 엄격하게 느껴졌는데, 다시 회상해보면 특별히 엄격한 방법도 아니었던 것 같다. 지금 생각해보면 '쾌남'이라 칭해질 정도로 멋을 지녔던 선생을 그렇게 어렵게 느꼈던 것이 이상하기도 하지만, 중·고등학교에 진학하면서 덕이 있고 친근한 스승으로 차츰 다가오기 시작하였다.

② 음악적 재능

김보남은 1926년 아악생雅樂生으로 '아악부 양성소'에 3기생으로 입소해 피리를 전공하였다. 그러나 그는 피리뿐만 아니라 부과된 모든 과목에서 항상 수석을 차지하였던 음악적 재분을 갖춘 우등생이었다.

이왕직아악부원양성소(李王職雅樂部員養成所)의 3기생 제1학년 1학기의 성적이 나왔을 때, 김보남 군이 수석이었고.2) 그러나 역시 배우는 전공이 특수한 아악이다 보니, 그 보통학과 전공학과로 일러 별러 교양(敎養)과목의 범위도 좁고 수준 또한 많이 떨어졌음은 물론이다. 우리들 제3기생이 입소해서 처음 치른 시험은 그해 12월에 있은 제1학년 연말시험이었고, 다음 두 번째가 이듬해 3월에 있었던 제1학년 진급시험이었다. 이 두 차례 시험에서 김보남이 단연 우등 성적에다 수석이었음은 이미 위에서 언급한 바와 같다.3) 여기 김보남의 성적은 가히 발군(拔群)이어서 문묘악(文廟樂)의 성악(聲樂)·편종·절고·지(篪)·종묘악(宗廟樂)의 성악·편종·편경·절고·박·대금(大笒) 등의 악과(樂科) 11종에 모두 10점 만점이었고, 악리가 8점, 보통학과를 모아서 쪼갠 점수 8.2점, 합계 126.2점 거기에 품행(品行)은 갑(甲)이고, 평균점수는 9.6점으로 당당 수석이었다.4)

성경린이 이와 같이 같은 글에서 그의 학업에 관하여 여러 차례 수석이었음을 표현한 것을 보면 그가 가진 음악 기본실력이 탁월했음이 틀림없고, 그는 분명 성악과 악기 연주 모두에 음악적 재능을 타고났음에 의심할 여지가 없다.

③ 운동적 소질
김보남은 그의 자필 이력서에서 취미를 축구라고 기록하였다.

그는 비단 축구만이 아니라 온갖 운동을 다 좋아하고 소질이 있어 잘 해내는 사람이었다. 그는 정구庭球도 좋아하여 직접 이 운동에 익숙해 태재복太在福 후위後位, 김보남 전위前位의 배합으로 소인素人으로는 그 실력이 무던했음을 아는 사람은 다 알고 있다. 여기에서 조금 그럴 내력이 있다.

이왕직아악부李王職雅樂部가 종로구 운니동雲泥洞의 돈화문敦化門 앞 옛 금위영禁衛營 터로 좌정坐定하고 비록 넓지는 못한대로 아담한 정구 운동장을 마련한 것이었다. 당시로 아악부의 정구 운동장은 실로 시범적인 운동장이었던 것은 때로 직업적인 선수들 곧 태양구락부太陽俱樂部·금강구락부金剛俱樂部·상업은행商業銀行 선수들이 와서 연습하기도 했으니, 짐작할 것이다.

축구도 그랬다. 제2기·제3기의 선후배 사이의 시합이요, 작은 공을 가지고 차는 경기인데도 승부심勝負心을 불러일으켜 떠밀고 까고 격해지기도 하는데, 장외 동기들의 응원이 더 가관이었던 것이다. 여기서 생각나는 것은 김천흥金千興 선배인데, 그도 정구며 축구를 좋아해 그 기 대항시합에는 김천룡金千龍 형과 더불어 열렬하게 뛰는 선수의 한 사람이었다. 그의 축구열은 노령에도 쇠하질 않아 국립국악원國立國樂院이 장충동에 있을 때 까마득한 후진이요 제자인 국악사양성소國樂士養成所 학생들과 어울려 천진난만하게 뛰던 모습이 지금도 눈에 선하다.

춤이 여느 예술과는 달리 사람의 움직이는 율동律動이어서인가 몰라도 김보남金寶男·김천흥金千興과 함께 무용의 명인名人 거장巨匠이면서 하나같이 축구를 열렬히 좋아했다는 것이 예사롭지 않게 생각되는 것이다.[5]

위의 인용대로 그는 격렬한 운동 중의 하나인 축구를 좋아해 말년까지 까마득한 어린 제자들과 함께 뛰었고, 1950년대만 해도 특수층만이 할 수 있었던 정구를 해낸 것을 보면 그의 운동적 소양과 기능 그리고 그 열정을 가히 짐작할 수 있다.

여기에서 중요한 것은 춤이란 바로 운동적 기질과 소질 없이는 불가능한 것이라 보는데, 그것은 바로 신체라는 몸을 놀리는 중요한 공통점이 있기 때문이다.

이러한 점이 바로 김보남이 춤꾼으로 일가를 이루게 된 토대라 할 수 있다.

## 2) 형성 과정

김보남은 아악사양성소에서 피리를 전공하며 동시에 궁중정재宮中呈才를 이수하였다. 이는 김보남 뿐만이 아니라 양성소 학생 모두가 악기 한 종목과 춤을 동시에 배우는 교과과정이었으니, 후에 춤으로 활동하게 된 그는 음악적 뒷받침이 탄탄한 춤 교육을 받은 셈이다.

또한, 성악도 이수한 것으로 보아 실로 악·가·무 삼위일체의 근본교육을 받았던 것으로 현행 예술 교육제도에 비할 때 바르고 알찬 제대로 된 교육이었음을 알 수 있다.

김보남의 음악적 재능에 대하여 이왕직아악부李王職雅樂部 시절 아악이습회雅樂肄習會에서의 그의 연주된 실적을 살펴보고자 한다.

아악이습회는 오당梧堂 함화진咸和鎭 선생이 1933년 10월 아악사장雅樂師長에 승임陞任한 뒤 아악의 보급·발전을 위하여는 무엇보다 아악수雅樂手의 자질향상 즉 연주기능의 고양高揚이 절대 전제가 되어야 한다고 판단, 그 구체적 방안으로 개개인 기능연마에 크게 역점을 둔 것이었다. 이습회肄習會는 합악合樂이나 관현악管絃樂이 없지는 않았으나, 주로 독주력獨奏力 함양

涵養에 전력을 기울이다시피 하였다. 개개인의 실력이 어느 수준에 도달하면 저들의 집성集成이요 해화諧和인 합주는 별로 문제가 아니라는 것이 함화진 선생의 형형炯炯한 통찰인 듯이 보였다.
이 이습회肄習會에서 김보남은 전공인 피리 독주를 주로 발표했으나, 그밖에도 가곡歌曲의 우계면조羽界面調 가사歌詞인 춘면곡春眠曲·상사별곡相思別曲 그리고 시조창時調唱도 불러 그의 음악적 재능을 자랑하였다.[5]

위의 글에서 나타나듯이 그 당시 학습방법은 '독주력 함양에 전력을 기울이다시피' 하여 '아악수의 자질향상 즉 연주기능의 고양이 절대 전제가 되어야' 함을 원칙으로 삼고 있었다. 이는 '구체적 방안으로 개개인 기능연마에 크게 역점을 둔 것'으로 개인 기본기 닦기를 제일 중요시했던 점이다. 그리고 개개인의 기본실력이 제대로 되어 어느 수준에 오를 때 그것들이 합해지고 조화하여 합주는 저절로 된다고 하였으니, 성경린의 표현대로 함화진의 '형형한 통찰'이란 가히 슬기롭고 지혜로운 해득이었다. 그야말로 모든 예술 수업을 받는 이들에게 예나 지금이나 철칙이라 할 수 있다. 여기에서 그 당시 교육 현상이 지금의 교육 현상에 비해 얼마나 철저한 근본원칙을 가지고 이루어졌나에 대해 시사하는 바가 크다.

필자가 선생께 입문하여 춤을 배운 시절인 50년대에는 한 달에 한 번씩 국립국악원에서 정기 음악감상회가 열렸다. 선생은 필자를 춤으로 출연시켰고 당신은 항상 음악 합주에서 편경·편종 등 악기를 잡으셨다. 지금 생각해보면 종묘제례악 연주가 아닌가 싶고 춤 스승이 국악 합주에 악기를 연주하는 것이 신기하게 보이던 기억이 새삼스럽다.

또한 그는 궁중정재만으로 만족하지 않고 '한성준무용연구소'에 나가 승무와 살풀이 등 민속춤을 섭렵하였다.[7] 필자가 듣기로는 그 당시 분위기는 궁중음악을 학습하는 이들은 절대로 민속의 선율을 내는 것이 금지되어 있었기 때문에 김보남이 한성준에게 간 것도 '월담하여 승무학습'을 하였다는 식으로 말해지는 것을 들은 적이 있다. 그의 그러한 민속춤의 학습은 그가 정작은 피리를 전공하였지만 후에 춤 사범으로 활동할 수 있었던 밑받침이 된 셈이다. 이에 대해 성경린은 다음과 같이 회고하고 있다.

이주환도 본시 피리가 전공이었지만 일찍이 피리를 버리고 가곡歌曲에 매달려 드디어 선가善歌가 된 것, 그리고 김보남 역시 피리를 버리고 아예 무용으로 무용가舞踊家로 칭송되는 것도 무슨 숙명宿命으로 느껴지는 것이다.[8]

## 3. 김보남의 춤 활동

### 1) 춤 교육자로서의 길

김보남은 8.15 조국광복을 맞으며 "누구나 그랬던 것처럼 용기와 의욕과 희망을 되찾은" 시기였는데, 그의 춤 인생에서 처음으로 춤을 가르치기 시작한 시기였다.

경기京畿 · 중앙中央 · 숙명淑明 · 수도首都 등의 여자고등학교 및 서울사대 · 이화여대 · 숙명여대 등 대학교 체육과의 한국무용 강사로 실로 쉴 틈이 없는 몸이었다. 당시는 학원學院에 나가 한국무용의 실기를 체계 있게 지도할 사람이 실로 김보남을 두고는 없지 않았던가 생각하고 있다.[9]

그 당시 이처럼 많은 학교에서 춤을 가르칠 수 있었다는 것이 믿기지 않을 정도이다. 이와 같이 김보남은 조국광복과 더불어 본격적인 춤 교육자의 길을 걷게 된 것이다. 지금 생각하면 김보남처럼 체계적으로 우리춤을 닦은 분이 후진들에게 춤 교육을 행한 것이 여간 다행스러운 일이 아니다. 성경린은 김보남의 그러한 춤 교육 역할에 대해

"오늘날 한국무용의 눈부신 보급과 발전을 가져온 얼마의 공功은 김보남金寶男에게 돌려야 할 것이라는 생각을 나는 나대로 갖고 있다."[10]

고 언급하였다.

필자의 의견도 오늘날의 춤이 이만큼이나마 자리를 잡을 수 있게 되기까지에는 드러나지 않게 활동하며 곧은 중심을 잡았던 김보남의 역할이 지대하다는 것을 항상 느끼고 있었다.

위에서 언급한 그의 드러나지 않은 활동이란 다름 아닌 그 당시 흔한 발표회 한 번 열지 않아 공개적으로 잘 알려지지 않은 것을 뜻한다. 초등학생 시절 필자는 어린 마음에 우리도 다른 데처럼 발표회 한번 하자고 애원하던 기억이 떠오르는데 선생은 그럴 때마다 '피-익' 하시며 고개를 모로 돌리시곤 하였다.

1955년 국립국악원의 부설로 '국악사양성소國樂士養成所'가 설립되자, 김보남은 전통음악을 업으로 하는 국악사를 양성하는데 진력한 공이 크다.[11]

1964년 3월 국립국악원의 아악단이 처음 일본으로 연주 갔을 때 김보남은 아악단의 춤 지도를 독단으로 맡아서 하였다. 그 당시로서는 외국에 우리 춤을 소개한다는 일은 역사상 처음 있는 일로, 성경린은 '김보남 일생일대의 기록적인 업적'이라고 표현할 정도로 매우 중요한 일이었음에 틀림없다.

지도한 춤 내용으로는 궁중정재로서 검무劍舞·포구락拋毬樂·춘앵전春鶯轉·장생보연지무長生寶宴之舞·무고舞鼓 등으로 더없이 고매高邁하고 화사한 춤들이었다.

마지막 춤지도는 1964년 3월 19일 성균관 춘석전春釋奠에서 치른 문묘제례악이었다. 그것이 그의 마지막 봉공奉公이었으니, 제례의식 춤으로 그의 살아생전 춤 활동을 끝맺은 셈이다.

## 2) 단체활동

대한민국 수립 후 이상적인 학교무용의 정립과 현대무용의 개발을 목적으로 함귀봉이 주축이 되어 '한국교육무용소'가 창설되었는데, 여기에서 김보남은 춤을 가르쳤고, 다른 지도 강사로는 함귀봉(소장)·조택원·장추화·문철민(무용평론가) 등이 있었다. 그리고 연수생은 하나같이 현역 무용인들로 1기생은 정혜옥·김문숙·최숙현, 2기생에는 조동화·김경옥·윤석운, 3기생에는 정막·정병호 등이었다고 하니[12], 놀라움을 금할 수 없다.

또한, 새 교육을 부르짖던 초등교육계에서는 교육무용이 창작무용으로 중요시되기 시작했다. 1949년 김보남은 조동식·김봉식(문교부 체육과장)·김신실(이화여대 체육과장)·서상환(이화여고 교감)·권오국(경기여고 교사)·이인해(상명여고)·김유하(숙명여고)·임병호(아현초등학교 교감)·함귀봉(조선교육무용연구소 소장)·최가야(최가야무용연구소) 등과 발기하여 '중앙교육무용협회'를 창립하였다.

성경린은 "위로써 미루어 보더라도 김보남金寶男이 광복 전후를 통하여 한국무용을 대표하는 제1인자요 그 실력이나 위세가 가히 어떠했음을 미루어 알만하다"고 논급하였다.[13]

김보남은 그 당시 전통춤으로 일가를 이룬 셈인데, '교육무용'과 '창작무용'이라는 명제에 입각하여 교육적 측면과 창작적 측면에서 전통춤의 재창조 작업을 조직적이며 적극적으로 해나갔다는 점에 새삼 놀라지 않을 수 없다.

이러한 총체적 활동에서 김보남은 명실공히 당대의 한국춤을 이끄는 상징적 인물이었으며 실천적 춤꾼이었음을 인정하지 않을 수 없다.

## 4. 김보남 춤의 법도

### 1) 춤의 법도

김보남 춤은 한마디로 부드러우면서도 근간이 살아있는, 자연스러우면서도 격조 있는 춤이다. 그러면서 그의 춤은 반듯하고 바르다고 표현할 수 있다. 필요 이상으로 굽거나 휘어지지 않고 부드러우면서도 반듯하게 조화되고 있음이 그 특징이다.

춤이 그 사람의 표현이듯, 김보남 춤은 결코 드러내 놓지 않는 예술적 당당함이 곧은 예술적 지조와 함께 어울린 내면의 몸 울림이라 할 수 있다.

지금도 기억나는 것은 그토록 엄하게 비추어지었던 선생이 춤에서는 그와 반대로 어루만지듯 연하고 부드러운 감싸안음으로 포용의 멋을 풍기고 있는 점이다.

그것은 바로 김보남 춤이 가진 '넓은 도량의 너그러운 포용성'이라고 밝힐 수 있다.

## 2) 춤의 구체적 사위

필자가 김보남으로부터 춤의 기본을 익힌 것은 이미 언급한 바, 그 당시의 춤 학습을 토대로 하여 김보남 춤을 구체적으로 밝혀보려 한다. 그 당시 공부한 춤이 오늘날까지의 내 춤의 바탕이 되고 있고 그것이 또한 우리 춤의 바탕이라는 점은 더 이상 언급할 필요가 없다.

### ① 춤의 종류

내가 김보남으로부터 익힌 춤새는 기본 춤가락, 민요 가락(아리랑, 밀양아리랑, 노들강변, 양산도, 천안삼거리 등), 승무·검무·풍물소고춤·무고, 그리고 춘앵전 등이다.

그 선생으로부터 익힌 특징은 철저한 우리 춤사위와 우리 춤새였고, 따라서 그것에 대한 철저한 기초공부였다. 그때 공부한 종목을 분석하면 거의 기본춤·민요춤·독춤 등의 민속 중심 춤이었다.

그러나 기본춤은 선생의 춤 경력에서 알 수 있듯이 정재의 가락과 민속의 기본이 조화된 그야말로 춤 기본 중의 기본이라 할 수 있다. 민요춤에서는 일반적으로 일반 서민들이 많이 불렀던 중요종목을 취급하였다. 그 당시 민요춤 학습은 선생의 몸짓 신호에 따라 이 춤에서 저 춤으로 넘어가곤 하였는데, 가령 아리랑에서는 부드럽게 너울사위의 고갯짓으로, 양산도에서는 어깨를 '으쓱으쓱' 하는 식으로 말로 하는 지시를 대신하곤 하였다.

승무는 쪼그리고 앉아서 시작하였는데, 아마도 신을 신고 다니는 바닥이었기 때문으로 생각된다. 그때는 왜 그리 염불이 느리고 긴지, 지금 생각하면 큰 줄기만 밟고 간 간추린 염불 틀이었는데 말이다. 검무는 두 줄로 쭉 도열해 마주 보며 추기 시작하였는데, 서로 짝짓고 마주 보며 대형을 이루는 것이 어린 필자에게는 매우 재미있었고 즐거웠던 기억이 난다. 이처럼 그 당시의 춤공부는 중요한 춤을 거의 섭렵하여 춤 기본을 확실히 닦게 한 셈이었다.

이러한 기초공부는 마치 씨앗과 같아서 그 씨앗 밭에 어떤 거름 어떤 가랑잎을 갖다 덮어도 내내 그 종자가 나오듯이 철저한 우리 춤의 기초를 닦게 하였다.

② 춤 걸음

김보남 선생을 떠올리면 영원히 내 뇌리를 떠나지 않는 교훈과 추억이 있다.

첫째는 김보남 춤 걸음걸이인 춤의 보법이다. 춤은 역시 '한 걸음 한 발 떼기'라는 우리 춤의 전통을 선생으로부터 확인한 점이다. 그의 춤 걸음은 마치 솜밭 위를 걷는 듯하기도 했고 구름밭 위를 노니는 듯하기도 하였다. 또 어떻게 보면 사냥을 나서는 호랑이의 한 걸음 같기도 하였던 것이 지금까지의 추억으로 남는다.

그러나 그것을 실지로 해보면 그것은 지게 짐을 잔뜩 진 사람의 한 발 떼기이기도 했고 또 먼 길을 훨훨 장단 삼아 헤쳐 가는 한발이기도 했으니 그 한발 한걸음으로 모든 춤사위가 백 가지 모습으로 발전하게 됨은 자명한 이치였다. 그가 춤을 가르칠 때 춤의 한발 떼기는 마치 지축을 들어 올리는 매우 큰 걸음이었다.[14] 그 발걸음들은 일할 때 나오는 걸음걸이의 발걸음이었다. 그러한 걸음걸이는 기본춤에서 마루선을 따라 직선으로 걷게끔 하여 곧게 왔다갔다하는 식으로 이루어졌다.

그러한 모든 보법이 합쳐지고 응축되어 나타난 그의 춤걸음의 자태는 한마디로 아름다움 그 자체이었다. 천근만근 무게가 실린 한 걸음이면서도 솜

밭을 걷듯, 구름밭을 떠다니듯 가라앉은 고운 태였다. 그러한 그의 춤걸음은 그의 평상시 걸음걸이에서도 그대로 나타났는데, 반대로 보면 그의 일상적 걸음걸이가 그대로 춤으로 드러났다고 함이 옳을 것이다.

③ 장단

또 하나 기억에 남는 것은 그의 휘파람 장단이다. 우리들에게 춤을 가르칠 때 그는 늘 장고를 잡았지만 우리들의 연습하는 장면은 직접 보시질 않고 고개를 외로 돌리시곤 했다. 그렇게 하시고도 우리들이 춤을 추는지 장난을 하는지 또는 제대로 하는지 못하는지를 다 아시는 것이었다. 그런데 이렇게 고개를 외로 하고는 장구 장단과 함께 휘파람을 불곤 하시는데 그것이 그렇게 신명이 날 수가 없었다.

그러나 누구든 한판 춤꾼으로서의 어느 경지에 가까이 이르게 되면 고정된 장단 같은 것은 아예 제쳐놓고 자기 장단이 절로 배어 나오는 것을 느낀다. 그것은 바로 틀에서 자유로워지며 자기 자신의 호흡과 우주 자연의 장단을 조화시킨 자기만의 몸짓 장단이라 할 수 있다. 예를 들어 김보남 선생의 휘파람 장단이 그런 것이 아니었을까 생각되는데, 이러한 점에서 과연 위대한 스승이구나 하는 감탄이 절로 나온다.[15]

## 5. 김보남과 한영숙

김보남의 가르침이 철저한 기초라면 한영숙은 철저한 기초 위에 세기細技로서의 자상함이다. 원래 한영숙과 김보남은 같은 스승 밑에서 가르침을 받았으니 곧 한성준 선생의 맥을 이은 큰 춤꾼들이다.

그런데 이와 같이 춤의 맥은 비록 하나이나 그 가르침의 기풍과 골격은 현저히 달랐다고 기억된다. 김보남이 춤새의 뼈대를 올바로 크게 잡아 준 것이라면 한영숙은 그 뼈대에다 싹을 틔워 잎을 내고 또 온 나무에 꽃을 피우고, 그리고 불어오는 바람으로 춤을 키우는 그런 경지라고 할 것이다.

그러나 이런 점이 곧 두 분의 춤의 수준과 기량의 차이를 의미한다는 것은 아니다. 다만 춤을 가르치는 기풍이 그렇다는 것이며, 어떻게 보면 두 분은 한 뿌리에서 자란 커다란 두 개의 가지가 아닐까 생각한다.

왜냐하면, 김보남이 휘파람장단으로 춤을 추게 하였는데 한영숙도 입소리장단으로 춤을 추게 하였기 때문이다. 이것은 오늘날 녹음테이프에 의해 녹음된 장단으로 춤을 추는 현대문물에 젖은 세대들에게 일대 경종임과 아울러 우리 문화에 대한 또 다른 각도의 신뢰로 되고 있다. 춤이 고조될수록 입소리 장단이 절로 나오지 아니하고 장단과 판이 짜여진 녹음 소리에 맞추어 가는 춤은 그 자체가 춤의 창조적 경지와 춤의 생명력을 압살하는 것이기 때문이다.[16]

## 6. 맺음말

춤이란 무엇인지, 춤을 논한다는 것이 어떤 의미인지 새삼 그 어려움과 당혹감에 춤 정리의 한계를 느끼게 되며, 글을 처음 시작할 때 난감했던 마음이 아직 그대로 남아 있다.

김보남의 삶, 그 삶을 통한 김보남의 춤은 춤과 교육과 창조가 삼위일체로 조화되어 어우러진 살아있는 춤을 창출하였다. 그러한 창조적인 춤 삶을 살다간 그는 분명 오늘의 춤을 확고히 뿌리 내리게 한 '춤의 거목'으로 자리잡고 있음이 분명하다.

　김보남은 공무원 교육을 받다가 각혈하고 쓰러진 것을 마지막으로 동료 명인들의 "자네는 불사신이니까 죽지는 않는다."라고 한 애타함을 멀리하고 1964년 향년 53세로 불귀의 객이 되었다.

　"김보남은 죽어도 죽지 않았다고 혼자 감루感淚하였다."라고 한 성경린의 진언처럼 김보남 춤은 영원히 이어져 우리 춤의 본 맥을 살려내고 있다.

　그의 마지막 춤이었던 제례무를 본받으며 선생 영전에 다시 한번 '분향 제례춤'을 올린다.

김보남(1912-1964) 선생의 1926년 이왕직아악부원 양성소

### 참고문헌

성경린.「쾌남 김보남군」.『아악』. 경원각. 1975.
성경린.「춤에 인생을 바친 한 무용가의 예술적 삶 : 신곡 김보남 평전」,『한국음악사학보』제16집, 1996.
성경린.「아악부원양성소의 후예들」.『李王職雅樂部와 음악인들』, 국립국악원, 1991.
이애주.「나의 춤, 나의 칼」,『월간 중앙』, 중앙 JNP, 1988년 봄호.
『國樂人名鑑』(서울: 국악계사, 1961)

### 미주

1) 성경린,「쾌남 김보남군」,『아악』, 경원각, 1975, 241면.
2) 성경린,「춤에 인생을 바친 한 무용가의 예술적 삶: 신곡 김보남 평전」,『한국음악사학보』, 제16집, 1996, 48면.
3) 성경린, 위의 책, 49면.
4) 성경린, 위의 책, 49-50면.
5) 성경린, 위의 책, 50면.
6) 성경린, 위의 책, 51-52면.
7) 성경린, 위의 책, 51면.
8) 성경린, 위의 책, 51면.
9) 성경린, 위의 책, 51면.
10) 성경린, 위의 책, 51면.
11) 성경린,「아악부원양성소의 후예들」,『李王職雅樂部와 음악인들』, 국립국악원, 1991, 12면.
12) 성경린, 위의 책, 53면.
13) 성경린, 위의 책, 53면.
14) 이애주,「나의 춤, 나의 칼」,『월간 중앙』, 1988년 봄호, 571면.
15) 이애주, 위의 글, 571면.
16) 이애주, 위의 글, 572면.

# 한영숙 춤의 성립 배경과 특성*

## 1. 들어가는 말

우리춤의 역사에서 한영숙은 전통의 정통성을 계승한 근대를 이어받아 현대에서 활동한 단 하나의 춤의 대모라 할 수 있다. 그의 조부 한성준이 전통춤을 중심으로 장단, 소리 등을 폭넓게 정리하여 전통예술의 토대를 이루었다면 한영숙은 그 기반 위에서 전통춤을 옹골지게 모으고 깊게 천착하여 화려한 꽃을 피운 당대의 춤꾼이며 명무가였다. 이러한 한영숙의 춤에 대해 정병호는 다음과 같이 언급하고 있다.

"한영숙 선생의 춤은 엄밀히 보면 한성준의 춤인 동시에 어떻게 보면 한성준 옹의 춤이 아니라 한영숙 선생의 춤이라 봅니다. 따라서 그 춤은 오로지 평생동안 추어 온 한영숙 선생의 미적 감각에 의해 나온 형식이라 봅니다."[1]

이상에서 알 수 있듯이 본 글에서는 한성준의 대를 이어 우리춤의 중심을

---

*이애주, 제10회 한국미래춤학회 학술심포지움, 한국문화예술진흥원 강당, 1997. 12. 13.

이루고 있는 한영숙 춤이 어떻게 태어나게 되었는지 그의 생을 통하여 활동 상황을 조명해 보고 어떤 의미를 갖고 있는지 또한 그 중요성은 무엇인지 논거하여 우리 문화에서 갖는 한영숙 춤의 특성을 조명해 보겠다.

## 2. 한영숙의 성장 배경

### 1) 출생과 어린 시절

1920년 10월 18일 충청남도 천안에서 태어났다. 어머니가 충남 홍성에 사는 한희종 씨와 결혼했으나 시가에는 이미 다른 부인이 있어 친정으로 돌아와 있다가 한영숙을 낳았는데 성경린은 이에 대해 "선생의 남다른 초년 박행이 이로부터 비롯되었는가도 싶다."[2)]고 언급하고 있다. 다섯 살 되던 해인 1924년, 친가인 증조모 댁에서 데려가 충남 홍성군 고도면 구성골의 생활이 시작됐다. 어머니·외할머니와 갑자기 떨어져 살게 되면서 증조모의 극진한 보살핌에도 불구하고 잦은 병치레와 홍역을 치루었다. 1926년 일곱 살이 되며 홍성 갈미 보통학교에 들어가 작은아버지 댁에서 학교를 다녔는데, "처음으로 그 또래의 동무들과 어울리며 즐거운 학교생활을 보냈으며 동네 친구들과도 놀이를 하며 시간 가는 줄 몰랐고 작은아버지 댁의 생활이 더없이 행복했다."[3)]고 회상하고 있다. 그러던 중 1928년에 신촌이라는 곳으로 다시 옮겨져 아버지, 의붓어머니, 의붓형제들과 살게 되며 보통학교 생활은 막을 내린다. "어린 나이에 계모와 배다른 형제들에게 갖은 학대와 수모를 당하며 학교도 다니지 못하고 집안에서 지옥과 같은 나날을 보내는데 일생 중 가장 괴롭고 끔찍했던 시기였다."[4)]고 구술하였다.

1929년 열 살 되던 해 다시 증조모 댁으로 합쳐 살게 되며 증조모의 사랑과 보살핌으로 조금 숨통이 트이지만 아버지댁 식구한테 당하는 고통은 여전하였다. 1930년 열한 살 되던 해 할아버지(조부 한성준), 할머니가 구성골로 내려와 어린 한영숙을 서울로 데리고 가면서 그 참기 어려웠던 시절은 끝을 맺고, 일생을 방향 지우는 새로운 발걸음을 옮기게 됐다. 한영숙은 그 당시 조부 한성준을 회상하며, "어디선가 불현듯 나타나시어 넉넉하게 마루에 앉아 부채질을 하시던 할아버지의 모습이 마치 도사 같아 보였다."5)고 회고하였다. 그는 이처럼 출생부터가 평범하지 못했고 불우한 환경 속에서 감당키 어려운 어린 시절을 보냈다.

## 2) 춤 입문

1933년 한성준 선생은 '조선음악무용연구회'를 조직하여 손녀 한영숙에게 춤을 가르치기 시작하였다.

> "선생의 춤 공부, 춤 수업은 열세살 서울에서 시작되었고 스승은 한성준 할아버지였으며 그의 남다른 자질과 재능에 당대 누구도 따를 사람이 없는 민속음악, 민속무용의 대가인 할아버지로부터의 직접 훈도였으니 그야말로 하늘의 섭리인가 생각됩니다."7)

한영숙은 필자에게 여러 차례 그 당시 공부할 때의 일을 언급하였는데, "내가 힘들어하고 싫증을 나 할 때면 할아버지가 눈깔사탕을 사줘 가시며 달래어서 시키시곤 하시었다."8)고 한 것으로 보아 한성준 선생이 손녀의 춤 학습을 위해 얼마만큼 극진한 정성을 쏟아부었는지 알 수 있다. 그가 슬픔과 역경을 딛고 춤을 시작하게 된 동기는 무엇보다도 조부 한성준의 은덕에 의한 것으로, 그는 자기도 모르게 앞으로 펼쳐질 거대한 춤의 세계로 입문하게 된 것이다.

## 3. 한영숙의 춤 활동

### 1) 초기 춤 활동

나이 18세 되던 1937년에는 서울 부민관(지금의 세종문화회관 별관)에서 한영숙의 첫 춤 발표회를 열어 살풀이, 승무, 학무를 성공리에 추었다 한다. 입문한 지 몇 해 안 되어 개인 발표회를 갖기에는 좀 이른 나이에 열렸던 빛나는 첫 무대는 이미 일생 춤길을 방향 지워 놓은 셈이었다. 그 무대는 앞으로 활동에 있어 든든한 첫 출발로 평가될 수 있다고 보여진다.

### 2) 중반기 활동

① 한영숙 고전무용연구소 설립
1942년 6월 조부 한성준의 타계로 한영숙은 비탄과 절망에 빠져있다가 그 해 7월 '조선음악무용연구소'를 이어받아 '한영숙고전무용연구소'로 이름을 바꾸어 이끌어 나가며 독자적인 춤 활동을 시작하였다.
한영숙은 연구소 설립 후 첫 번째 일로 조부 한성준의 추모 공연을 성보극장에서 치렀다. 그는 텅 빈 마음으로 끝없이 할아버지를 되뇌이며 춤을 추면서 고인의 넋과 혼을 위로했다고 한다. 1943년 흩어져 고통당하는 동포들을 위문하기 위하여 다시 일본을 비롯한 만주지방과 전국 순회공연 길에 나섰다. 1944년 공연을 다니며 같은 단체에서 알게 된 황병열과 결혼하여 활동을 계속하였다. 1946년 전쟁에서 패망한 일본 사람들이 물러간 다음해 '한영숙 고전무용연구소'를 다시 시작하였는데, 그즈음 생계를 꾸리기가 어려울 정도로 고생을 많이 하였다고 한다. 1950년 6.25 동란이 터지며 이북으로 몇 번 갈 뻔하였으나 그대로 남쪽에 남아 숨을 죽이며 춤을 계속하였다9).

이때는 이미 그에게는 춤의 세계에 깊이 몰입하여 춤꾼의 위치와 발판을 착실히 다지고 있던 시기로 볼 수 있다.

② 한국국악예술학교 설립과 교육 활동

1955년 11월 김소희, 박귀희, 박초월 등과 함께 서울 돈암동에 자리잡은 사설 교육인 한국민속예술학원에 춤교사로 활약하였다. 1960년 5월 보다 깊고 넓은 국악인 양성을 목적으로 한국민속예술학원이 한국국악예술학교로 바뀌며 본격적으로 춤을 가르치기 시작했다. 특히 이 학교는 민속음악, 민속춤 부문에서 제일 처음으로 세운 사립 전문교육 기관으로 매우 중요한 의미를 갖고 있다. 물론 학교를 설립한 대부분의 교사들이 후에 각 부문에서 중요무형문화재 보유자로 인정받았다. 매년 2회씩 정기 발표 공연을 하였는데 한영숙이 지도를 맡은 춤 부문은 정확한 기법과 성실한 고도의 훈련으로써 가장 인기 있고 돋보이는 무대로 호평을 받았다고 박귀희는 구술하였다.10) 이때는 이미 사회에서도 객관적 평가를 받아 1962년 2월에 서울특별시 문화위원으로 취임하였다. 1962년 9월 국악예술학교 지도 선생들과 함께 학생들을 이끌고 재일동포 위문차 일본 여러 도시를 돌며 공연하였다.

③ 외부 활동

1964년 1월에는 우리 전통예술을 해외에 알리기 위해 삼천리가무단이 조직되면서 때마침 미국 아세아협회의 초청을 받아 미국 30개 주를 돌며 4개월에 걸쳐 공연 활동을 하였다. 1965년 3월부터는 서울예술고등학교와 서라벌예술대학 무용과 강사로 학생들을 가르치며 이때부터 외부의 여러 대학에 나가 많은 학생들을 길렀다. 1966년 3월에는 수도여자사범대학 무용과에서 춤을 가르치기 시작했다.

한영숙은 두 번째 발표한 〈한영숙 춤 35주년 기념공연〉을 1966년 9월 국립극장에서 가졌는데, 이는 그의 오랜 춤 생활을 점검하고 앞으로의 정진을 더욱 더 다짐하는 중반기 활동의 결산이라 할 수 있다. 14편의 춤을 펼쳤는데 각 언론에서 1966년도 최고의 수확이라는 찬사의 평을 받았다. 이 발표는 한영숙 춤의 기반을 굳건히 다진 확실한 무대였다.

## 3) 후반기 활동

### ① 국가무형문화재로 인정받은 한영숙 춤

이 시기는 한영숙 춤의 완성기라고 볼 수 있다.

1969년 7월에 춤으로는 처음으로 국가문화재 인정을 받으며 '중요무형문화재 제27호 승무 보유자'로 지정된다. 여기에서 지금까지 해왔던 춤 활동의 큰 매듭이 지어지며 다시 한번 춤 일생의 새로운 세계가 펼쳐진다. 이때부터 공식적인 춤 전수자를 길러 후에 많은 제자를 배출하고 승무의 탄탄한 뿌리를 내리게 되었다. 이 시기에는 사방에서 그의 춤을 요청하여 그 중 하나가 1970년 3월 일본에서 열리는 '엑스포 70' 한국관 공연이었다. 1970년 12월에 국민 포상, 대통령상을 받았다. 1971년 1월에는 '중요무형문화재 제40호 학무 기능 보유자'로 지정받아 승무와 함께 2개의 문화재 보유자가 되었으니 그 영광은 이루 말할 수 없었고 춤하면 한영숙이라 할 정도로 춤의 독보적 존재이었다.

1971년 3월에는 중요무형문화재 제23호 가야금 병창의 기능보유자로 지정된 박귀희와 함께 중요무형문화재 전수소를 차렸다. 이때부터 본격적으로 전수사업을 펼치며 돌아오는 6월에 치를 발표 준비를 하였다.

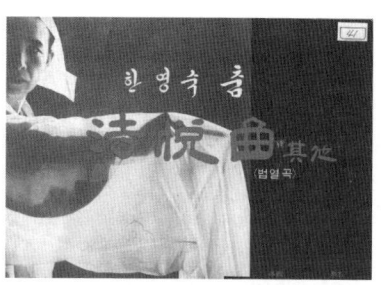

한영숙 〈법열곡〉 팸플릿

### ② 전승을 뛰어넘은 법열法悅의 세계

「한영숙 춤」으로 1971년 6월 한영숙은 문화재보유자로 지정된 후 그의 세 번째 '한영숙 춤' 발표회를 명동 국립극장에서 가졌다. 승무를 중심으로 구성한 〈법열곡〉을 발표하였는데 불교 작법과 함께 승무를 자유롭게 펼쳐 하나의 큰 열매를 맺은 작품으로 그 성과는 대단하였다. 〈법열곡〉에 대하여 이두현은 다음과 같은 평을 하였는데 그 전문을 실어 보겠다.

"이번 한영숙 씨 무용발표회 [프로그램] 제2부 〈법열곡法悅曲〉승무접속곡僧舞接續曲을 보면서 우리는 오래간만에 형언할 수 없는 감동에 휩싸였다. 그것은 궁중정재의 아정雅正의 기계와도 다르고, 또 무무巫舞의 '엑스터시'와도 다른 그야말로 법열의 세계라고밖에 할 수 없는 것이었다. 〈귀의불歸依佛〉에 이어 〈바라춤〉, 징(鉦)에 화려한 태평무까지 곁들인 반주음악에 추어지는 〈나비춤〉과 그리고 타주무打柱舞에 이르기까지 이것은 분명 남무男舞인 상좌춤의 전통이며, 다시 염불에서 타령, 굿거리로 고조되어 간 승무도 가락이 고조됨에 따라 혼신의 힘으로 북을 향해 몸을 던지는 듯한 「다이내믹」한 춤사위는 귀의불歸依佛의 정진과 법열의 표현이 아닐 수 없었다. 돌이켜보건대, 4세기 후반에 처음 고구려로 불교가 전래된 뒤 불교의식 악무樂舞는 서역악西域樂으로 당대에 가장 선진된 악무樂舞였다. 백제의 기악伎樂은 672년에 일본으로 전해져서 일본음악의 조종을 이루었고, 우리나라에서도 불교의식무인 기악伎樂에 관한 기사가 고려사의 여기저기에서 보인다. 그러한 불교의식무의 법통法統이 조선말의 한성준옹으로부터 그 손녀인 한영숙에게 이어져서 오늘 그 제자들과 더불어 무대화되었다는 것은 감개무량한 바가 없지 않다. 속된 표현일지는 모르나 과거에 허다했던 재탕, 삼탕 격의 민속무용발표회가 아니고 '퍼스트·핸드·매터리얼'에 의한 농도짙은 전통문화재의 민속무용발표회로서 성공된 보기가 된다고 생각한다. 아무쪼록 〈청기와장수〉로 단절되지 않고 우수한 수제자들에게 이 무형문화재가 길이 계승되기를 바라마지 않는다."11)

1971년 11월에는 '법열곡' 발표 등 춤활동을 인정받아 제3회 문화예술상을 받았다.

③ 전세계를 감동시킨 한국춤의 아름다움

1972년 2월에 일본 북해도에서 열린 삿뽀로 동계올림픽 민속 예술제에 참가하여 승무, 살풀이를 추었고, 같은 해 8월 독일에서 열린 뮌헨올림픽에 민속 예술단으로 참가하였고, 이어서 세계 24개국을 넉 달에 걸쳐 돌며 승무, 살풀이를 추었다.

긴 공연 여정을 끝내고 귀국 직후인 1973년 1월에 국민훈장 동백장을 받았다.

1974년 3월에는 수도여자사범대학 무용과 조교수로 발령받아 대학에서 전임교수 생활을 시작했다. 1975년 8월 광복 30주년 일본 순회공연 및 '오끼나와 해양박람회 내쇼날데이' 국가의 날에 출연하였다. 1980년 9월 대한민국 예술원상(제86호)을 받았고, 1983년 10월에는 중앙국립극장 종신 단원으로 위촉되었다. 1984년 6월부터 약 2개월 동안 엘에이(L.A) 세계 올림픽 문화 축전에서 살풀이를 추어 큰 감동과 충격을 주었으며, 1985년 7월에는 하와이 대학 국제의 날 행사에서 춤 공연을 하였다. 1985년 10월 한국무용협회가 주는 제6회 무용대상을 받았다. 1986년 6월 미국무용축제(아메리칸 댄스 훼스티발)에 전세계에서 유일하게 춤공연을 초청받아 이매방, 이애주와 함께 〈전통춤의 밤〉에서 승무, 살풀이, 태평무 등을 추었고, 돌아오는 길에 뉴욕 한국문화원과 엘에이 한국문화원에서도 같은 춤을 추었다. 양 공연에서 관중과 비평가들에게 격조 높은 독창적 몸짓으로 한국춤의 아름다움을 인식시켜 주었고 평론가들은 유명 일간지와 잡지에 신선한 충격과 아름다움에 관한 극찬의 평을 실었다. 1988년 7월 예술문화대상을 받았다.

1988년 10월 서울 올림픽 폐막제에서 전세계인이 지켜보는 가운데 하늘 위에 우뚝 솟아(탑 위에서) 살풀이를 추었으며, 모두가 숨을 죽이며 지고의 몸짓에 경탄을 했다.

그 당시 이미 건강이 악화되어 있었으니 그 춤이 선생의 공식적인 마지막 춤판이 될 줄은 아무도 상상하지 못하였다. 1989년 4월 선생의 춤을 전해 받은 승무 이수자들이 중심이 되어 마련한 희연을 받으시고 연회 마지막쯤 흥이 오르시어 전통음악 제자들이 풍악을 잡고 김소희 선생께서 즉흥 구음을 하시며 살풀이를 추셨는데 마지막 신명을 다하신 이 세상 끝춤이 되었다. 1989년 10월 극도로 건강이 악화되어 4월 말에 병원에 입원해 폐암 말기로 진단을 받았고 5월 중순에 퇴원하여 집에서 자연건강요법으로 요양하며 조금 여유를 찾으시는 듯하였다. 다시 9월 말경(22일)에 입원하여 며칠 후에 호흡기를 꽂고 고통을 견뎌 내다가 9월 8일(음력)에 서거하였다. 일생을 통하여 그는 일세를 풍미하는 크나큰 업적을 남기고 65년간의 춤생활의 한 획을 긋고 일생을 마무리하였다.

## 4. 한영숙 춤 성립의 시대적 배경

### 1) 조부 한성준 춤의 시대적 배경

한영숙의 춤은 그의 조부 한성준에 의한 것으로 그 점에 있어서 출발부터가 확고한 자기 기반을 가지고 있었음을 알 수 있다. 그러면 한성준은 우리춤에서 어떤 인물인지 졸고 「한성준론」[12]의 한 부분을 인용하겠다.

"한성준은 지금의 춤이 하나의 큰 틀을 가지고 체계적으로 존재할 수 있게 한 선각자이며 개척자인 동시에 춤을 올곧게 정립하는데 일생을 바친 춤의 대부"이다. 그가 활동하던 당시에도 그에 대한 평가는 대단했는데, "우리춤에는 오직 단 하나의 대가 한성준"으로 일컬어졌던 춤의 대표적 인물이다. (중략)

그가 춤뿐만 아니라 이미 그 이전에 명고수로서 명성을 떨쳤었는데 그가 별세했을 때 양재경은 『춘추』에 "조선의 큰 북이 갔다."라고 하며 "창극 200년 사상에 불세출의 천재"라 언급할 정도로 장단과 소리북에 일인자였으며 조선조 명창들과 활동하며 우리 민속악을 체계적으로 정리하였다. 민속춤과 민속악을 통해 그가 이룬 업적은 바로 민족예술사의 핵심적 내용이며 문화예술에서 큰 맥으로 자리한다"

위에서 열거한 바와 같이 우리춤은 한성준에 의해 올바로 체계화되고 정립됐다. 따라서 근현대를 통틀어 민속악무를 구체적으로 거론할 때 한성준으로 모이게 되는 것은 당연한 이치라 할 수 있다. 그와 같이 올바른 춤을 한영숙은 그의 조부인 한성준으로부터 온몸으로 체득하며 직통으로 이어받을 수 있었다. 무엇보다도 한영숙 춤의 단단한 토대를 이미 춤 입문 초반에 다질 수가 있었던 것은 그의 가계에서 직접 춤을 이어받을 수 있는 조건을 가지고 있었기 때문이며, 따라서 춤의 기본과 기법을 정확하고 알차게 익힐 수 있었음을 알 수 있다. 이에 대해 성경린은 "벽사 한영숙은 무용가로서의 입지나 학습, 그리고 화려하고 보람된 출세까지의 배경은 세상이 더 잘 아는 것처럼 그의 조부 한성준옹의 절대한 훈도와 그 영향이었던 것을 새삼스럽게 말할 것까지도 없겠습니다."[13]라고 언급하고 있다.

## 2) 한영숙 춤 활동의 시대적 배경

한영숙이 성장하면서 초기 춤활동을 하던 시기의 시대적 배경은 일제 식민지 시절이었고, 중반기 활동은 주로 일본, 만주 등지를 돌아다니며 쫓겨나 가다시피한 해외의 동포들을 상대로 한 활동이었다.
필자가 스승 한영숙에게서 춤지도를 받을 적에 대담한 몇 가지 사례를 들어 보기로 하겠다.

"1940년 4월 일본 동경 히비야 공회당에서 춤을 추었는데, 유학생 징용병 등 대부분 동포 관객들이 민족혼의 뜨거운 몸짓을 대하며 눈물들을 흘렸다. 춤이 끝나자 그들은 무대 뒤로 뛰쳐 와서 한영숙을 붙들고 성도 그대로 조선 성이며 영숙이란 이름도 농촌 이름 그대로이니 그 이름과 조선옷을 버리지 말고 꼭 간직할 것을 당부하며 모두들 우는데 잔인한 일본 관리들이 우는 우리 동포들을 잡아다 흠뻑 두들겨 팼다 한다.
또한 1941년 11월 만주 일대를 돌며 공연하였는데, 그곳에 도착하자 우리 핏줄인 조선인 개척단들이 환영을 나왔다. 냄비뚜껑, 깨진 솥 등 자기네들이 가진 것 중 두드릴 수 있는 모든 것을 동원하여 꽹매기 가락을 울리며 나오는데 눈물이 와락 쏟아져 앞을 볼 수가 없었고, 지쳐 있는 그들은 고국이 너무 그리워 서로 붙들고 울었다. 공연을 끝내고 돌아올 때까지 한도 끝도 없는 벌판에 속아서 온 자신들의 신세를 한탄하며 통한의 눈물을 흘렸는데 그들이 하나같이 하는 말은 "농사짓는 기구가 있어 농사를 짓나, 그릇이 있어 밥을 하나" 하며 아무거나 생활필수품 좀 보내 달라고 간청하였고 하다 못해 그냥 땅바닥에서 살고 있으니 신문지라도 보내 달라고 통곡하였다 한다. 떠나올 때는 허허벌판에 그들만 놔 놓고 올라니 부모형제 생이별하듯 그이들도 울고 우리도 울고 서로 애끓는 피울음을 울었다 한다. 1943년에도 흩어져 고통당하는 동포들을 위문하기 위하여 만주지방과 전국 순회 공연 길에 나섰다. 다니는 길에 많은 어려움을 겪었지만 한번도 고생이라 생각해 본 적이 없고 오히려 너무나 슬프고 원한스러운 것들을 많이 보고 당하기도 하여 한영숙의 가슴에 설움과 한이 깊이 자리 잡는다."14)

위에 열거한 예에서 한영숙의 당시 활동은 식민지 시절 조선인의 뼈아픈 한을 춤을 통하여 온몸으로 풀어낸 것을 알 수 있다. 이로 미루어 보면 당시 한영숙이 추었던 춤에는 기본적으로 한국 시대 상황의 역사적 한이 깔려 있을 수밖에 없고 그러한 의식이 춤사위를 통해 춤으로 나타났으며, 그 춤은 바로 일본, 만주 등지의 서럽고 애달픈 동포들과 일체감을 이루어 낼 수 있었다. 이러한 한영숙의 바탕에 깔려 있는 의식과 신념은 이미 조부 한성준의 삶과 예술활동에서 이어받고 있음을 발견할 수 있다.

한성준은 1938년에 '조선음악연구회'를 설립하면서 그 동기를 "쇠하여 가는 조선 가무악을 볼 때마다 점점 침체하여 가는 조선 예술계를 슬퍼"15) 한다고 하였다. 이러한 언급에서 어려웠던 시기를 온몸으로 느끼며 올바른 역사 의식을 가졌던 것을 알 수 있다.

1940년 4월 한성준은 그의 손녀 한영숙과 20여 명의 제자를 이끌고 일본 동경 히비야 공회당에서 첫 해외 공연을 가졌는데, 이는 중요한 의미를 갖는다. "히비야 공회당에서의 공연은 연 3일간 계속되는데 그동안 공연을 지켜본 일본인들은 자신들의 무용보다 우월한 조선 무용에 모두들 감탄하였다. 이것은 조선 문화 말살 정책을 강행하려는 일제 총독 정치에 찬물을 끼얹은 것으로서 문화교류라는 이름 하에 하나의 저항운동이라 할 수 있는

것이다.[16]

더 나아가 이는 역사의식의 관점에서 중요한 의미를 지닐 뿐만 아니라 한성준 춤의 본질적 측면을 엿볼 수 있게 한다. 이처럼 한성준 춤은 역사적·민족적 의식하에서 이해할 때 그 춤의 본령을 제대로 파악하게 된다.

이와 같이 한영숙은 한성준의 역사 문화의식을 그대로 이어받아 춤으로 실천하며 식민지 시대를 거쳐 왔다. 그후 교육자로서의 왕성한 교육활동은 그의 춤을 더욱 체계적으로 정리하며 춤의 완결 경지에 이르게 하였다.

## 5. 한영숙 춤의 특성

한영숙 춤에서 제일 중요한 점은 무엇일까?

첫째는 춤의 보편적 중심성을 지니고 있는 점이다.

춤의 보편성이란 바로 일상과 평범의 보편적 가치로 볼 수 있으며 그것은 자연히 춤의 중심을 지니게 되는데 이러한 본성을 춤의 보편적 중심성이라고 말할 수 있다. 우리춤을 일컬을 때 누구나 한영숙의 춤을 독보적으로 꼽지 않을 수 없는 이유가 거기에 있다. 예컨대 국가문화재를 지정하기 시작한 초기인 1969년에 춤 종목으로는 유일하게 그의 '승무'가 지정된 것으로 보아도 한영숙 춤의 보편적 가치성, 다시 말해 한영숙류의 춤이 크게 세간에 객관적으로 평가받았음을 인정할 수 있다.

둘째, 깊숙히 스며있는 민족혼을 들 수 있다.

그의 춤에 스며있는 민족혼은 우리민족이 걸어 온 민족의 삶과 역사가 그대로 배어 있음을 말한다. 정병호는 한영숙 춤의 민족성에 대하여 다음과 같이 언급하고 있다.

> "한영숙선생의 춤은 서민계층의 춤과 양반계층이 향유했던 이러한 춤들이 혼합·융합되어 이것이 하나의 새로운 예술로 꾸며진 근대예술의 특징이라 봅니다.(중략)
> 우리나라의 민족적인 춤은 민중적인 춤만을 말해서는 안되고, 양반계층의 춤만을 말해서도 안됩니다. 따라서 양반 계층의 춤과 민중적인 하나의 춤을 합쳐서 인간적으로 미화시킨 것이야말로 한국춤이라고 봅니다." 17)

이것은 그의 조부 한성준의 춤에서 이어받은 본성으로 정아正雅한 기품과 역사의 기상이중도를 지키며 내재되어 있음을 알 수 있다. 이것은 앞서 말한 초지일관 한성준의 춤의 맥과 숨결을 흔들지 않고 일생을 지켜낸 보편적 중심성과 한 맥으로 연결된다.

셋째, 춤의 순수한 담백성을 꼽을 수 있다.
이것은 구체적으로 춤사위에 군더더기를 붙이지 않은 순수한 미를 말하는 것으로 춤의 순결성과 담백성으로 표현될 수 있다. 이는 겉치레가 없고 춤의 순박한 표현성에서 발견하게 된다.

넷째, '자연미'를 들 수 있다.
춤은 본래 삶이 태동하는 그 자체에서 자연히 나온 것이며 인위적이거나 작위적이지 않다. 그와 같이 자연스럽게 풀려 나와 조화되는 한영숙의 춤가락은 매우 편안하고 안정되어 있다. 춤사위와 춤가락, 춤의 구조·구성 등에서 자연스러운 흐름으로 일관하며 맺고 풀림이 이루어진다.

다섯째, '절제미'를 들 수 있다.

이것은 넘치지도 않고 모자라지도 않는, 내보일 것만 내보이는 중도의 표현성이라 할 수 있다. 절제미는 춤에서 춤사위를 할 때 밖으로 지나치게 발산하지 않으므로 어떻게 보면 겉으로 비어있어 보이기도 하며 여백의 미를 만들어 내는데 이는 바로 비움의 미학과도 연결된다. 그것은 춤의 실천적인 면으로는 내면으로 기가 계속 쌓아지며 다져지는 것으로 절제된 내면의 기가 균형있게 절제되어 배어있음을 뜻한다.

마지막으로 춤 자체에 '창조성'을 갖고 있는 점이다.

한영숙 춤은 그 춤의 전통을 그대로 체득하는 자체가 이미 창조를 이루어 내고 있음을 의미한다. 다시 말하면 춤이 보편성과 함께 절제되어 있기 때문에 그러한 보편적 중심의 뼈대를 가지고 비어있는 여백만큼 최대한의 즉흥을 해낼 수 있는 여유로움을 지니고 있다고 할 수 있다. 또한 춤사위 하나하나와 구성 자체가 완벽에 가까우리만큼 체계화되어 있고 과학적 분석만으로는 해석할 수 없는 지고의 예술성을 가지고 있음을 알 수 있다. 이러한 면을 정병호는 "엄격한 형식 속에서 상당한 자유로움을 표현하는 높은 예술성을 가지고 있는 형식과 자유가 있는, 자유를 누리는 춤"[18]이라고 설명하고 있다. 그래서 그 춤 안에는 무한한 창작의 세계가 깃들어 있다고 할 수 있다.

## 6. 맺음말

춤이 삶 그 자체이고 그것을 예술적으로 형상화해낸 최고의 경지라고 졸저 『춤이란 무엇인가』에서 언급하였듯이 한영숙의 춤 역시 그의 삶 전체가 그대로 투영되었다고 할 수 있다. 이러한 관점에서 볼 때 한영숙의 춤은 삶의 춤으로 출발하여 독자적인 춤세계를 구축하고 있음을 알 수 있다.

 본문에서 필자는 한영숙 춤의 특성을 거론하면서 보편적 중심성과 절제미, 자연미, 창조성 등에 대하여 논급하였다. 그러한 총체적 요소를 기반으로 하여 통일을 이루어 가며 성립된 한영숙 춤은 그 모두가 조화되어 '중도' 라는 춤 철학을 춤으로 이루어 내고 있다.

 한영숙은 중도의 철학세계와 함께 춤의 달인으로서 입신의 춤 경지에 도달하였다. 한국춤의 전 역사를 조명해 볼 때 한영숙이 한성준의 춤을 꽃피우고 거봉의 자리를 점하며 세대를 뛰어넘어 중심잡고 있음은 아무도 부인할 수 없다고 본다. 그러한 한영숙 춤의 거대한 족적은 영원히 세인의 귀감이 될 뿐만 아니라 민족예술사에 영원불멸한 업적으로 평가받고 있다. 이러한 면에서 볼 때 우리춤이 그의 공적을 떠나서는 생각할 수 없고 지금 우리로서는 역사적 민족혼이 서린 그의 춤을 제대로 체득하고 오늘에 재창조해 내는 것이 후학으로서의 사명이며 임무라고 생각한다.

> 미주

1) 이애주, 제10회 한국미래춤학회 학술심포지움, 한국문화예술진흥원 강당, 1997. 12. 13.
2) 정병호,「한영숙춤을 통해 본 고전무용의 형식」,『한영숙선생 춤세계를 조명하며』(한영숙선생 서거 2주기 추모모임), 한영숙 승무보존회, 8면.1991.
3) 성경린,『무용사』,1991.
4) 필자와의 대담(1982. 10.)
5) 필자와의 대담(1982. 10)
6) 필자와의 대담(1982. 10)
7) 성경린,『한영숙선생 춤세계를 조명하며』(한영숙선생 서거 2주기 추모모임), 한영숙 승무보존회, 1면 1991,
8) 한영숙과 대담(1982. 10)
9) 한영숙과 대담(1982. 10)
10) 박귀희와의 대담(1983. 9)
11) 중앙일보「한영숙 무용발표회」『法悅曲』을 보고〉 (무용평), 1971. 7. 13일자.
12) 이애주,「한성준론」,『민속학』제28집, 1996
13) 성경린,「한영숙; 무용사 속에서의 한영숙 춤의 위치」,『한영숙선생 춤세계를 조명하며』,1991,(한영숙선생 서거 2주기 추모모임), 한영숙 승무보존회, 1면.
14) 한영숙과의 대담(1983. 2)
15) 동아일보, 1938. 1. 19.
16) 이병옥,「한성준 춤가락과 춤인생」,『우리춤의 선구자를 말한다-한성준편』, 1996, 한국춤 미래학회, 23면.
17) 정병호,「한영숙춤을 통해 본 고전무용의 형식」,『한영숙선생 춤세계를 조명하며』, 1991, (한영숙선생 서거 2주기 추모모임), 한영숙 승무보존회, 8면.
18) 정병호,「한영숙춤을 통해 본 고전무용의 형식」,『한영숙선생 춤세계를 조명하며』,1991, (한영숙선생 서거 2주기 추모모임), 한영숙 승무보존회, 10면.

# 백영 정병욱의 예술론 체계*

## 1. 백영 선생님을 다시 떠올리며

　백영 정병욱 선생님을 처음 뵙게 된 것은 1971년 선생의 연구실에 있으면서이다. 우리춤을 하면서 춤이 도대체 무엇인지 그것은 어떻게 설명될 수 있는지 막연하기만 하였었고, 그 모든 것을 뭉뚱그려 춤의 이론 정리라는 커다란 명제를 가지고 보이지도 않고 잡히지도 않는 큰 포부를 품고서 여기저기 기웃거리며 찾은 것이 국어국문학 교실이었고 그것은 바로 편입으로 이어졌다. 그때 선생은 늦깎이 제자를 배려하여 불러주시었던 것이다. 당시는 수업 쫓아가기 바빴고, 방 청소하면서 연구실 지킨 기억밖에 없는 것 같다. 뿐만 아니라 선생이 어떤 분인지도 제대로 인식하지 못했던 것 같다. 그때는 내 자신이 한영숙 선생께 입문한 초기라 춤 전수 받는데 정신이 없었고 사실 선생의 연구에 대하여 차분히 읽고 인식할 만한 내 자신의 준비가 전혀 안 되었던 시기였다.

---

*이애주,「백영 정병욱의 예술론 체계」,『문학한글』, 1998, 149-190면.

선생의 서거 15주기를 맞으며 최철 교수가 「인물 연구 정병욱」이란 글에서 백영을 가리켜 도남에서 이어받은 조선민족 주체사상, 가람의 순수예술 지향의 높은 감식안을 고루 지닌 분이 바로 백영이고, 백영은 이 두 면을 조화롭게 갖추었다고 피력하며 "그 지조 높은 학자로서, 품격 갖춘 높은 심미안의 예술가로서, 다재다능한 재인으로, 당대의 기인으로 원 없이 세상을 살다 갔으니 아마 매월당처럼 신선이 되어 그곳에서 남은 재주를 더 날리리라"[1] 하며 추모하였는데 필자는, 70년대 초인 그 당시에 천지사방을 너무나 몰랐던 듯싶다.

오히려 선생은 필자에게 많은 관심을 가지시고 격려를 하시며 추천을 하시어 필자로서는 생각지도 못했던 생전 처음인 모 신문사 예술대상을 받게 해 주셨다. 그 이후에도 나는 선생의 후광을 입기만 한 것 같고 나 자신으로서는 아무런 보답도 드리지 못했고 선생을 언짢게만 한 못난 제자는 아니었나 하는 괴롭고 무거운 마음이 항상 내 안에 존재하고 있다.

선생께서 이룩해 놓은 업적은 깊고 넓어 나 같은 춤쟁이로서는 딱히 무어라 집어서 표현하기 쉽지 않지만, 한 마디로 고전문학연구를 통한 문학의 본질 규명과 문학론의 정립이라 할 수 있다. 사실 필자는 전공인 춤 하나도 제대로 못해 춤에 치어 있느라 선생의 고전문학 연구업적을 그동안 꼼꼼히 살피지 못한 것이 사실이었고, 타계하신 지 15년이 흐른 지금 스승의 업적을 이제 다시 떠올리며 놀라운 사실을 접하게 된다.

그가 일구어 놓은 국문학 연구의 업적은 바로 전통예술론 정립과 맞닿아 있으며 시간 공간을 넘나들며 살아있는 예술정신으로 이어진 예술론 정립이었다. 다시 말하면 고전문학연구를 통해 전통예술로 확대되었고 그것은 바로 그의 예술론으로 이어지게 된 것이다. 즉, 고전문학 본질의 인식을 통하여 예술의 본질에 대하여 정확히 짚어 놓은 점이다. 바로 그 점에서 학문

연구의 객관적 진리라는 것이 무엇인가를 정확히 인식시켜 주고 있으며, 무엇보다도 전통예술을 하나의 학문으로써 연구할 수 있도록 물꼬를 터놓은 점이다. 그러한 그의 업적은 삼세를 초월하여 무궁한 힘을 발하고 있는 예술론 확립이며, 그것이 필자의 입장에서는 바로 춤 연구의 초석이라는 사실에서 놀라운 흥분에 휩싸이게 된다.

따라서 본 글에서는 선생의 예술론 체계가 어떻게 형성되었고 정립되었는지를 조금이나마 되짚어 보고자 한다. 그러나 앞서 말한 바와 같이 그의 업적은 거대한 산맥과 같아 어떻게 어디서부터 시작해야 할지 난감하고, 또 필자의 글이 오히려 누가 되지 않을까 염려되는 바이다.

## 2. 전통의 인식체계

### 1) 전통의 인식

백영은 '국학'이라는 말을 해석하며 "한국, 즉 과거만을 탐구하려던 복고적인 국학이 아니라 오늘의 현실을 분석하고 이해함으로써 좀 더 나은 미래를 구축하기 위하여 새로운 '한국학'의 개념이 형성되어야 할 것"이라고 하며 "여기 참여하는 외연적인 개념으로서의 부분을 전게前揭한 국어학·국문학·국사학뿐만이 아니라 한국의 과거나 현재를 막론하고 그 모든 부면을 탐구하려는 각 분야에 걸친 여러 학문이 총동원되어야 할 것"[2]이라 하면서 원칙적으로는 '국학'이니 '한국학'이니 하는 말은 앞으로는 없어져야 하리라고 언급하고 있다.

이 언급은 그대로 국문학 연구의 입장에서 보면 복고적인 고전이 아니라 오늘의 이 시대 문학으로서 모든 부면의 탐구와 함께 총체적으로 연구하여 문자 그대로 '문학 연구'인 이 시대 학문으로 나아가야 한다는 의미를 지닌 것으로, 다음에 거론될 입장과도 연결이 된다.

그는 학문 연구에 있어 시대 구분에서 보통 고전·현대 등으로 나누는 기존의 틀에서 벗어나는 혁신적인 사고를 가지고 있었다. 즉 "과거의 고전·현대를 나누는 식의 전문화라고 하는 것이 일종의 일제의 잔재"[3]라고 보았었다. "고전문학과 현대문학과의 관계에서 전통의 단절이라는 부당한 독단론이 통용되어왔고, 한국의 현대문학을 이식문학移植文學, 즉 식민문학植民文學이라는 달갑지 않은 굴레를 씌워 온 것이야말로 일본 제국주의의 잔재가 아직도 우리의 학계에서 가셔지지 않은 증거"[4]라고 하였다. 그러면서 앞으로의 국문학 연구는 고전문학이니 현대문학이니 하는 연구대상을 가리지 않는 방향으로 나아가야 한다고 부연하고 있다.

이는 국문학뿐만 아니라 문화예술 등 모든 학문 분야에서 고전·현대라는 이분법적인 틀에서 사고하고 헤어나지 못할 때, 가히 그 틀을 깨고 해방시킨 혁명적 사고라 할 수 있다. 필자도 평소에 춤을 논할 때 그저 춤이면 춤 하나로 족하지 고전춤이니 현대춤이니 나누어 볼 필요가 없다는 지론인데, 이는 바로 선생의 이러한 해방된 사고에서 영향을 받은 것이 아닌가 한다. 즉, 그는 현대나 현실을 이해하기 위하여는 과거를 알아야 한다는 뚜렷한 관점에서 전통에 대한 중요한 인식을 일깨우고 있다. 그 이론이야말로 전통을 현대에 살아있게 하고, 자연스럽게 미래로 연결되게 하는 전통의 정통성을 확실하게 인식시켜 주는 논리이다. 이는 바로 고전이나 전통의 탐구가 항상 새로운 문화를 창조하는 것을 전제로 한다고 한 그의 언급처럼, 후에 거론될 전통의 재창조에 있어 확실하고 중요한 실마리를 던져주고 있다.

## 2) 전통예술의 개념 정리

보통 우리는 우리의 고유한 문화예술을 지칭할 때 여러 가지 용어로 부르고 있는데, 이는 아직까지 정확한 개념규정이 되지 않은 채로 쓰이는 것을 뜻하고 있다 하겠다. 예컨대 음악 분야에서는 국악·전통음악 또는 한국음악 등으로, 춤 분야에서는 고전춤·전통춤·한국춤 등 여러 가지 명칭으로 불리며 아직도 그 명칭이 가진 문제점을 인식하지 못하고 있는 판에 놀랍게도 백영은 이미 오래전에 명쾌한 개념규정을 한 바 있다.

그는 「전통음악의 현대화 논의」라는 논문에서 전통예술에 대해 언급하며 "한국의 전통예술이란 말할 것도 없이 음악·무용·회화·조각·공예·건축·문학 등에서 한국의 고유한 형태와 기법을 유지하고 있는 예술 작품이나 예술 활동"이라고 규정하고 있다.5)

그러한 면에서 한국의 전통음악을 국악國樂이라고 일컫고 있는 데 대해 몇 가지 문제점을 지적하였다. 우선 '국악' 이라는 말은 '한국의 음악' 이라는 말이 줄어서 이루어진 것으로, 전통음악을 국악이라고 했을 때 '구악舊樂 즉 전통음악 = 국악 즉, 전통음악 + 서양음악' 이라는 이상한 등식等式관계가 되기 때문에 논리적으로 불합리하다"라고 하였다. 이어서 "이러한 불합리성을 제거하기 위해서는 한국의 고유한 형태와 기법을 이어받아 온 한국의 음악은 '전통음악' 이라 일컬어야 할 것"이라고 '전통' 의 개념을 논리적으로 명쾌하게 규정하고 있다.6)

그는 다음으로 국악이라는 명칭이 또 다른 혼란을 초래할 수 있다는 이유를 대며 국악이라는 말이 처음 쓰이게 된 경위를 다음과 같이 언급하고 있다.

구한말 장악원掌樂院의 직제職制에서 '국악사國樂師' '국악사장國樂師長'이
라는 명칭을 씀으로부터 비롯된 말이기 때문에 '국악'이라면 얼른 장악원
에서 연주하였던 궁정음악을 연상할 수가 있다. 이러한 기성 관념의 지배를
받고 있는 일부 인사들은 이른바 국악의 정통성正統性이나 그 주류를 마치
궁정음악인 것처럼 착각하는 결과까지 초래하여 그 개념의 혼동이 더욱 심
화되고 있다는 점을 지적하지 않을 수 없다.

그런가 하면 한편으로는 해방 직후에 우후죽순처럼 난립했던 이른바 국악
단國樂團들이 뿌려놓은 그릇된 인상으로 말미암아 일부에서는 국악이 예술
이 아닌 대중오락으로 오인하는 일까지 있기 때문에 국악의 품위가 손상되
어왔다는 것도 고려하지 않을 수 없다고 하겠다.[7]

위에서 논한 바와 같이 그러한 "편협한 기성 관념을 불식하기 위해서라도
국악이라는 말보다는 전통음악이라는 말을 쓰는 것이 논리적으로도 합리적
이고 과학성을 띤 용어로 정립시키는 데에도 합당하다고 본다"라고 확언하
였다.

이 논리로 본다면 예컨대 춤에서도 우리의 고유한 형태와 기법을 유지하고
있는 춤을 일컬을 때 '전통춤'이라고 하는 것이 타당하다고 볼 수 있겠다.

### 3) 전통예술의 범위 확립

백영은 전통예술 중 특히 음악부문 이론 정리에 많은 업적을 남기었다고
할 수 있다. 조동일은 그 부분에 대하여 "선생의 전통론은 음악에 근거를 두
었으며, 음악과 관련해서 문학을 다루고, 다시 문화 전반에 관한 논의로 확
대되면서 구체적인 내용을 갖추었다"라고 언급하고 있다.[8]

백영이 정리한 음악론에서 제일 먼저 거론할 수 있는 것은 음악론의 가장 기본적인 틀인 전통음악의 범위와 구분을 명확하게 정리하였다는 점이다. 그는 우선 전통음악을 크게 궁정음악과 민간음악으로 나누고 있다.

먼저 궁정음악을 그 용도에 따라 제례악祭禮樂·연례악宴禮樂·군례악軍禮樂 등으로 분류하였으며, 그것을 다시 형태에 따라서 성악과 기악으로 나누었고, 또 내용에 따라서는 아악雅樂·당악唐樂·향악享樂으로 나누고 있다.

다음은 민간음악에 대하여 언급하였는데 이 용어는 기존에 보통 쓰이던 민속음악이라는 용어와 그 개념을 달리 규정하고 있다.

> 민간음악이란 지금까지 보통 말해 온 민속음악과는 그 개념을 달리한다는 것을 우선 말해둔다. 즉 민간이란 말은 중세적인 신분 사회에서 최고의 계층에 속하는 왕실을 제외한 나머지의 모든 사회 계층을 총칭하고, 또 궁정과 대립하는 개념으로서의 민간이기 때문에 이 민간음악에는 귀족 양반들이 즐기던 음악, 민간 풍속에서 연주되는 음악(이것이 이른바 민속음악이다), 종교의식에서 연주되던 음악 등이 모두 포함된다.[9]

이와 같이 '민간' 이란 어휘의 개념을 귀족 양반들이 향유하였다고 하여 궁정 쪽으로 잘못 포함되었던 부분을 다시 민간음악 쪽으로 찾아와, 축소되었던 민간 예술의 범위를 본래대로 되돌려 놓았다고 할 수 있다.

그는 그 부분에 대하여 "일부 인사들은 민간음악 중에서 주로 상류사회에서 즐겨하던, 말하자면 민간음악의 고전적인 음악들을 마치 궁정음악의 일부인 것처럼 억지로 끌어들이고 나머지 민간음악들은 민속음악이라 하여 천시하려는 태도를 보이는 것은 아전인수격我田引水格인 부당한 태도라 하지 않을 수 없다"라고[10] 지적하며, 따라서 앞으로는 민간음악과 민속음악은 엄격히 구분하여야 마땅하리라고 논급하였다. 구체적으로 풍류(영산회상·가락도드리)나 정악(가곡·가사·시조)은 궁정음악이 아닌 민간음악의 범주 속에 넣어야 하고, 민간 세시풍속 자료인 민요나 농악 같은 것을 민속음악이라 일컫는 것이 마땅하다고 보았다.

그러나 지금 현재도 민간음악이란 말보다는 민속음악이란 말이 정확한 개념규정 없이 널리 통용되고 있는 것이 사실인데, 바로 그 민속음악이란 백영이 규정해 놓은 민간음악의 범위를 내포하고 있는 것이 분명하다고 할 수 있다. 그렇다면 기왕에 쓰이고 있는 민속음악의 용어를 백영이 규정한 민간음악의 개념으로 넓히어 정확하게 사용하는 것도 지금 현 상황에서 볼 때 적절하다고 볼 수 있다. 다시 말하면 민속음악의 범위와 위상을 백영이 의미한 '민간음악'이란 틀로 넓히어 사용한다면 현재 통용되는 대로 '민속음악'이라 사용하여도 큰 문제는 없는 것이 아닌가 생각된다.

이러한 논의는 더 큰 의미로 본다면 전통예술의 영역 구분을 정확히 기초잡은 것이라 할 수 있다. 특히 대다수 민간에서 행해지던 서민의 민속예술 영역을 축소되었던 기존의 틀에서 벗어나 열려진 개념의 민속예술로 확대시킨 것이다.

## 3. 본질적 연구

### 1) 본질적 연구의 인식

백영이 추구한 예술론의 본질적 정리는 바로 국문학 연구에서부터 비롯된다. 백영은 한마디로 국문학 연구의 방향을 본질적 연구로 끌고 간 선두의 대열에 선 혁신적인 인물이었음을 알 수 있다. 그는 이미 반세기 전인 1950년대에 고전이나 전통의 탐구가 현대와 새로운 문화 창조로 연결되어야 한다고 역설하였는데, 이러한 그의 언급은 문학의 본질적 접근의 초두를 띤 것이라고 할 수 있다.

백영은 국문학 연구의 시대 구분을 제1세대 · 제2세대 · 제3세대로 나누어 개척세대 · 발전세대 · 혁신세대라 하고, 본인의 세대는 발전세대인 제2세대에 속한다고 하였다. 제1세대는 민족주의로 무장되어 문헌학적인 방법을 바탕으로 한 국문학 연구가 토대가 되었고, 그리고 제2세대는 제1세대들의 방법을 답습하면서 새 과제를 찾아 헤맨 느낌을 주고, 제3세대에 와서는 같은 학문의 대상을 두고 전혀 새로운 방법들을 원용하여 제1 · 2세대가 국문학 연구를 하나의 민족운동으로 생각하던 구각에서 완전히 탈피하고 있다는 사실을 지적하였다.11)

그는 지금까지의 기성세대, 즉 제1세대와 제2세대의 업적이 결코 과소 평가될 수는 없지만, 틀에 박힌 비본질적 연구로서 답답함을 느낀다고 하며 본질 연구로 몰입하고 있음을 다음에서 알 수 있다.

> 우리의 고전은 오직 소재로서 정리도상整理途上에 머물러 있을 뿐, 하나의 생명체로서 해석 · 비판 · 종합된 고전으로 확립되지 못하고 있는 것이다. (생략) 우리가 알기로는 고전이나 전통의 탐구는 항상 새로운 문화를 창조하는 것을 전제로 한다고 알고 있다. 따라서 고전을 이해한다는 것은 어떠한 가치판단의 기준에 입각한 비판적 태도에 계속繫屬되어야 한다. 그리고 그 비판이란 단순한 문헌학적 비판에서 그칠 것이 아니라 현대적 의의 즉 현대의 요청에다 그 기준을 세워야만 할 것이다. (생략) 이에 우리는 모름지기 고전연구의 방법과 태도를 좀 더 개방적이고 전망적인 발판 위에 서

서, 새로운 문화를 창조하기 위하여 역사적 현재의 기본 과제에 고문학을 결부시킴으로써 비판하고 취사하고 결합하고 종합하여 진정한 고전을 확립시키는 데 우리의 정열과 정성과 희망을 기울여야 할 것으로 믿는다. (생략) 고전 연구가는 모로미 현대를 이해하고 현대의 요청을 받아들임으로써 그들의 폐쇄적이고 회고적인 정신무장을 해제하고 조속한 기일 안으로 건전한 고전을 색출 선정하여 현대문학에게 그 나아갈 길을 열어주어야 할 것으로 믿는다.12)

백영의 이러한 고전에 대한 열려있는 사고는 그가 1970년대 엮은 『한국고전시가론』의 머리말에서 언급했듯이 "『국문학산고』를 엮어낸 이후로부터 나는 교실에서나 학회의 집회에서나 글을 통해서나 문학의 본질적인 연구가 시급하다고 역설해 왔었다"라고 하며, "그러나 말로는 쉬워도 본질적 연구란 여간 어려운 일이 아니었다. (생략) 그러나 이 책의 내용은 학계의 그러한 기대를 저버리고 만 것이기 때문에 괴롭기 짝이 없다. 다만 더러는 쓸모 있는 구석도 있을 것이라고 스스로를 변명하면서 부끄러운 대로 인쇄에 부치기를 결심하였음을 여기에 털어놓지 않을 수 없다"고 하였다. 그러나 그가 언급하는 '더러는 쓸모 있는 구석도 있을 것'이라고 하며 폄하시킨 그 부분이야말로 겸양의 선비정신에서 출발한 예술론의 초석을 깐 핵심적인 부분으로 인정된다고 할 수 있다.

그가 피력해 놓은 문학의 본질적 연구는 바로 예술학의 본질 연구와 맞닿아 있다. 성산 장덕순이 『한국고전시가론』의 증보판을 내면서 그 머리말에서 백영을 가리켜 "백영은 북도 잘 치고 춤도 잘하는데, 이것들이 그의 시가 연구의 한 방법이었다는 것을 절실히 느끼게 한다"13)라고 이 책이 처음 출간되었을 당시인 1976년 〈대학신문〉에 서평을 썼던 부분을 재인용한 것처럼, 그의 연구는 타고난 예술성을 갖고 온몸으로 체득하며 온몸으로 행하는 실천적 연구라 할 수 있을 것이다.

그의 시가 연구가 그러하였고 거기에서 더욱 넓혀진 판소리 연구가 그러하였다. 서대석은 백영의 판소리 연구를 논하며, 그의 문학적 탐구의 시각은 판소리의 본질을 파악하는 시각에서 이루어졌다고 하면서 그 연구에 대한 학문적 의의를 다음과 같이 설명하고 있다.

> 흔히 예술의 본질적 연구는 주관적 대상을 다시 주관적으로 파악하는 오류를 범하기 쉽다고 하여 진리의 객관성을 중시하는 학자들이 기피하는 문제가 되어왔다. 그러나 예술학이 다른 인문학과 다른 점은 바로 주관적 정서를 객관화시키는 일이며 이것이 바로 미학의 문제로서 문학연구에서도 가장 핵심이 되어야 함은 당연하다. 이런 점에서 백영의 판소리 연구는 중요한 학문적 의의를 확보했다고 생각한다.14)

그는 이어 판소리는 문학과 음악이 합성되어 공연되는 예술이기에 그 본질을 이해하기 위해서는 문학과 음악을 함께 이해해야 되는데, 문학 연구가가 판소리의 본질을 피해서 주변적 연구에 주력한 것은 판소리 음악을 학문적으로 논의할 준비가 없었기 때문이라고 하면서, 그동안 문학 연구가가 본질적 핵심으로 들어오지 못한 이유를 대고 있다. 그런 점에서 "백영의 판소리 연구는 문학 연구가가 음악적 측면에서 판소리의 본질을 해부한 업적으로서 판소리 미학을 정립하는 데 귀중한 공헌을 하였다"고 언급하고 있다.

이와 같은 서대석의 언급처럼 문학 연구가가 판소리의 본질을 해부하여 판소리 미학의 정립으로 이어졌다는 것은 큰 의미로 보아 문학의 본질 연구에 대해 제대로 핵심으로 들어간 것으로, 그것은 다름 아닌 미학 정립으로 이어진다는 것을 뜻한다고 하겠다.

또한 백대웅은 백영의 국악 연구에 대하여 국악 쪽에서 바라본 시각을 다음과 같이 언급하고 있다.

> 백영이 『백영선생 전집』에 자신이 전통음악에 본격적인 관심을 두게 된 계기를 "한국시 운율의 본질을 밝혀내기 위해서 음악 쪽에 관심을 갖고 실기진을 찾아가 질문도 해보고 스스로 고악보를 뒤져서 음악의 리듬과 시의 운율이 어떻게 결부되었는가를 규명하는 작업을 해왔습니다. 그러므로 전통음악에 대한 지식은 시가를 연구하는 과정에서 덤으로 얻어진 것"이라 겸손하게 언급하였지만, 그 내용은 국악 이론을 전공하는 학자들의 제한된 시야나 한계성을 뛰어넘는 것이었다.

## 2) 살아있는 연구

서종문은 「백영 선생의 비판정신과 학문적 실천」이라는 글에서 백영 학문의 총체적 방법론의 탐색에 대하여 다음과 같이 기술하고 있다.

> 요컨대 백영 선생은 문학 연구에서 철저한 아카데미즘을 요구하였던 셈이다. 다시 말하자면 국문학 연구자들은 성실하고 끈질긴 연구 자세를 갖추어야 할 뿐만 아니라, 끊임없이 방법론적 모색을 통해서 이전과 다르게 참신하게 문학 작품을 해석할 수 있어야 한다는 점을 강조하였던 것이다. 실제의 작업에 있어서는 실증적인 방법이나 문헌학적 방법으로 문학 작품의 외적 환경이나 사실만을 밝히는 데에 머물러서는 진정한 문학 연구라 할 수 없고 작품의 내부 구조나 그 기능을 해명하는 데에까지 나아가야 하며, 문

학 외적 탐색도 이와 결부되어야 그 노력의 값을 평가받을 수 있다는 점을 분명히 한 것으로 보인다. 백영 선생은 이러한 점을 학계를 향하여 기회 있을 때마다 요구하면서도 스스로 학문적 성과를 통하여 모범적인 예시를 보여주었다.15)

이 글에서 보면 백영은 끊임없는 방법론적 모색을 통하여 문학 작품을 해석할 수 있어야 하고 진정한 문학 연구란 작품의 내부 구조나 그 기능을 해명하는 본질적 연구가 되어야 하며 문학 외적 탐색도 결부되어야 하는데, 바로 백영 자신이 그 모범적 예시를 보여주었다고 논술하고 있다.

이는 곧 백영의 학문 연구에서 끊임없는 탐색의 총체적인 면을 보여주는 구체적인 실천의 예라 할 수 있을 것이다.

백영의 학문 연구에 관해서는 아무래도 그 세기를 옆에서 같이 하였던 동료 교수들이 가장 정확하게 설명하고 있다고 할 수 있다. 허웅은 풍류객으로서의 백영의 면모를 다음과 같이 묘사하고 있다.

> 그는 단순한 국문학의 고전만 뒤지고 있던 사람이 아니었다. 그는 내가 도저히 따를 수 없는 풍류객이었다. 그 노래며 장고 솜씨는 듣는 이를 놀라게 하였다. 그 인간성 또한 선의 극치라고나 할까?

바로 이러한 언급은 백영의 문학 연구법이 책만으로 하는 것이 아닌 풍류의 멋과 함께 삶 자체로서 합쳐진, 살아있는 연구법임을 말해주는 것이다.

백사 전광용은 백영의 회갑기념논총의 축사에서, "평소 그대로 더욱 건강하고, 소신 그대로 더욱 술자리를 즐기고, 신나는 그대로 춤의 비경을 더욱 아끼면서, 연구 또한 해오던 그대로 지속하여, 즐겁고 뜻있는 삶에 더욱 빛나는 발자취가 거듭 쌓여지기를" 이라 하였는데, 이는 곧 백영의 풍류객으로서의 예술적 측면과 학문의 연구가 하나로 합쳐지어 그대로 학문적 업적의 발자취가 계속적으로 빛을 발하리라는 것으로, 그야말로 범인으로서는 불가능한 백영만이 해내고 있는 탁월한 학문적 업적에 관해 말해주고 있다.

성산은 백영의 『한국고전시가론』 증보판에 서문을 쓰며 "나는 지금도 이 책을 펴놓고는 백영의 일관성 있는 학구적 태도와 그 끈질긴 연구에 감탄하곤 한다. 우리의 고전 시가를 평생을 두고 천착한 셈이다." 라고 하면서, 앞서 언급했듯 이 책 출간 시 대학신문에 썼던 서평을 인용하였는데, "백영은 북도 잘 치고 춤도 잘하는데, 이것들이 그의 시가 연구의 한 방법이었다는 것을 절실히 느끼게 한다." 고 정확하게 지적하였던 것이다.

여기에 백영 자신이 본인을 가장 정확하게 나타낸 대목이 있는데 『한국고전시가론』 머리말에서이다.

> 시는 문학의 꽃이라고 한다. 그만큼 시는 쓰기도 힘들고 이해하기도 힘들다고 할 것이다. 시를 이해하기 위해서 기울인 노력에 비하면 얻은 것은 너무도 적었다. 때로는 허탈감에 빠져 술도 퍼마시고 미친 듯이 춤도 추었다. 그러는 가운데 우리의 고전 시가는 나의 피가 되고 살이 되고 또한 내 느낌의 바탕이 되었는지도 모르겠다. 절간에서 울려 퍼지는 새벽 종소리를 듣고 향가를 생각하기도 했고, 구성진 시나위 가락에서 별곡을 연상하기도 했다. 탈꾼들의 재담에서 사설시조의 표현을 따질 수 있겠다는 영감을 얻기도 했고, 계곡을 타고 흐르는 물줄기를 보고 판소리의 장단을 연상하기도 했었다.
> 
> 생각하면 터무니없고 대중없는 일들이지마는 그런 일들이 나로 하여금 세

속에 물들지 않게 하면서 고전 시가를 사랑할 수 있게 해 주었는지도 모르겠다. 그리고 그러했던 내 스스로를 탓할 생각은 없다. 앞으로도 그럴 수밖에 없는 것이 아니겠느냐고 오히려 다짐을 하고 싶을 뿐이다.

본인 자신에 대한 이러한 설명은 그가 고古시가론에서 처용가를 언급하며 "우리나라 사람들은 신라에서 시작된 이 노래를 고려를 거쳐 조선에 이르기까지 꾸준히 노래로 불러 왔고 춤으로 즐겨 왔던 것"16)이라 한 대목과 함께 일맥 상통하는 것으로 볼 수 있는데, 바로 춤·노래·시로 뭉쳐진 백영의 예술적 삶의 맥은 신라·고려·조선을 거쳐 현대로 이어지며 살아 흐른다 할 수 있다.

이러한 그의 학자로서의 예술적 삶이 바로 '살아있는 연구'를 가능케 한 것이고, 그것은 바로 현재에 '살아있는 학문'으로 숨 쉬고 있다고 할 수 있다.

마지막으로 백사 전광용이 백영의 서거 당시 추도한 조사의 한 대목은 그 점을 잘 나타내고 있다.

> 당신의 원숙한 업적이, 문학과 음악의 상호작용과 전통의 계승이라는 민족 문화의 대동맥 속에서 더욱 큰 보람으로 쌓아질 것을 열망하고 또한 기대해 왔습니다.17)

백사가 백영에 대해 염원했던 바램은 현재도 계속 이어지고 진행 중임을 우리는 알 수 있다.

## 3) 예술 인식의 정신

백영은 1920년대 국문학에 관한 업적을 간략하게 다음과 같이 정리하고 있다.

> 결국은 안자산에 의하여 『국문학사國文學史』(1922년 4월 출간)의 줄거리가 세워졌고, 문일평에 의해서는 우리의 고대 가요가 그 모습을 드러내게 되었으며, 가람 이병기李秉岐 선생에 의해서는 시조문학의 진면목이 밝혀졌으며, 도남陶南 조윤제趙潤濟 선생에 의해서 우리의 고대소설이 짙은 안개 속에서 겨우 그 전모가 나타나기에 이르렀던 것이다.
> 이렇게 일본의 강점자들의 간사한 계교를 거꾸로 이용하여 우리의 고전문학의 모습을 밝혀내는 데 진력함으로써 민족의 나아갈 바 옳은 길을 찾았던 것이다. 따라서 그들의 이러한 정열은 결국은 애족적인 사상이 밑받침이 되어 있었고, 그들의 국문학 연구는 민족운동의 하나의 방편이었기 때문에 학문으로서의 국문학 연구 즉 연구 그 자체에 목적이 있었던 것은 아니었다.[18]

바로 그 시대 학자들은 일본의 강점자들의 간사한 계교를 거꾸로 이용하여 우리의 고전문학의 모습을 밝혀내는 데 진력함으로써 민족의 나아갈 바 옳은 길을 찾았지만 그들의 국문학 연구는 애족적인 사상이 밑받침된 민족운동의 하나의 방편이었기 때문에 학문으로서의 국문학 연구 즉 연구 그 자체에 목적이 있었던 것은 아니라고 언급하고 있다.

이에 대해 김명호는 「백영 선생의 국문학 연구 방법론」이란 논문에서 다음과 같이 논급하고 있다.

이와 같이 민족주의 이념으로부터 해방된 '문예과학'을 추구하고자 한 백영은 그 대안으로, 건실한 실증적 기초작업을 바탕으로 하되 구미의 학계와 같이 적극적인 작품 비평에 나설 것을 역설하였다. 실증주의적 방법론을 더욱 정치하게 발전시키는 한편, 구미의 최신 비평이론의 수용을 통해 작품의 예술성 규명에 주력한다는 백영의 방법론적 기본 지향이 여기에 이미 나타나 있다고 할 수 있다.[19]

그는 이어 백영의 문화사관을 "정치 사회적 변화 → 새로운 역사 담당층(문학 담당층) → 새로운 지도이념 → 새로운 미학(미의식) → 새로운 문학 형식"으로 확연하게 도식화하고 있다.[20]

이는 앞서 서대석도 백영의 판소리 연구가 바로 판소리의 본질에 대한 연구로서 중요한 학문적 의의를 확보했다고 피력한 대목인 "예술학이 다른 인문학과 다른 점이 바로 주관적 정서를 객관화시키는 미학의 문제로서 문학연구에서도 가장 핵심이 되어야 한다"라고 언급한 바와 같이, 백영의 문학연구야말로 '예술인식'의 토대에서 예술성의 본질 규명으로 나아갔다고 인식할 수 있겠다.

## 4. 미의식 체계 : 미학적 원리

### 1) 미의식의 관점

앞장에서 언급된 백영의 전통 인식체계와 그 본질적 연구 등은 그 자체가 그대로 그의 미의식 확립과 미학적 원리 등의 정리로 이어진다.

그는 문학·시가·음악·춤 등 여러 분야를 거론하며 많은 글들에서 한국인의 미의식과 그 본질에 대하여 언급하였다.

백영은 평생을 시가 연구에 천착하며 그 본질적 문제인 미의식 즉 '멋'에 대하여 추구하였다. 그는 미의식을 '멋'이라는 공통된 상징어로 표현하였다. 그는 「한국의 멋과 가락」이라는 글에서 누구나 나에게 평생을 무엇을 하고 살아왔으며 무엇을 얻으려고 살아왔느냐고 묻는다면, 서슴지 않고 "나는 '한국사람'이기 때문에 우리의 멋이, 우리 노래의 가락이 지닌 특징이 무엇인지를 알기 위해 살아왔으나, 아직은 뚜렷한 결론을 얻지 못하고 있기 때문에 앞으로도 계속 이 길을 걷겠다."고 하고 있다.[21]

그는 같은 글에서 한국 사람의 멋에 대하여 관심을 갖게 된 것은 고등보통학교에 다닐 때, 당시의 금서禁書로 되어있던 일본인 미술평론가 야나기 소에쓰[柳宗悅]가 쓴 『조선과 그 예술』이라는 책을 몰래 읽으면서부터인 바, 그 책을 읽고부터는 우리의 멋이 과연 선線의 미에 있다고 느꼈는데 그러나 그러한 선의 미가 이루어진 철학적인 근거가 마음에 들지 않았다고 하였다. 야나기 씨가 "거대한 중국 대륙과 강인한 일본의 틈바구니에 끼인 약소 민족의 심리가 선의 미로 나타나게 되었다"고 풀이한 것에서 "일본 민족을 강대국으로 친다는 것을 전제로 한 논리였기 때문이라는 생각이 들어 못마땅하기 짝이 없었다."고 회상하였다.[22]

여기에서 중요한 것은 이 시기가 그가 멋에 관한 의식이 싹튼 시기인데 바로 고등학교 시절부터 그는 확고한 민족정신의 중심을 갖고 있었으며, 그 당시부터 그 같은 주체적인 관점에서 그의 초기 미의식 추구가 시작되었던 것을 알 수 있다.

또한 백영은 「고전문학 연구의 과제와 전망」이라는 글에서 지난날 학문의 수용에 있어 민족주의적 학풍은 계승되어야 한다고 역설하고 있다. 그는

'독립운동과 학문활동을 표리일체라는 생각으로 학문활동을 했던' 선배학자들을 거론하며 민족주의가 그 바탕을 이루고 있었다고 하였다.23)

"외적의 정치적·문화적·경제적 침략을 막기 위해서는 민족과 국가의 역사와 문화와 사상과 언어와 풍속을 연구하며 국민에게 자주와 독립의 사상을 고취하는 길이 가장 빠른 길이라는 판단 아래 그분들은 한국학을 연구하고 건설했던 것"

이라고 풀이하고 있다.

그러나 백영은 "신진 학도들이 그러한 학문의 역사적인 기능을 간과看破하기에 앞서 선배학자들의 그러한 학풍을 덮어놓고 협애狹隘·고루固陋한 국수주의로 판단하여 반동적으로 범세계주의 내지는 국제주의를 들고 나서면서 국문학의 낙후성落後性 내지는 저열성低劣性을 지나치게 들추어내려는 것에 대해 경계하지 않을 수 없다"고 일침을 가하며, 학문의 역사적 기능의 관점에서 민족주의적 학풍 계승의 필요성을 역설하고 있다.

이어서 그는 "그들이 문학 연구를 위한 정밀 방법론으로 무장하고, 예리한 비판 능력을 갖추고 광범위한 자료를 뒤진 끝에 우리의 문학이 얼마나 졸렬한가 하는 것을 증명하는 것으로 그칠 바에는 무엇 때문에 누구를 위해서 학문을 한다는 것인가 생각해 볼 문제가 아닐 수 없다"고 덧붙이고 있어, 객관적으로 중심을 가지고 학문이 무엇인가를 제시하고 있다.

백영이 말한 이러한 일련의 모든 언급들은 학문을 하는 기본적으로 가져야 될 그의 관점을 확실하게 말해주고 있다. 바로 이것은 앞서 언급했던 민족 주체적 관점에 중심을 둔 백영의 미의식 확립의 근간을 이루고 있다.

## 2) 미의식으로서의 멋

　백영은 "한국인의 멋이란 과연 어떠한 것일까"라는 의문에 들어가며 "우리의 멋이 이것이다 하고 구체적으로 끄집어내어 손에 쥐여 주듯이 밝힐 수 없는 것이 무척 안타깝다"라고 하며 "어쩌면 숭늉의 맛이 어떻다고 얼른 대답하기가 어렵듯이 한국인의 멋도 얼른 설명할 수 없는 데에 그 특징이 있을는지도 모를 일"이라고 말하고 있다.[24]

　그런데 이러한 전통적인 멋의 중요한 소재는 '일상성'이라 하였다. 우리의 미적 감각은 특별한 예술 작품에만 국한되어 반영되는 것이 아니라 우리의 생활 주변에 얼마든지 깔려 있으며 우리의 가정 하나하나가 바로 박물관일 것이라 언급하며 생활의 일상용품·가구류의 재료 등의 예를 들고 있다.

> 아무리 조잡하게 만들어진 개다리 상판이라도 직선으로 된 나무 막대기를 쓰는 일이 없다. 부인네들이 항용 쓰다 버리는 골무도 실용적인 경계를 넘어선 의장意匠이 반드시 반영되어 있다.
> 특히 놀라운 것은 우리의 목재 가구류의 재료가 다양하다는 점을 들지 않을 수 없다. 우리의 산야를 뒤덮고 있는 소나무가 물론 많이 쓰이고 있기는 하지마는, 형태와 용도에 따라서는 은행나무·오동나무는 말할 것도 없고, 감나무와 느티나무의 '결'과 '무늬'를 이용하여 회화적繪畵的인 효과를 나타내려고 한 배려는 참으로 세계적으로 그 유래를 찾을 수 없는 독보적인 경지라고 하겠다. 머리에 쓰는 갓만 해도 그렇다. 세계의 어느 민족의 모자류에서도 우리의 갓처럼 정교한 원료를 쓴 경우를 찾기 힘들 것으로 생각되기 때문이다.[25]

그는 1980년 일 년간 『여성동아』에 우리의 미의식인 멋에 대하여 연재하며 멋에 나타난 몇 가지 특징들을 간추려 놓았다.26) 이것을 기초로 그가 언급한 멋의 특징을 들어보도록 하겠다.

① 조화의 미
우리의 멋은 조화調和의 미美에서 찾을 수 있을 것 같다고 하였다.
명明과 암暗의 조화, 장長과 단短의 조화, 선善과 악惡의 조화, 희喜와 비悲의 조화, 따라서 양陽과 음陰의 조화를 존중한다는 뜻에서 우리의 국기인 태극기가 제정된 것은 필연적인 결과라 하며, 조화란 개념은 대립이라는 개념과는 반대되는 개념이라고 하며 조화를 존중하는 사람들은 대립을 꺼려하게 마련이라고 설명하고 있다.27)

그는 멋의 일상성을 설명하며 우리의 가구나 복식은 결국 사람과 가구를 수용하는 가옥에 조화되도록 만들어졌다고 보았을 때, 우리의 가옥은 반드시 이 땅의 자연환경에 조화되도록 만들어졌다고 하였다. 평지 마을은 평지 마을대로 산간 마을은 산간 마을대로 이 땅의 자연환경 즉 산수에 꼭 어울리게 되어있다고 하였다.

우리의 음식을 예로 들며 이른바 '간'을 맞춘다는 것이 바로 조화라 하였다. 흔히 우리는 어느 가정의 음식을 평가할 때에 '주인의 손맛' 이라는 것을 기준의 하나로 잡는데, 바로 그 주인의 손맛이 조화의 기법을 뜻한다고 하였다.

판소리 〈춘향가〉에서 이도령이 처음으로 춘향집을 찾아갔을 때 춘향모가 이도령 앞에 차려서 내어놓은 음식상이라든가 판소리 〈흥보가〉에서 흥보 마누라가 놀보 앞에 차려 놓은 음식상 등에서 나타난 것은 정적인 것과 동적인 것의 조화, 즉 미식학美食學: gastronomy과 조리법調理法: cookery의 조화로서 한마디로 우리의 음식문화는 조리법과 미식학이 함께 조화되는 가운데에 한국적인 멋이 이루어졌다고 할 수 있다고 하였다. 또한 우리가 식사가 끝날 때 으레 마시는 숭늉의 맛은 구수한 데에 특색이 있는데 숭늉뿐만이 아니라 대체로 우리 음식은 구수한 맛이 있어야 우리의 구미를 돋구게 마련이라 하며, 이렇듯 미각에서의 구수하다는 감각을 시각이나 청각으로 바꿔 놓는다면 아마 조화라는 말로 표현할 수 있을 것 같다고 논하였다.[28]

또한, 그림에서 김득신의 〈추묘도追猫圖〉를 설명하며 워낙 긴장된 순간이어서 '고양이를 쫓는다'는 주제가 초점이 되어 있기 때문에 모든 대상은 그 하나하나가 그림의 초점처럼 보이게 마련이라고 하면서, 그 그림 중 병아리를 채려던 고양이를 쫓기 위해 암탉과 주인과 주인의 마누라와 병아리들이 총동원되어 급히 움직이는 순간을 표현한 대신 주인 마누라가 툇마루에서 낮잠이라도 자고 있었더라면 그야말로 멋대가리 없는 그림이 되고 말았을 것이라 하였다.[29] 이러한 지적에서 백영의 매우 예리하고 감성적인 심미안을 느낄 수 있다.

또 다른 예로 우리의 토박이말과 외래어인 한자어는 본질적으로 전혀 다른 계통의 말들인데 이 두 가지의 완전히 이질적인 말들을 하나의 문법 구조의 틀에다 구겨 넣어서 별다른 불편 없이 구사할 수 있었다는 데서 조화의 미를 생각하지 않을 수 없다고 보고 있다.

그러나 그러한 언어에 있어서의 조화의 미가 궁극적으로는 우리의 토박이말이 지니고 있는 고유한 미를 해치고 만다는 사실을 간파한 '송강 정철'이나 '고산 윤선도' 같은 선각자는 토박이말로만 엮은 시가詩歌 작품을 창조해서 한문 맥이 승勝한 작품들과 맞세움으로써 좀 더 높은 차원에서 조화의 미를 이룩했다는 사실을 우리는 간과할 수 없을 것으로 보았다.[30]

지금까지 언급한 우리의 생활 자체와 문학 등에서 나타난 예술은 "통일된 조화를 존중하는 가운데 멋을 형성하고 그 멋을 이어왔다"라고 하며 "그런 뜻에서 오늘날 미술이나 음악 또는 문학 작품을 창작하는 이들이 통일된 조화의 미에 좀 더 깊은 이해와 철학을 가져 주었으면 하는 마음 간절하다"라고 덧붙이고 있다.[31]

● 조화 속의 불균형

백영은 위에서 언급한 '조화의 미'라는 글을 쓰기 이전인 10년 전에 이미 「조화 속의 불균형」[32]이라는 글을 발표하였다. 발표 순서는 반대로 된 것 같지만 '조화 속의 불균형'이란 미의식도 결국은 '조화의 미'의 한 형식일 것이고, '조화의 미'를 더욱 깊게 설명한 이론이라 할 수 있을 것이다.

그는 창경원과 덕수궁 등의 궁전들을 예로 들며 자세히 보면 그 건물들에 쓰인 재료들이 제멋대로 휘고 굽고 버드러져서 하나도 고르지 못하지만 그런 것들을 맞추어서 한 채의 집을 이룩해 놓으면 단단해 보이기 비길 데 없다고 하며, 그런 가운데 들보의 휜 모양이 바로 조화 속 불균형의 멋이라 하였다.

그는 몇 가지의 예를 더 들고 있는데 우선 음악 중 중국 송나라의 대성악大聖樂을 이어받았다는 아악雅樂을 설명하며 "현악기·관악기·타악기 할 것 없이 마구 제 가락을 내질러서 이른바 하모니에 대해서는 털끝만큼도 신경을 쓰지 않은 것 같이 보인다. 그러나 그런 제멋대로의 소리들이 엉켜서 무엇인가 조화를 이루어 듣는 이로 하여금 어떤 심금을 울려 준다. 그러는 가운데서도 전체의 음률을 벗어나 동떨어진 소리를 내지르는 피리 소리는 하늘 높이 솟아오른 종달새 소리처럼 멋이 있다"라고 하였다.

여기에서 궁중 아악 연주의 피리 소리를 잡아내어 조화 속 불균형의 미를 인식한 백영의 전문적 조예와 또한 그것을 '하늘 높이 솟아오른 종달새 소리'로 비유한 대목에서 그의 탁월한 예술적 감성을 읽을 수 있다.

또한 추사의 글씨를 두고 얼른 보기에는 눈에 서툰 글씨이고 누구나 아름다운 글씨라고는 하지 않을 것이나 멋있는 글씨라는 데에는 이의가 없을 것이라 하며 거기에서 불균형의 미를 보고 있다.

그림에서는 산수화나 화조도는 중국의 그것과 구별할 수 없겠지마는 단원이나 혜원의 풍속화만은 누구도 중국 그림의 흉내라고 말하지 않을 것이며 그야말로 한국의 멋을 느끼지 않을 수 없다고 하였다. 그 멋이 무엇 때문에 느껴지는지 꼬집어 말할 수는 없겠지마는 풍속화의 경우에는 누구의 작품을 보거나 공통적으로 나타난 특징은 역시 균형이 잡히지 않은 인물 묘사일 것이라 하며, 화장을 하는 여자가 치맛자락을 걷어 젖힌 모습에서 느끼는 멋임을 예증하고 있다.

시문학에서는 형태면에서 가장 정제된 장르로 시조를 들며 시조의 초장과 중장은 3·4, 4·4의 정확한 음수율을 지키다가 종장에 가면 3·5라는 파격을 요구한다고 하였다. 바로 이러한 파격의 미는 의식적으로 앞줄의 정제된 율격을 깨뜨리고 느닷없이 3·5라는 새 율격을 찾음으로써 느끼는 아름다움이 바로 조화 속의 불균형이라 하며 이 불균형 의미가 바로 한국의 멋이라고 탁견을 제시하고 있다.

지금까지 든 예와 상통하기는 춤도 마찬가지라 할 수 있다. 춤사위 하나하나를 보면 그 형상이 서로 어긋지게 되어있는데, 예컨대 두 발을 놓는 모습을 일컬어 '비정비팔非丁非八'이라 하였다. 이것은 두 발을 붙여 가지런히 놓는 것이 아니라 그 놓은 형상이 '丁'자도 아니고 '八'자도 아니게 약간 어긋지게 놓아지는 법이다. 또한, 장고를 을러 멜 때도 가슴 앞에 똑바로 오도록 하는 것이 아니라 약간 허리 옆쪽으로 틀어지도록 어긋지게 메는

법이다. 바로 이러한 틀어진 불균형의 미가 백영이 들고 있는 불균형의 조화라 할 수 있을 것이다.

이상에서 본 불균형의 미가 크게 보면 조화의 한 형태로서 앞서 언급한 통일된 조화의 미와 일맥상통한다고 할 수 있으며, 바로 이러한 불균형의 미가 통일되어 하나의 조화의 미를 이룬다고 하겠다.

② 맺고 푸는 원리

백영은 '맺고 푸는 원리'를 음악에서 찾을 수 있었다고 하였는데, 여기에서 백영이 의미하는 음악이란 그의 국문학 관점에서 보면 시가와 시조, 판소리 등이 장단·선율 등 음악적 요소와 합쳐지어 하나의 예술 형태로 나타난 총체적인 상이라 할 수 있다.

그는 이 음악 속에서 문체가 맺어지고 풀어지는 원리를 보았는데 "토박이말과 한자어가 덩어리져 한문 맥이 승한 문체가 발달한 상태를 '맺힌' 상태라 한다면, 토박이말로만 씌어진 글은 '푸는' 상태로서 여기에 '맺고 푸는 원리'가 적용된 것"이라 할 수 있기 때문이라고 하였다.

다음은 백영의 「맺고 푸는 가락-전통음악의 특징」이라는 글에서 밝힌 원리를 중심으로 정리하여 보기로 한다.[33]

● 시조

그는 상촌象村 신흠申欽의 시조를 예로 들며 상촌의 '시여詩餘'론으로 맺고 푸는 원리를 설명하고 있다. 상촌이 여기에서 말하고자 한 뜻은 노래라는 것을 만들어낸 사람은 워낙 시름이 많은 사람이었던 것으로 "말로써 이르다가 끝내 그 많은 시름을 풀지 못할 때는 노래를 불러서 풀었나 보다"고 하며 상촌은 그 시조를 '시여詩餘'라는 이름을 붙이기도 했었는데, 그가 말한 '시詩' 란 곧 한시漢詩를 이름이고 '여餘' 란 그 한시로써 미처 표현하지 못한 '나머지' 를 '시조' 로써 표현할 수밖에 없다는 이론이라 하였다.

　　노래 삼긴 사람 시름도 하도 할사
　　일러 다 못 일러 불러나 푸돗던가
　　진실로 풀릴 것이면 나도 불러보리라

　　위 시조에서 "불러나 푸돗던가"라든지 "진실로 풀릴 것이면" 이라 하여 '풀다' 라는 말이 나오는데, 말할 것도 없이 '풀' 어야 할 것은 '맺힌' 것일 것이라고 백영은 설명하고 있다.34)
　　그는 송강松江 정철鄭澈의 「사미인곡思美人曲」도 위와 마찬가지 원리로 보고 있다.

　　하로도 열두 때 한 달도 설흔 날
　　저근 듯 생각마라 이 시름 잊자하니
　　마음에 맺혀있어 골수에 깨쳤으니

　　이와 같이 "우리의 시인들은 맺힌 것을 풀면서 사는 것으로 예술 철학의 바탕을 삼았던 것 같다"라고 덧붙이고 있다.
　　그 방법에 있어서도 황진이 작품인 「청산리 벽계수」를 보기로 들면서 '어단성장語短聲長' 의 원리로 설명하고 있다. 즉 '청산리' 에서 '청사아아아ㄴ'은 이른바 '어단 성장' 의 원칙에 따라 '청' 과 '산' 을 다그쳐서 '청사아' 로 시작하여 '아아아아' 를 밀어뻗치는 양성으로 지르다가 '아ㄴ' 에서 잡아당겨 흔들면서 음성을 바꾼 다음 '아아ㄴ리이' 로 졸라 떼어서 맺고, 다시 '리이이이' 로 풀어주는 것을 명백히 분석하여 밝혀내고 있다.

여기에서 '맺고 푸는 원리' 가 '어단성장' 의 원칙을 가지고 맺어지고 풀어진다는 것을 알 수 있는데, 즉 이는 맺고 푸는 원리의 방법론을 정확히 지적해 준 이론이라 할 수 있다.

그는 중국의 한시漢詩와 비교하여, 중국 문화의 꽃이라 할 한시의 전개 방법이 이른바 기승전결起承轉結의 원리, 즉 결인 '맺음' 에 이르기까지 '기·승·전' 이라는 과정을 거쳐야 하는 것처럼 우리의 전통음악에서는 바로 '밀고·당기고·맺고·푸는' 과정을 반복하는 방법을 취하고 있음을 볼 수 있다고 하였다.

● 장단

백영은 장고나 북의 장단은 어떠한 종류의 성악이나 기악을 막론하고 중요한 반주伴奏 구실을 하며 그 '장단' 이 정확한 신호를 보내주고 있는데, 바로 그 주법은 "밀고 당기고 맺고 푸는 우리 음악의 운용과정" 이라 하였다. 즉, 장고나 북의 주법은 '합궁·궁편·채편·맺음' 의 네 가지가 있는바, 합궁이나 궁편을 울리면 성악이나 악기에서는 잡아당기는 소리를, 그리고 소리를 졸라서 뗄 때 맺고, 맺고 나면 반드시 궁편을 울려서 풀어주어야 하는 것으로 되어있다고 하였다.

소리를 밀어서 올리면 양성陽聲, 즉 밝게 뻗치는 소리가 되고, 잡아당기면 음성陰聲, 즉 어둡고 오그라드는 소리라 하였다. 이 음성이 다시 양성으로 바뀌는 찰나에 졸라 떼어서 맺고[結] 나서 밀거나 당기는 힘을 빼고 서서히 소리를 풀었다가 다시 합궁을 신호로 밀어 올리게 된다고 하였다.

이렇듯 밀어서 뻗치는 양성은 자연히 소리가 길어지게 마련이고, 당겨서 오그라드는 음성은 소리가 짧아지기 때문에, 그 음과 양의 신호 구실을 하는 장고나 북의 반주를 '장단長短'이라고 일컫는다고 하였다.

백영은 이렇듯 음양陰陽을 한 짝으로 삼으면서 맺고 푸는 원리가 장단의 구성 방법에 하나의 원리를 이루고 있음을 밝혀내고 있다. 즉 '굿거리'나 '살풀이' 장단 같은 것에 이른바 '소삼 대삼'이란 것이 있는데, 꼭같은 장단을 반복할지라도 그것에 음양의 성격을 부여하여 소삼에서는 맺지를 않고 대삼에서는 맺는 방법을 취하고 있다고 하였다.

또 판소리 장단의 하나인 '진양'에서 첫 번째 6박은 미는 장단, 두 번째 6박은 당기는 장단, 세 번째 6박은 맺는 장단, 네 번째 6박은 푸는 장단으로 이해할 수 있다고 하였다. '중머리' 장단의 경우도 첫 번째 3박은 미는 장단, 두 번째 3박은 당기는 장단, 세 번째 3박은 맺는 장단, 네 번째 3박은 푸는 장단으로 분석할 수 있을 것 같다고 하여 음악을 미학 분석적 방법으로 풀이하고 있다.

● 산조

또한 백영은 가야금·거문고·대금 등 우리 악기로 연주되는 산조散調 가락을 가지고 맺고 푸는 원리를 설명하고 있다.

한 소절小節 안에서의 미세한 기법으로부터 큰 대절大節의 구성에 이르기까지 음과 양의 교체와 더불어 맺고 푸는 과정을 역력히 읽어낼 수 있게 마련이고, 뿐만 아니라 '산조' 한바탕을 통틀어서 보았을 때에도 이 네 번째 과정은 분명히 드러나게 되어 있다고 하였다.

● 판소리

백영이 많은 시간을 할애하여 깊은 연구로 들어간 부분이 판소리인데, 그는 이 맺고 푸는 원리를 가장 충실하고도 정교하게 승화·발전시킨 것은 판소리 음악이라 하였다. 그 이유는 소설책 한 권을 송두리째 성악으로 불러내어야 하므로 단조로움을 면해야 할 것이고, 아울러 문학적인 사설이 지닌 극적인 상황을 박진감 있게 표현하기 위하여 이 원리를 최대한 활용해야 된다고 보았기 때문이라 하였다.

그러기 위해서는 원리의 기계적인 적용이나 단조로운 반복보다는 변화와 변칙을 필요로 하기 때문에 판소리에서는 장단의 고법鼓法이 매우 복잡다기하게 발달하였다고 보고 있다. 따라서 판소리의 고수鼓手는 '일고수 이명창一鼓手 二名唱'이라 하여 매우 우대를 받기도 한다고 하였다. 생사맥生死脈을 판단하고 등배背腹를 분간하여 음양과 강유剛柔를 섞어서 맺고 풀어나가는 명고수와 명창의 수응酬應이야말로 한국 전래의 멋의 극치라고 하며, 다음과 같이 그 부분을 한 단락으로 표현하고 있다.

"한 마디의 소리를 만들기 위하여 밀고 당기고 다시 밀었다 당겨서 졸라 떼어 맺고 푸는 멋, 맺을 듯 맺을 듯 하다가는 풀어서 다시 조여 밀어 올리고 당겨서 흔들고 꺾어서 맺는 멋"

- 춤

그는 춤에서도 같은 원리를 파악하였는데 "가만히 서 있는 것 같으면서도 손끝과 발끝을 약간만 움직임으로써 내면적인 감정이 충분히 맺히고 풀리는 것을 보는 이로 하여금 느낄 수 있게 하는 멋"이라고 간결히 나타내었다.

어쩌면 그것이 태극太極의 진리인지도 모를 일이라고 하며 인간이 소우주小宇宙라면 음양의 교체는 밤과 낮의 교체를 닮은 것이고, 밀고 당기고 맺고 푸는 과정은 춘하추동 사계절을 뜻한다고 하였다. 이와 같이 그는 춤의 원리를 우주자연의 운행원리로 풀고 있다.

춤에 대하여는 후에 '내면적인 힘' 에서 다시 거론하기로 하겠다.

이상에서와 같이 백영은 음악을 중심으로 한 전통예술 여러 부문에서 맺고 푸는 원리를 밝히고 있다.

그리고 앞서 춤에서 거론하였듯이 민간음악의 특징은 성악이건 기악이건 '맺' 고 '푸' 는 기법이 곧 우주 운행運行의 원리로 되어있는 데서 찾을 수 있다고 하겠으며, 그 맺고 푸는 음악 운행의 원리가 바로 한국적인 멋의 표현 형태라 해도 좋을 것이라고 하였다. 즉, 전통예술에서 나타난 맺고 푸는 원리는 바로 우주의 운행원리를 적용하여 운용되는 철학적인 근거를 지니고 있다고 하였다.

그는 이와 같이 전통예술에 나타난 '맺고 푸는' 원리가 우주의 운행원리에 의해 이루어진다는 간결한 철학관을 피력하고 있다.

③ 너그러운 마음가짐

다음으로 '너그러운 마음가짐' 을 들었는데, 곧 맺고 푸는 원리의 한문 문체와 토박이말의 사용에서 한문 맥으로 된 글이나 국문 맥으로 된 글 중 어느 쪽에도 결코 비중을 무겁게 두지는 않았다고 하며 오히려 그러한 너그러운 데에서 우리의 멋을 찾아야 한다고 언급하였다.[35]

백영은 이어 『춘향전』에서 변학도가 춘향에게 가한 모진 매질에 맞선 이 도령의 응수는 한시漢詩 한 수였다고 하며, 폭력보다 더 강한 힘은 시구詩句라고 생각했던 우리 선민先民이야말로 확실히 너그러운 마음의 소유자로서 바로 그러한 마음가짐이 우리의 멋이라 보았다.

앞서 '조화' 란 개념을 설명하며 조화란 '대립' 이라는 개념과 반대되는 개념이라 하였다. 따라서 조화를 존중하는 사람들은 대립을 꺼려하게 마련이라 하면서, 대인 관계에서 대립을 극복하려면 우선 따뜻하고 너그럽고 푸근한 마음씨를 지녀야 할 것이며 바꾸어 말하자면 여유 있고 관대한 마음씨를 지녀야 한다는 뜻이라고 하였다.

그러므로 우리 전래의 멋이란 결국, 여유 있는 마음가짐이 밖으로 표현되었을 때에 이루어진 갖가지 사례들이라 할 수 있을 것 같다 하였다.

고전문학에서 심봉사의 처절한 절망, 흥보의 비참한 가난, 토끼의 절박한 상황, 조조曹操의 처참한 패주, 이러한 비극적인 상황을 설정해 놓고도 작자들은 언제나 마음의 여유를 가지고 독자나 청중들에게 웃음을 자아내게 하였던 그 멋을 체험하고 이해하는 것이 오늘을 사는 현대인의 슬기라고 간결히 논급하고 있다.

끝으로 그는 오늘날 우리가 전래의 멋을 올바르게 이어받으려면 우리의 마음가짐을 여유있게 가지는 데서부터 그 바탕을 마련해야 할 것을 강조하였다.

바로 그 마음가짐을 여유 있게 가지는 것이 너그러운 마음을 가지는 근본이라 할 수 있다고 본다.


④ 해학

백영은 해학을 거론하며 18세기 우리의 대다수의 예술 활동은 서민들의 일상생활을 해학적인 눈으로 바라보고 거기서 즐거움을 느꼈다고 할 수 있으며, 그러한 특징은 18세기에 와서 갑작스레 나타난 것이 아니라 우리의 전통적인 멋이 그때까지는 밖으로 드러나지 않고 밑바닥에 깔려 있다가 그 때 와서야 비로소 겉으로 나타났다고 보고 있다. 즉, 18세기에 이르러 그림과 문학과 소리 등 수요자들에 의해 변화를 맞게 되었다고 보았다.

그림에서는 전통적인 동양화에서 탈피한 새로운 경지, 참신한 세계를 개척한 풍속화를 환영하기에 이르렀고, 문학 중 시조문학에서는 천편일률적인 평시조에서 탈피한 사설시조의 성행이 그러하고, 가사문학에서도 서경敍景 위주의 내용이 「한양가漢陽歌」나 「농가월령가農家月令歌」와 같은 풍속 위주의 내용으로 바뀐 것을 들고 있다. 또 문학과 음악의 복합 예술인 판소리도 서민들의 일상적인 애환이 담긴 독특한 신흥 예술로 발달하기에 이르렀다고 보았다.

바로 그러한 풍속도·사설시조·풍속가사·판소리 등에서 공통된 요소를 추려본다면 한마디로 일반적인 서민 생활이 그 소재로 채택되고 있고, 그 표현 기법이 매우 해학적諧謔的이라는 것으로 귀일歸一시킬 수 있다고 하였다.36)

그는 해학에 대하여 『한국고전시가론』의 '고시가를 통해 본 해학' 편에서 아주 자세히 폭넓게 짚고 있는데, 우리가 상식적으로 이해하고 있는 해학이란 말의 뜻은 어떤 웃음을 자아내게 하는 '익살'이라고 생각해도 좋을 것 같다고 하였고, 익살에는 해학 즉 '유머' 말고 또 하나 더 '새타이어' 즉 풍자가 있어서 서로가 대립되는 '익살'로 이해되고 있는 것이 아닌가 생각된다고 하였다.37) 그의 해석을 도표로 나타내면 다음과 같이 일목요연하게 정리된다.

| 해학 – 익살 | | |
|---|---|---|
| | 해학 – 유머 | 풍자 – 새타이어 |
| 1 | 그 웃음 속에 눈물을 간직하고 있는 종류의 익살 | 그 웃음 속에 가시가 돋혀 있는 종류의 익살 |
| 2 | 정적인 웃음 | 지적인 웃음 |
| 3 | 평화적인 웃음 | 전투적인 웃음 |
| 4 | 인간성과 관련되는 웃음 | 사회성과 관련되는 웃음 |
| 5 | 무목적적이고 무의식적 | 목적적이고 의식적 |

 그는 혜원 신윤복의 일련의 풍속화를 두고 "우리의 풍속을 전혀 모르는 외국 사람들에게까지도 깊은 감명을 줄 수 있으리만큼 민족적인 한계를 뛰어넘은 고도한 예술성을 지닌 것이 바로 우리의 풍속화라고 할 수 있을 것"이라 하였다.
 원래 해학이란 다분히 선천적이고 직감적인 성격을 띠고 있기 때문에 그러한 성격을 지니지 못한 개인이나 민족은 열 번 죽었다가 깨어나도 해학을 이해하고 체험할 수 없을 것이라 확언하며, '우리의 전통적인 멋의 중요한 표현형태'로서 해학성을 설명하였다.[38]

⑤ 한
 백영은 '한'이란 말은 한자의 뜻이 가진 그대로의 '한恨'이 아니라 한국인이 특이하게 느끼는 일종의 미적인 범주로 성립될 수 있는데, 이 '한'은 한국의 모든 예술 형태에서 공통적으로 찾아볼 수 있는 미적 범주라고 하였다.[39]
 그는 "신성화된 공간 의식이 해체되었을 때 그 결과는 자연히 부정不定의 논리가 발달하면서 역설逆說이나 가정법假定法이 탄생하게 마련"이라고 하며 이러한 부정의 논리, 역설, 가정법 등을 우리는 흔히 '한恨'이란 말로 표현하기도 한다고 하였다.40)

그는 이어서 고려 말 이조년李兆年의 시조를 예로 들며 설명하고 있다.

一枝 春心을 子規야 알랴마는
다정도 병인 양하여 잠 못 들어 하노라.

이 작품의 작중 화자의 '한'을 한국사람 누구나 공감할 수 있는데 그 이유는 이 작품에서 제시된 모든 상황이 '잠 못 들어 한다'는 부정의 논리에 집중되어 있기 때문이라 하였다.

그러나 작중 화자는 비록 '한'이 맺혀 있는 상태이지마는, 이 작품의 작자 이조년은 이 작품을 씀으로 하여 분명히 그의 한을 풀었다고 보아야 할 것이라고 하며, 작자의 한이 풀렸을 뿐만 아니라 이 작품을 읽는 독자의 한도 풀릴 수 있다는 데서 우리는 한국인의 멋을 이해할 수 있으리라고 생각한다고 하였다. 어쩌면 이런 것이 곧 한국인의 역설일지도 모를 일인데, 이렇듯 예민한 감성의 발달에서 우리는 한국인의 예술적인 자질을 이해해도 좋으리라고 보았다.

그는 1976년 발간된 『한국고전시가론』의 '부정을 통한 미의식'이라는 항목에서 고전 시가의 특질을 이야기하며, 우리 국문학에서는 인간을 위주로 하는 인본사상이 그 주류를 이루고 있는데 이러한 인본사상에 뒤따르는 하나의 비극이 있기 마련이고 그것은 곧 인간 능력의 한계가 빚은 비극이라 하였다.

우리에게는 신이나 자연이 용납되지 않았고 절망은 부정의 세계를 추구하지 않을 수 없게 되었는데 곧 부정의 미학이 바탕을 이루고 있으며, 이러한 부정의 미학은 결과적으로 우리의 문학에 '한'이라는 미의식을 빚어내었다고 하였다.

'울고' '가고' '죽고' 하는 것을 더 절실히 노래한 이 부정적인 사랑의 노래는 그 전통이 소월素月을 비롯한 대다수 한국의 현대 시인의 작품들에 그대로 이어져 오고 있는데, 곧 소월의 '한'이 우리의 '한'이고 우리의 '한'은 상고 시대로부터 쌓이고 쌓인 전통의 결과라고 보았다.[41]

또한 우리의 고전 음악 중에서 한을 설명하고 있는데, 성악의 경우 목소리에 그늘[陰影]이 따라야 한이 나타난다고 하며 선천적으로 목소리를 지나치게 맑고 깨끗하게 타고나면 그런 목소리를 양성陽性이 끼어서 '한'이 없다고 한다고 하였다. 즉 "입체적인 깊이나 두께가 따라야 한다는 뜻으로 풀이될 수 있는 함축성이 깃든 표현"이라고 보았다.[42]

춤에서도 살풀이면 살풀이춤의 표면에 나타난 행동 뒤에 숨어져 있는 그늘, 그것은 바로 춤추는 사람의 인격 그 자체라고 하며, 한마디로 춤추는 사람에게 있어 어떤 철학적인 의식이 중요하다는 면에서 그늘과 함께 예술가로서의 바탕에 대하여 언급하고 있다.[43]

그런데 이 그늘이란 실체는 포착하기 힘든 그런 개념이라 '한'은 외형적이라기보다는 내향적인 성격을 띠었다고 언급하였다.

또한 그는 한이라는 것을 응축과 연결이 된다고 보고 '응축이 돼 있다'라든지 어떤 깊이랄지 두께가 모자란 것을 '한이 없다'라고 표현한다고 하였다. 예술 형태의 원리나 표현 기법에서 따져보면, 음악에서 그런 식으로 얘기하는 것이나 춤에서 얄팍하고 경망하게 돌아가는 걸 꺼리는 것이나 모두 어떤 공통된 미의식의 작용이라고 언급하고 있다.[44]

## ⑥ 내면적인 힘

　백영은 앞에서 언급한 내향적인 성격의 '한'의 본질과 마찬가지로 우리의 고대소설에 나오는 여자 주인공의 매력을 외형적인 미모보다는 내면적인 덕성에서 더 강하게 느끼도록 설정했다고 하였다. 예컨대 춘향의 정절, 미스 구운몽九雲夢이라 할 정경패鄭瓊貝의 부덕婦德과 재능才能, 수로부인水路夫人의 활달한 가운데 한계를 넘지 않는 슬기로움, 거기다가 「동동」, 「서경별곡」, 「정석가鄭石歌」 등에서 찾을 수 있었던 영원을 향한 의지, 이런 것들은 모두 내면적인 힘으로 찾을 수 있는 아름다움이라 하였다.

　그는 '한국인의 멋은 내면적인 힘이 밖으로 번져 났을 때 나타나는 미적 감각이다' 라는 명제를 내세우며 우리의 여러 예술 장르 중에서 내면적인 힘이 밖으로 번져 나온 상태를 가장 손쉽게 이해할 수 있는 장르가 바로 춤이라 하면서, 우리의 고전무용처럼 동작이 절제된 경우는 세계의 어느 민족의 무용에서도 그 유래를 찾기가 힘들 것이라 하였다. 우리 고전무용의 진수를 체득한 명인名人의 춤을 보면, 어깨 한 번 으쓱하고 손가락 하나 까딱하고 발끝 조금 움직이는 데서 그 무용가가 형성하고 있는 소우주小宇宙의 효과적인 변화를 읽어낼 수 있는데, 그러한 변화의 묘리妙理가 바로 한국인의 멋이라 하였다.[45]

　바로 그러한 점에서 "우리 춤의 절약된 행동에서 최대의 효과를 누릴 수 있다는 점에서 세계 어느 민족의 무용에 내놔도 조금도 부끄럼 없다"라고 피력하며 그 점을 다음에서 구체적으로 들고 있다. "손끝 하나 놀리는 것으로도 네모났던 공간이 둥글어질 수 있는 것이고 또 몇 장단씩 보내면서 발끝 하나 올리는 데서도 땅 위에서 하늘로 올라갈 수도 있는 것이 아닌가."[46]

　이러한 면은 바로 '살풀이'를 출 때 두 발을 땅에 짚고 두 팔은 하늘로 비스듬히 펼쳐 올려 무릎을 저정 거리며 속어깨춤으로 은근히 맺고 풀어내는 것과 같은 이치라고 할 수 있는데, 즉 무릎을 저정거리며 하늘을 둥둥 떠다니기도 하고 구름을 타고 노니는 가락과 같은 예라 할 수 있다. 즉 최소한의 행동인 속어깨춤으로 하늘을 날며 저정거리는 최대한의 효과를 가져오는 것을 뜻한다고 하겠다.

백영은 이와 같이 우리 춤의 정신적인 저력을 이러한 내면적인 힘에서 잠재해 있는 무한한 힘이 드러날 때 그 아름다움이라고 보고 있으며, 바로 그러한 내면적인 힘이 밖으로 번져났을 때에 나타나는 미적 감각을 한국인의 멋이라 규정하였다.

백영이 들었던 멋의 종류들은 자세히 따져보면, 그 하나하나의 미의식이 자연스럽게 한 흐름을 이루고 있음을 알 수 있다.

'해학성'이 우리의 전통적인 멋의 중요한 표현 형태라 한다면 '일상성'은 우리의 전통적인 멋의 중요한 소재라 할 수 있을 것이라 한 백영의 언급처럼, 그것은 다름 아닌 '일상성'이라는 우리의 전통적인 멋의 소재를 가지고 '해학'이라는 우리의 전통적인 멋의 표현 형태를 띤 것이다. 다시 이야기하면 일상성을 해학성으로 풀어나간 것으로 해석할 수 있다. '한'도 그와 마찬가지로 일상성이 한의 표현 형태를 띠고 그 '일상성'을 '한'으로 풀어나간 것이라 할 수 있다.

그렇게 일상성을 해학과 한의 표현 형태를 띠면서 풀어나갔는데 바로 '맺고 푸는 원리'로 풀어나갔던 것이다. 그러한 맺고 푸는 원리로 풀어나간 것이 서로 조화되고 또한 '불균형의 미'를 이루며 그 모든 것은 '통일된 조화의 미'를 이룬다. 그리고 모두가 내면적인 힘으로 정신적인 내면의 세계로 표현된다. 즉 겉멋이 아닌 속멋의 세계를 이룬다.

이와 같이 백영이 열거한 멋의 여러 종류들은 서로 만나서 맞물리고 조화되어 특히 '통일된 조화를 존중하는 가운데' 하나로 연결된 한 맥을 이루고 우리의 전통문화예술을 창출하여 왔음을 알 수 있다.

백영은 우리의 멋과 가락을 이야기하며 "과연 잡힐 듯 잡힐 듯한 한국인의 멋을 잡아서 개안開眼의 법열法悅을 맛볼 날이 올 것인지"하며 "나의 화두는 있으나 깨칠 날은 멀었다"라고 한 적이 있다. 그러나 그가 깨우친 개안의 법열은 이미 후학들을 비추고 있으며 일깨우고 있다고 할 수 있다.

## 5. 전통의 재창조

### 1) 전통과 창조

앞서 백영은 전통의 인식에 있어서 고전이나 전통의 탐구는 항상 새로운 문화를 창조하는 것을 전제로 한다고 한 바 있다. 따라서 고전을 이해한다는 것은 어떠한 가치판단의 기준에 입각한 태도에 계속繫屬되어야 하고, 그 비판이란 단순한 문헌학적 비판에서 그칠 것이 아니라 현대적 의의 즉 현대의 요청에다 그 기준을 세워야만 할 것이라고 역설하고 있다.

이와 같이 그는 새로운 문화를 창조하기 위하여 항상 역사적 현재의 기본 과제에 초점을 맞추고 고문학을 결부시킴으로써 비판하고 취사하고 결합하고 종합하여 진정한 고전을 확립시키는 데 우리의 정열과 희망을 기울여야 한다고 하였다. 즉 진정한 고전을 확립시키는 일은 역사적 현재의 기본 과제에서 새로운 문화를 창조하기 위한 것이라는 분명한 등식이 성립된다. 이러한 백영의 고전과 전통에 관한 가치관을 성기옥 교수는 "당대만 아니라 오늘날의 관점에서도 여전히 진보적"[47]이라고 평하였는데 그것은 타당한 지론이라 하겠다.

이 시점에서 백영의 전통관이야말로 고전 연구가뿐만 아니라 현대 학문을 하는 모든 사람에게 필수적으로 해당되는 중요한 원칙임을 잊어서는 안 될 것이라고 본다.

## 2) 현대화의 문제점

백영은 「전통음악의 현대화 논의」라는 글에서 전통음악의 현대화 문제와 현대화를 위한 지난날의 반성에 대하여 깊이 논의하고 있다.[48] 그는 먼저 새로 작곡되는 '신곡新曲'에 대하여 통렬하게 비판하고 있다.

> 필자의 전공 분야가 국문학이기 때문에 이른바 국악의 '신곡新曲'을 듣고 가끔 개화기開化期 문학을 연상하게 된다. 예를 들어 육당六堂의 『세계일주가世界一周歌』나 『해에게서 소년에게』를 읽을 때의 느낌과 별로 다를 것이 없는, 어딘가 어설프고 이도 저도 아닌 엉거주춤한 감정에서 헤어나지 못하기 때문이었다.
> 이른바 신곡이라는 것이 듣는 이로 하여금 저항감을 느끼게 하고 전통곡처럼 품속에 안기지 않는다는 것은 무엇인가 잘못된 구석이 있는 것은 분명하다 하겠다.
> 그 이유는 비록 악기는 한국의 전통적인 악기를 쓰고 있지마는 음악의 내용은 서양음악이기 때문일 것으로 풀이된다. 알기 쉽게 말해서 피아노곡을 가야금에 얹어서 연주하고 있다는 뜻이 될 것이다. 한참 동안 전통곡을 듣고 난 다음 이 신곡이라는 것을 듣는 대부분의 청중들은 고개를 갸우뚱거리게

마련이다. 작곡자의 까다로운 주문을 성실하게 지키면서 필사적으로 연주하는 연주자의 노력과는 반대로 객석에서는 잡담소리가 들려오고 뚜벅뚜벅 구두발 소리까지 들리게 되면 연주자는 참으로 맥이 풀리게 될 것이다. 들어서 고통스런 곡을 만들어놓고 청중과 연주자를 괴롭히는 것이 예술이라면 예술의 개념부터 고쳐 놓고 할 짓이 아니겠는가.[49]

위와 같은 그의 비판에서 음악인들에게 일침을 가하고 있는 대목은 새로 작곡된 '신곡'이라는 것이 "한국의 전통악기를 쓰고 있지마는 음악의 내용은 서양음악"이라는 지적이다.

그는 이러한 논리가 더 발전되면 가야금의 음정을 피아노의 음정에 맞도록 개조한다는 데까지 비약하게 된다며, 그러한 전통음악의 현대화 과정에서 큰 병폐는 이른바 '현대화'는 곧 '세계화'라는 그릇된 인식에서 연유한 것이라 하였다.

우리는 일본 제국주의의 식민지 교육 정책으로 말미암아 주체성 없고 자기비하自己卑下의 중독中毒에서 아직도 헤어나지 못하고 있다. 그런 나머지가 오늘날 볼 수 있는 외국 숭배의 고질적인 문화 풍토인 것이다. 피아노의 음정을 가야금 줄에 맞추어야 한다는 너무도 당연한 발상을 협애 고루한 국수주의라 비웃고 오히려 가야금 줄을 피아노에 맞추어야 한다는 얼빠진 친구들이 전통음악의 현대화를 부르짖는 한 우리의 전통음악은 그 생명을 잃고 말 것이다. 피아노곡을 가야금에 얹어서 연주하는 것을 듣고 고개를 모로 젓는 서양 사람들 앞에서 창피한 줄도 모르는 전통음악의 현대화란 한갓 만화에 지나지 않을 것이다.[50]

그러한 사이비似而非는 음악에서뿐만 아니라 무용에서도 마찬가지라 하며 춤을 예로 들고 있다.

> 서양의 발레춤을 추면서 옷만 한복을 입혀 놓은 것에 지나지 않기 때문이다. 앞가슴을 내밀고 쪼르르 달음박질한다거나 발뒤꿈치를 들고 빙글빙글 뺑뺑이를 도는 춤이 전통무용을 현대화했다고 생각한다면 그런 망상이 다시 없을 것이기 때문이다.[51]

이러한 망상도 음악에서와 같이 결국 한국무용의 특질을 정당하게 파악하지 못한 데에서 연유된다고 보고 있다. 문화나 역사의 발전에는 결코 지름길이 있을 수 없다고 하며 치뤄야 할 대가代價를 온전히 치른 다음에야 새로운 창조는 이루어지는 법이라고 하였다.

여기에서 '치뤄야 할 대가를 온전히 치른다'라는 것은 춤으로 본다면 '계속적인 수련'이라는 기본 단계를 거치며 '체득'의 단계로 이어지는 것을 뜻하고 있다고 볼 수 있다. 이것은 그의 평상시 지론인 '자기 세계를 구축하기 위해서는 온 인생을 다 걸어놓고 수련을 쌓지 않으면' 될 수가 없고 '평생을 두고 갈고 닦아야 하는 것이 예술의 길'이라는 것과 통한다고 할 수 있다. 그는 구체적으로 "전통음악 하나하나의 형식에 대한 치밀하고도 철저한 연구가 이루어져서 그 특징이 완전히 밝혀지기 전에 수박 겉핥기식의 얄팍한 이해나 관점으로 현대화를 시도한 결과가 오늘날의 이른바 '국악 신곡'임을 명심해야 할 것"이라고 뼈아픈 지적을 하였다.

이어서 그는 "민간음악의 기본 구조인 평조平調 · 우조羽調 · 계면界面의 차이도 모르고 장단이나 발성법에서 음양의 원리도 터득하지 못하고 있으면서 어떻게 전통음악을 현대에 살릴 수 있다고 생각하는지 답답한 일이라 하지 않을 수 없다."라고 하였는데 이 언급이야말로 위에서 지적한 문제점의 방안이라 할 수 있을 것이다. 즉, 현대화의 시도로써 신곡을 만들려면 적어도 민간음악의 기본 구조인 평조·우조·계면과 장단이나 발성법의 음양 원리 정도는 터득해야지 전통음악을 현대에 살릴 수 있다고 할 수 있지 않은가 하며 그 해결 방안까지 제시해 주고 있다.

지금까지의 문제점에서 그러한 그릇된 문제점을 사전에 방지하기 위해서는 교육부터 시정되어야 한다고 보았다. 즉 음악 교육에서는 "국민학교 때부터 서양식인 박자와 가창의 방법을 익힐 것이 아니라 한국음악의 장단과 발성법을 배우게 하고 음양陰陽에 입각한 악리樂理를 가르쳐야 우리의 전통음악은 오늘날에도 활발하게 살아남을 수 있을 것"이라고 구체적인 진단을 내리고 있다.

백영은 우리 음악 교육의 출발부터가 잘못되었음을 지적하며 "서양 것이라면 다 고급품이고 우리 것은 덮어놓고 조잡하다는 생각을 어려서부터 길러놓고 어찌 주체성을 기대하고 민족문화의 창달을 기대할 수 있을 것이겠는가"라고 교육의 중요성을 역설하고 있다. 이러한 문제점은 비단 음악 교육에서뿐만 아니고 춤, 그림 등 예술 교육에, 더 크게는 모든 분야의 학교 교육에 두루 해당한다고 볼 수 있다.

마지막으로 그는 현대화를 위한 기본 과제를 내놓았는데 문제는 "우리의 것을 얼마나 정확하게 알려고 노력하느냐, 우리의 것을 어떻게 후생後生들에게 올바르게 물려주느냐, 나아가서는 우리의 것이 서양 것과 어떻게 다르고 서양 것보다 좋은 점이 무엇인가를 알 수 있도록 연구하고 가르쳐 주는 일"임을 큰 틀로서 제시하였다.

이는 물론 전통을 하는 사람이나 현대의 것을 하는 모든 이들에게 해당되는 것임을 분명히 인식할 수 있다.

### 3) 전통의 재창조 방안

　백영은 전통음악의 현대화 문제에 있어서 궁정음악은 '박물관에 진열된 고미술품을 감상하듯 충실히 보전된 원형을 유지하여 변질되지 않도록 보존해야 할 것'으로 보았다. 그 이유는 궁정음악은 일종의 특수음악이기 때문에 변형시킬 수도 없고 변형시켜서도 안될 고정된 상태로 소중히 원형을 보존할 가치가 있는 것이라고 하였다.[52]

　뿐만 아니라 민간음악 중에서도 순수음악이라 할 수 있는 정악·창악·풍류·시나위·산조·특수민요 등과, 종교음악인 범패·무가·무악 등도 원래가 본격 예술이기 때문에 변형시킬 수 없는 고전적인 가치를 지닌 것으로 그 원형을 보존할 필요가 있다고 지목하고 있다.

　그러나 이 음악들은 어디까지나 민간음악이기 때문에 그 원형이 지니고 있는 개성을 파괴시키지 않는 범위 안에서 현대인의 감각에 맞도록 다소의 변질은 불가피하다고 보았다. 즉 현대의 청중들과 호흡이 맞고 공감대를 설정할 수 있도록 발전시켜도 무방할 것으로 보았기 때문이다. 이것은 바로 원형이 지닌 개성을 파괴시키지 않는 한도에서 현대인의 감각에 맞게 발전시켜야 한다는 민간음악의 재창조 방안을 이른 것이라 할 수 있다.

　그런데 그는 여기에서 주의해야 할 문제점으로 '보존과 발전'을 동일시해서는 안 된다고 하고 있다. 즉 그 음악들이 각기 지닌 '특징적인 원형'은 어디까지나 보존하여 '고전으로서의 전형성'은 지녀야 한다고 전형성의 문제를 제시하고 있다. 바로 그 고전적인 전형성을 하나의 전통으로 확립시킨 다음 그것을 바탕으로 하여 현대적인 감각에 맞도록 재창조해야 할 것이라고 언급하였다.

　이것은 전통의 재창조 작업에 있어 구체적인 방안이라고 볼 수 있는데, 고전적인 '전형성'을 확실하게 전통으로 확립시키는 일이 우선이고 그런 다음에 현대적인 감각에 맞도록 재창조해야 한다는 확실한 원칙을 내세우고 있다고 할 수 있다.

여기에서 '재창조'라 함은 '창조'의 구체적인 내용으로 '전형성의 창조'를 뜻한다고 할 수 있다. 춤에서 본다면 전통춤의 '전형성' 즉 전통춤을 제대로 체득하는 순간에 춤의 '재창조'인 '창조'가 이루어짐을 뜻하는 것으로, 이는 창조의 지고한 단계를 이르는 중요한 언급이라 할 수 있다.

그는 '내시'라는 영화를 평론한 「밀폐된 한국적 에로티시즘」[53]이란 글에서도 전통에 대하여 언급하였는데 "우리들의 생활 주변을 둘러싸고 있는 수많은 에로티시즘에 대해 어떻게 우리의 상상력을 빌어서 순화된 정조로 미화시켜야 할 것인가가 우리들의 공동의 과제라 한다면 이 과제를 올바로 풀어가기 위해서는 '전통의 힘'을 무시해서는 안 될 것이라고 강조하고 있다. 또한 그 창조 방법에 대해서도 언급하였는데 현대예술의 특징을 상징성에서 찾는 데에는 그 누구도 이론異論을 펼 수 없을 것이라 하며, 에로티시즘이 강렬하면 강렬할수록 그것을 예술 면에서 나타낼 때에는 원색의 판도에서 벗어나 상징성을 띠어야 미적인 정조를 자극할 수 있으리라고 하며 좀 더 상징적인 에로티시즘의 전통을 이어받을 수 있는 길을 제시하고 있다.

그는 영화 부문에도 연구자의 입장에서 의견을 피력한 것으로 즉 "우리의 생활 양식과 관습적인 도덕관을 바탕으로 자라난 한국적인 에로티시즘의 전통을 물려받는 길"을 모색할 필요성을 주장하고 있다.

백영은 민족적 정통 음악을 대표하는 본격 예술로 판소리를 내세우며 판소리 예술의 재창조성에 대하여 언급하고 있다.

"판소리 음악은 그에 선행하는 모든 음악 예술의 장점을 종합 정리하여 새로 창조된 민족적 정통 음악이라는 새로운 평가가 내려져야 한다는 뜻이다. 선행하는 모든 음악 예술의 유산을 디디고 서서 그 바탕을 잃지 않으면서 새 시대의 감각에 맞도록 재창조하는 데 성공한 새로운 예술 형태"[54]라고 하였다.

여기에서 백영이 뜻하는 요지의 핵심은 우리가 지녀온 음악 유산을 가지고 재창조에 성공한 새로운 예술 형태가 판소리이고, 이 판소리야말로 정통적인 예술 형태로서 민족음악을 대표할 만하다는 것이다. 즉 전통의 재창조가 제대로 이루어진다면 판소리 예술처럼 "민족적 정통 음악을 대표하는 본격 예술"로 내세울 수 있을 정도가 되어야 한다는 것을 뜻하고 있다고 본다.

그리고 마지막으로 그러한 과업을 바르게 수행하기 위해서는 각종 민간 음악에 대해 폭넓고 깊이 있는 연구가 뒷받침해 주어야 할 것이라고 하였는데, 이것은 전통의 재창조 작업에서 우선적으로 뒷받침되어야 할 연구의 중요성을 일깨우고 있는 점이다.

이는 국문학이나 전통예술에 관한 언급뿐만이 아니라 이 시대를 바르게 이끌어 나아가야 할 우리들 자신 모두에 관한 언급임을 다시 한번 절감할 수 있다.

# 6. 마무리

지금까지 백영의 예술론에 관한 연구와 그 업적에 관해 살펴보았다.

그는 한마디로 국문학 연구를 몸으로 실천하고 풀어내면서 자연스럽게 예술 영역으로 다가갔고, 그것은 마침내 예술의 원리를 밝혀내고 미의식을 규명하기에 이르게 되었다.

그의 연구는 확고한 민족정신이 중심을 이루며 주체적 관점에서 이루어졌다고 할 수 있다. 그러한 바탕을 토대로 하여 전통예술론의 원리를 밝혔는데 그것은 다름 아닌 철학적 본질을 통해 미학적 원리를 규명한 것으로 자연스럽게 미학의 원리를 도출해 내었다. 즉, 음양의 원리에 입각한 태극의 원리를 통하여 조화의 미, 맺고 푸는 원리, 너그러운 마음가짐의 여유, 해학, 한, 내면적인 힘 등의 미적 원리가 그의 중요한 예술 철학적 이론이다.

그가 확립해놓은 예술론을 정리하며 참으로 놀라운 것은 몸으로 뛰는 춤 학도라야만 인식할 수 있는 보이지 않는 춤의 원리를 국문학자가 벌써 오래 전에 그 핵심적인 원리로 규명해 놓은 사실이다.

이렇게 전통예술을 통하여 예술학 전반의 미학적 원리를 정리해 낸 것은 바로 민족 미학의 원리를 도출해 낸 것으로서 이 시대에 더욱 시의적절한 빛을 발하고 있다고 할 수 있다. 그가 이룩해 놓은 업적은 비단 문학연구에만 해당되는 것이 아니라, 예술 영역 전반에서 귀감으로 삼아야 할 중심 부분이라 할 수 있다. 바로 현대의 미학 원리와 예술론을 규명한 것에 다름 아니다.

그것은 또한 후학들이 이어받아야 할 본보기로서 온몸으로 실천하는 살아있는 학문 연구가 어떠한 것이라야 하는지를 제대로 보여준 직접적인 귀감이라 할 수 있다.

마지막으로 부족한 제자 어리고 잘못된 점 부디 밝혀 주시고 영원한 참 스승으로서 경외하는 마음을 바칩니다.

연희전문학교 시절 윤동주(좌)와 정병욱(우)

1971년 국문과 답사 때 이애주, 정병욱 교수, 정희성 시인.
당시 이애주는 학사 편입해 정병욱 교수 앞쪽 책상에, 정희성
시인은 대학원 석사 과정 이수 중 연구실 조교로 함께 했다.

정병욱 교수(1922-1982)

(미주)

1) 최철,「인물연구: 정병욱」,『백영 정병욱의 인간과 학문』, 신구문화사, 1997, 508면.
2) 정병욱,「국학과 동양학의 재평가」,『한국고전의 재인식』, 기린원, 1988, 570-571면.
3) 정병욱,「고전문학연구의 어제와 오늘」,『한국고전의 재인식』, 기린원, 1988, 556면.
4) 앞의 책, 569면.
5) 정병욱,「전통음악의 현대화 논의」,『한국고전문학의 이론과 방법』, 신구문화사, 1997, 429면.
6) 앞의 책, 429면.
7) 앞의 책, 429-430면.
8) 조동일,「전통 인식의 원리 재평가」『백영 정병욱의 인간과 학문』, 신구문화사, 1997, 360면.
9) 정병욱,「전통음악의 현대화 논의」,『한국고전문학의 이론과 방법』, 신구문화사, 1997, 430-431면.
10) 앞의 책, 431면.
11) 정병욱,「고전문학 연구의 어제와 오늘」,『한국고전의 재인식』, 기린원, 1988, 553-554면.
12) 정병욱,「고전과 현대문학의 제문제」,『국문학산고』, 신구문화사, 1959, 45-46면.
13) 장덕순,「증보판을 내면서」,『한국고전시가론』, 신구문화사, 1994.
14) 서대석,「백영선생의 판소리 연구」,『백영 정병욱의 인간과 학문』, 신구문화사, 1997, 459면.
15) 서종문,「백영 선생의 비판정신과 학문적 실천」,『백영 정병욱의 인간과 학문』, 신구문화사, 1997, 371면.
16) 정병욱,『한국고전시가론』, 신구문화사, 1994, 314면.
17) 전광용,「백영을 보내며」,『백영 정병욱의 인간과 학문』, 신구문화사, 1997, 509면.
18) 정병욱,「국문학자의 계보」,『한국고전의 재인식』, 기린원, 1988, 605-606면.
19) 김명호,「백영 선생의 국문학 연구 방법론」,『백영 정병욱의 인간과 학문』, 신구문화사, 1997, 343-344면.
20) 앞의 책, 346면.
21) 정병욱,「한국의 멋과 가락」,『바람을 부비고 서있는 말들』, 집문당, 1980, 291면.
22) 앞의 책, 292면.

23) 정병욱, 「고전문학 연구의 과제와 전망」, 『한국고전의 재인식』, 기린원, 1988, 561면.
24) 정병욱, 「한국인의 멋-너그러운 백성」, 『한국고전문학의 이론과 방법』, 신구문화사, 1997, 410면.
25) 정병욱, 『한국고전문학의 이론과 방법』, 신구문화사, 1997, 404면.
26) 정병욱, 「한국의 멋」, 『여성동아』, 1980년 1~12월호. (재수록: 정병욱, 『고전탐구의 뒤안길에서』, 신구문화사, 1982, 10-50면).
27) 정병욱, 「입성과 먹새의 멋」, 『한국고전문학의 이론과 방법』, 신구문화사, 1997, 409면.
28) 앞의 책, 408면.
29) 「한국인의 미의식-작은 골무에도」, 앞의 책, 404-405면.
30) 「한국인의 멋-너그러운 백성」, 앞의 책, 410면.
31) 「한국인의 미의식-작은 골무에도」, 앞의 책, 405면.
32) 정병욱, 「조화 속의 불균형」, 『바람을 부비고 서있는 말들』, 집문당, 1980, 318-320면.
33) 정병욱, 「맺고 푸는 가락 -전통음악의 특징」, 『고전탐구의 뒤안길에서』, 신구문화사, 1982, 19-22면.
34) 앞의 글, 19면.
35) 정병욱, 「한국인의 멋-너그러운 백성」, 『한국고전문학의 이론과 방법』, 신구문화사, 1997, 411면.
36) 정병욱, 「한국인의 미의식-작은 골무에도」, 『한국고전문학의 이론과 방법』, 신구문화사, 1997, 402-403면.
37) 정병욱, 『한국고전시가론』, 신구문화사, 1994, 312-313면.
38) 정병욱, 「한국인의 미의식-작은 골무에도」, 『한국고전문학의 이론과 방법』, 신구문화사, 1997, 403면.
39) 정병욱, 『한국고전시가론』, 신구문화사, 1994.
40) 정병욱, 「한국인의 멋-너그러운 백성」, 『한국고전문학의 이론과 방법』, 411면.
41) 정병욱, 『한국고전시가론』, 신구문화사, 1994, 301-302면.
42) 정병욱, 「우리 춤과 문학」, 『한국고전문학의 이론과 방법』, 신구문화사, 1997, 448면.
43) 앞의 책, 448면.
44) 앞의 책, 447면.
45) 정병욱, 「한국인의 멋-너그러운 백성」, 『한국고전문학의 이론과 방법』, 신구문화사, 1997, 413면.
46) 정병욱, 「우리 춤과 문학」, 『한국고전문학의 이론과 방법』, 신구문화사, 1997, 443-444면.
47) 성기옥, 「백영의 고전 교육과 학문 정신」, 『백영 정병욱의 인간과 학문』, 신구문화사, 1997, 485면.

48) 본 절(節)은 『고전 탐구의 뒤안길에서』 199-205면에 실려있는 「전통음악의 현대화 논의」를 참조함.
49) 정병욱, 「전통음악의 현대화 논의」, 『고전 탐구의 뒤안길에서』, 신구문화사, 1982, 203면.
50) 앞의 책, 204-205면.
51) 앞의 책, 205면.
52) 이 절(節)은 앞 절에서와 같이 백영의 글 「전통음악의 현대화 논의」를 참조함.
53) 정병욱, 「밀폐된 한국의 에로티시즘」, 『고전 탐구의 뒤안길에서』, 신구문화사, 1982, 206-211면.
54) 정병욱, 『한국의 판소리』, 집문당, 1981.

제2장

# 춤꾼은
# 자기 장단을 타고 난다

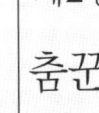

육체의 해방, 삶의 해방

나의 춤 나의 칼

'창조의 몸부림' 그것이 곧 창작의 뿌리

그림이 걸어나오고 춤이 들어가고

> 예부터 "참된 춤꾼은 자기 장단을 갖고 태어난다"는 말이 전해옵니다.
> 이는 자기 심장의 고동에서 장단을 느낄 뿐만 아니라, 나아가
> 자기가 처한 세상의 양심, 그것이 일어나고 무너지는 역사 속에서
> 역사의 장단을 의식한다는 뜻입니다.
> 춤은 역사를 일궈 나가려는 몸짓입니다.
> 민중적 삶의 쟁점과 역사적 요구를 가장 완벽하게 형상화 해내는 것,
> 그것이 '나의 춤'이고 '나의 칼'입니다.

# 육체의 해방, 삶의 해방*

춤, 그것은 바로 몸으로 말하는 예술이다. 누군가가 전통춤의 대가인 한 춤꾼의 춤을 보고 "보잘 것 없는 작은 몸, 거기서 나오는 작디 작은 몸짓 하나가 어떻게 해서 우리들에게 소름 끼치도록 찡한 감동을 일으키게 하나" 하고 감탄해 마지않은 적이 있다. 과연 그럴까, 그렇다면 그 비밀은 뭘까? 손마디 하나 움직여졌을 때 거기서 나온 힘은 출렁이며 모든 여백을 울려준다. 그것은 몰아쳐 오는 파도와 같은 것이며 살아 움직이는 우주의 율동이다. 또한 단순한 몸짓만이 아닌 시대정신으로서의 전체 상황적인 것을 표현한다. 우리를 둘러싸고 있는 모든 삶의 실천들을 예술적 실천으로 끌고 나아가는 과정으로서의 표현이다. 그것이 바로 춤을 의미있게 만드는 생명력이다.

물론 춤에서 우리에게 보여지는 것은 서로 작용하며 오고 가는 여러 가지 힘의 움직임이지만 그렇다고 어떤 물리적인 것만을 보는 것은 아니고 가시적으로 보여지는 의상의 어떤 것, 즉 내재적인 리듬에 찬 생명력을 보는 것이다. 다시 말해 보이지 않는 생명력이 움직이는데 우리 눈에 보이는 것은

---

*대학신문 「공연예술의 현황과 전망」 1985.10.28.

가시적인 육체의 움직임이다. 여기에서 육체는 하나의 점인 동시에 최초의 충격이다. 그러한 육체를 통해서, 그러한 육체적 조건 안에서 움직여지면서 자기의 모든 것이 시작되고 전개되고 완결된다.

## 춤춘다는 것은 곧 살아있다는 것

그러면 그러한 움직임이 어떻게 해서 일어나는 것일까? 즉 무엇이 춤을 추게 만드는 것일까? 움직임이 일어남은 사람의 마음에서부터 생기는 것이라고 본다. 움직인다는 것은 사람의 마음이 외물에 접촉하여 마음으로 하여금 그렇게 움직이게 만드는 것이다.

그것이 몸짓이 되어 가시적인 것으로 나타나고 있다. 즉 마음으로 인하여 천지 간의 형태를 깨달아 모든 체험과 경험이 합쳐지면서 팔다리가 움직여지는 것이다. 또한 사람의 마음 안에서 춤의 내재적 생명력인 신명·신바람이 생긴다. '신나게 춤춘다' 라는 말이 있듯이 인간은 신날 때 춤추고 춤추면 신난다. 즉 신명은 마음의 움직임으로부터 생기고 또한 마음은 신명·신바람에 의해서 움직여진다. 우리는 신바람 날 때 춤이 저절로 나온다고 하는데 춤을 추는 것은 몸이고 그 몸을 움직이는 것은 신바람·신명이다. 신명·신바람이야말로 춤 자체가 가지고 있는 근원적인 생명성이라고 본다.

한 예로 우리의 옛 춤에서 보이는 유연성과 강인함, 어딘지 모르게 구멍이 숭숭 뚫린 듯한 것으로부터 나오는 여유와 포근함, 익살과 풍자, 비틀려지고 어딘가 균형이 안 잡힌 듯한 데서 나오는 일그러진 균형성 등에서 신명 오른 몸짓·신나는 춤가락 등을 볼 수 있다. 이같이 마음의 움직임이 신바람을 불러일으켜 하늘의 자연 생성과 땅의 자연 발생이 조성되는 이치와 함께 온몸이 움직여지며 춤이 시작된다.

우리는 태어날 때부터 움직이고 있다. 그 움직이는 몸짓에서부터 춤의 실마리를 찾을 수 있고 춤의 근원이 있다고 본다. 움직인다는 것은 살아 있다는 것을 의미한다.

그러니 살아 있다는 것 즉 산다는 것과 춤춘다는 것과는 같은 의미이며 그 둘은 구분할 수도 떼어낼 수도 없는 관계이다. 사는 것이 춤추는 것이고 춤추는 것이 사는 것인 셈이다. 인간의 육체 자체가 그 모든 것의 총체적 복합체이듯이 인간의 육체가 움직여진다는 것 자체가 그 모든 것이 움직여지는 것이고 또 그러한 움직임만이 제대로의 살아 숨 쉬는 움직임이 될 것이다. 그것은 육체를 통해서 우주적 여백을 울리며 역사의 실체에 도달하는 과정으로의 춤이며 몸짓이다.

여기에서 또한 산다는 것은 뭘 뜻하는 것일까? 산다는 것은 인간이 인간답게 제대로 살아가는 것을 의미한다고 본다. 즉 춤을 잘 추려면 살기도 제대로 살아야 되겠고 제대로 사는 사람이 춤도 잘 출 수 있지 않을까 생각된다. 춤은 삶으로 통하는 길이다. 춤이 영원한 삶을 사는 데 조금이라도 도움을 줄 수 있을까? 춤이 과연 사람을 구원할 수 있을까? 진짜 춤이라면 삶을 구할 수도 있다. 그렇다면 어떤 춤이 구도의 춤이 될 수 있을까? 모든 인간의 움직임·행동은 춤과 통하며 춤일 수 있는데 진실된 춤, 진짜 춤이 무엇이냐 하는 문제다.

인간을 구원할 수 있는, 인간을 인간답게 살게 할 수 있는 춤은 육체적인 것과 영적·정신적인 것과 그밖의 모든 것이 하나로 어우러진 그런 진실된 몸짓일 것이다. 얼마 전에 우리의 모든 관심사가 쏠렸던 남북문화교류가 있었다. 그것은 전 민족적·전 인류적 차원의 가슴 설레임이었다. 선택된 프로그램과 선택된 관객에 의해 주도되었던 그 공연을 생각해보자. 간헐적으로 TV 화면에 비친 춤 동작들을 볼 수 있었다.

그러나 그것이 우리가 가슴 설레며 기대했던 진정한 우리 삶의 몸짓이었던가 아니면 진정한 의미에서의 민족적 문화교류였던가. 그 몇 동작을 보는 순간 진실이 무엇이고 진짜가 무엇인지를 생각게 했다. 올라간 팀이건 내려온 팀이건 간에 말이다. 더구나 공연 후에 관평이랍시고 하는 인터뷰 내용은 보는 이로 하여금 얼굴이 화끈거릴 정도로 거부감을 느끼게 하였고 또한 그 현실이 너무 슬프다 할 수 밖에 없었다. 그것이 바로 우리의 문화 현실이자 춤의 현실이기도 하며 우리의 삶의 현실이기도 하다.

그러면 진실된 삶이 무엇이고 거기에서 나오는 진짜춤은 어떤 것일까. 가짜춤에 대해서 어떻게 진짜춤을 회복하느냐 하는 것이다. 우리는 태어날 때부터 잘못 움직여지고 있는지도 모른다.

특히 요즈음 우리를 둘러싸고 있는 모든 부자연스런, 어색한 몸짓, 심상치 않은 움직임 우리를 압박하는 어떤 힘 등에서부터 문제가 시작된다. 더구나 춤의 근본이며 시작인 호흡에서부터 문제이다. 호흡한다는 것은 숨 쉬는 일이다. 어느 누가 숨 쉴 줄 모르는 사람이 있겠는가마는 그것이 제대로 안 되는 것에 문제가 있는 것이다.

구체적인 예로 일제 침략 당시 식민 문화 정책의 일환으로 들어온 신무용이라든가 그와 같은 경우로 우리가 어렸을 때부터 보고 배운 유희라든가 신체조라든가 하는 것 등을 생각해보자. 그것은 일제에 의해 우리에게 퍼뜨려진 제도화되고 도식화된 서구의 것이 굴절·왜곡된 그러한 움직임이었다. 그 당시 우리의 상황이 제대로 숨 쉴 수 없는 상황이다 보니 호흡 또한 제대로의 자연스런 호흡을 할 수 없었던 것은 당연한 일이라고 본다.

그것은 지금까지 우리 춤이 잘못되어 내려오고 있는 암적 근원이라 생각한다. 그 당시 그런 춤에서의 호흡은 어떤 호흡이었겠는가? 어쨌든 거기에서 나타난 호흡은 우리가 늘 상 숨 쉬던 우리의 참호흡은 아니었다. 또한 설상가상으로 서구의 또 다른 식민문화적 몸짓들이 마구 난무하며 아무것도 모르는 어린 시절부터 남의 호흡으로 우리의 육체를 길들여 왔고, 자연스레 길들여지고 있다. 즉 호흡의 중심이 흔들려진 셈이다. 그것은 또한 한 인간의 중심이 흔들린다는 애기와 같다.

요즈음 대부분의 춤을 볼 것 같으면 중심이 없이 떠 버리고 흔들리고 있는데, 춤에서의 호흡의 중심 즉 몸 중심은 하단전에 있다. 춤이 살아 움직이는 바에 따라 하단전을 중심으로 항상 움직여지고 그 춤 동작에 따라서 그 힘이 위로 갔다 아래로 갔다 사방팔방으로 자유롭게 넘나들며 움직여진다. 인간이 원래 천지의 합일로 태어났듯이 사람의 몸은 소우주이며, 하단전은 우주의 중 인격이다. 그러니 몸 안에서 우주가 계속 움직여지는 것이고, 그 몸짓이 우주의 움직임인 동시에 우리의 삶이고 춤이라 볼 수 있다.

가끔 놀이판에서 할머니들의 흥겨웁고 자연스런 춤을 볼 수 있다. 거기에는 그분 살아온 인생사가 그대로 배어 있으며 그것은 또한 아무 사심 없는 상황에서의 진실된 춤이다. 그런데 요즈음 우리들은 왜 그런 춤을 출 수 없는 것일까? 예컨대 요즘처럼 목에 힘주고 사는 사람이 많은 그런 판에서 자연스런 춤이 나올 수 없는 것은 당연하고 진짜춤을 회복하기도 어렵다고 본다. 그런 판은 뭔가 인위적이고 편치 않다. 그것은 진정한 춤의 맛과 멋을 낼 수 없을 뿐더러 죽은 춤이나 마찬가지이다.

춤이 가장 자연스러울 때 그리고 가장 인간적일 수 있을 때 춤의 본맛을 제대로 내고 또한 자유롭게 살아 생동하는 것을 느낄 수 있다.

## 춤은 육체의 제약으로부터 온몸을 해방시키는 것

 흔히 춤추는 형상을 바람의 움직임, 얼크러지고 설크러져 버리는 물의 움직임 등 풍우의 변화와 함께 움직인다고 표현하는데 이것은 다른 말로 천지자연의 변화 즉 천지자연의 도道를 따른 것이라 설명될 수 있다. 또한 춤을 볼 때 수많은 변화와 굴곡으로 매우 복잡하게 얼크러져 있는 것으로 보이지만 그 내면에는 변할 수 없는 불변의 간단한 법칙이 있으며 지극한 조화와 완벽한 질서 속에서 모든 몸짓이 움직여지고 있다. 예를 들면 앞으로 갔다 뒤로 물러나는 '전삼후삼前三後三', '삼진삼퇴三進三退', 위·아래로 오르락 내리락 하는 '굽힘과 폄', '돋음과 죽임' 또는 죄었다 풀었다 하는 '감고 풀기' 등에 모든 원리가 간단히 들어있다. 즉 '맺고 풀고' '맺음과 풀림' 이라는 말로 일축시킬 수 있다.
 다시 말해 맺힘은 막힌 것으로 응어리이며 그것은 극복돼야 되고 풀어져야 될 어떤 것이며 그 반면에 풀림은 막힌 것을 해결해주며 극복하는 것으로서 예를 들면 천지자연은 자연대로, 우주는 우주대로, 우리가 사는 세상은 우리가 사는 세상대로 잘 돌아가게 되는 것을 말한다.
 다른 관점에서 본다면 맺힘은 어떤 무엇이 이루어지는 것, 만들어지는 것으로 춤가락에서는 절정으로 몰아간 상태, 이루어진 상태라 할 수 있다. 풀어버리는 것은 비우는 것으로 그대로 끝나 버리는 것이 아닌 새로운 성숙을 위한 일대 도약으로 춤에서는 그 다음 가락을 하기 위한 준비과정으로 볼 수 있다. 즉 어떤 동작에서 더 이상 갈 수 없는 데까지 이르면 그 다음에 그 힘은 역으로 밖을 향해 터져나가게 된다.

또한 춤은 맺고 풀음의 수 없는 반복으로 이어져 있다. 이것은 사람이 나서부터 끝없이 숨 쉬는 이치와 마찬가지이며 돌고 도는 순환의 반복 과정이다. 즉 춤이 나온 길을 통해서 다시 그 근원으로 돌아갈 수밖에 없는 것이 춤의 이치이다.

그러면서 춤의 틀은 어떤 형태로든 항상 역동적으로 무한히 변하면서 일정하게 반복되는 것이다. 그 기본적인 틀이란 변할 수 없는 것이며 그것은 '전통성' 과도 통한다.

우리에게 '전통' 이란 중요한 의미를 갖고 있다. 우리의 옛춤·전통춤은 민족이 걸어온 삶과 의식을 한꺼번에 표현하고, 표현할 뿐만 아니라 자기의식을 개괄시키고 그것을 확장시킬 수 있는 총체적인 민중의 춤으로 말해질 수 있다.

춤에서 다리 하나 팔 하나 들어 올리는 것에는 그 이유가 분명하다. 그렇다고 그 춤들이 전통적 법도의 틀에 속박되어 있는 것은 아니고 그 틀을 타고 넘어 자신을 자유자재로 변신시키며 넘나들고 있다.

만일 그 춤이 일정한 법도 속에 잡혀 있고 그 자체에 집착해 있다면 그것은 이미 춤의 생명력을 놓쳐 버리게 된다. 또한 추는 이 자신이 알든 모르든 간에 그 움직임은 삶으로의 몸짓이고 그들 나름대로의 몸에 밴 체질적이고 숙명적인 춤의 철학이다.

춤은 우리가 살아나가는 삶 자체이며 그 삶이 얼마나 진실된가에 따라서 그 춤은 진실된 춤, 진짜춤이 될 수 있다. 진짜 춤이란 온몸을 내던져 해방되려고 하는 삶으로의 몸짓이다. 춤은 온몸으로 공간과 자기를 일치시켜 수 없는 맺고 풀음의 반복적이며 확장적인 몸짓으로 자신의 삶을 표현한 것인 동시에 육체 자체가 가지고 있는 제약으로부터, 육체를 둘러싸고 있는 모든 제약으로부터 온몸을 해방시키는 저항의 출발점이기도 하다.

# 나의 춤 나의 칼*

한 춤꾼의 생애는 무엇이 결정할까. 잘라서 말하면 한판춤이 그의 일생을 결정하는 것이라고 나는 믿고 있다. 왜 그럴까. 참으로 춤을 아끼고 그리고 그 춤을 왜 추어야 하는가를 아는 춤꾼이라면 그 한판춤에 온 정열, 온 목숨을 걸기 때문이다. 그렇다면 한 춤꾼이 자기의 온 정열과 온 목숨을 걸고자 하는 한판춤은 또 무엇이 결정할까. 그 시대의 가장 절실한 민중적 삶의 쟁점이 한판춤을 결정한다고 믿는다.

혹 어떤 사람은 춤이란 춤꾼의 기호·취향 또는 미적 감각이 결정한다고 믿기도 한다. 그러나 그것은 춤을 한 개인의 예술적 능력에 연관 지으려는 형식미학적 방법론일 뿐, 춤의 구조를 과학적으로 인식하는 방법이 못 된다.

예컨대 맺히고 푸는 것을 기본으로 하고 있는 우리 전통춤 살풀이만 보더라도 그때 '맺힘'이란 겉으로는 한 개인의 상처 또는 좌절로 보이지만, 그러나 사실은 사회적 모순이 그 기본 성격이다. 때리는 자와 맞는 자, 있는

---

*월간중앙 148호, P.564-582, 1988.5월호

자와 없는 자, 즉 사회적 부조리로서의 억압과 착취가 맺힘의 기본 성격이다. 따라서 그 맺힘을 푼다는 것은 그 맺힘을 당한 자가 스스로 푸는 과정 즉 주체적 과정을 밟지만, 그 기본 성격은 역시 민중의 사회적 실천으로 되는 것이다.

## 한판춤이 일생을 결정한다

나는 지난해 격렬하게 벌어졌던 나의 한판춤 〈바람맞이〉를 통해서 실로 참된 한판춤은 그 시대의 가장 첨예한 민중적 삶의 쟁점이 결정한다는 것을 뼈저리게 느껴왔다. 〈바람맞이〉……. 이 땅의 민중문화운동의 어떤 분수령을 그었다고도 볼 수가 있고 또한 나 개인으로 보면 춤꾼으로서의 내 생애의 결정적 전환을 가져온 한판춤 「바람맞이」는 그렇다면 어떻게 해서 빚어진 것일까.

이 점을 말하기 전에 나는 먼저 한판춤 〈바람맞이〉 때문에 당하고 있는 나의 시련을 토로하고 싶다. 나는 〈바람맞이〉를 추면서 무수한 위협과 공갈을 받아왔다. 즉 현직 교수로는 말도 안 된다는 무수한 비난이 있어왔고 모모기관에서는 구속할 것이라는 협박이 있어왔다. 날마다 누군가가 사주하는 것이 뻔한 정체불명의 편지와 전화는 내가 사는 집에 불을 지른다느니 몰살시킨다느니 하면서 주위 사람들을 공포에 떨게 하기도 했다.

지난해 6월 서울대학교 민주화대행진 출정식에서 〈바람맞이〉를 추자 "도대체 대학교수가 이렇게 반정부 학생시위를 직접적으로 선동하고 나서는가", "가만 안 둔다", "박살을 낸다"는 등의 무시무시한 협박이 일기 시작했다. 그러다가 그해 7월 이한열 열사의 장례식에서 〈바람맞이〉 중의 씻풀이 한판을 추었더니 저것이야말로 공공연한 선동이라고 지적하며 차마 입에 담지 못할 욕지거리 쌍수작으로 협박해 왔다.

왜 대학교수가 피 묻은 옷을 입고 춤을 추는가. '찢어진 옷자락은 무엇이며' 특히 이한열 열사의 유해를 이끌고 연세대학에서 시청 앞으로 나간 것은 '공공연한 시위행위', '그냥 놓아두지 않을 테다', '미친 년', '미친 무당' 이라는 욕이 나에게 쏟아졌다. 심지어는 도착중 병자의 장난기 어린 편지, 입에 담지 못할 전화 모략이 쇄도했다. 또 그해 9월 노동현장에서 참혹한 죽음을 당한 이석규 열사의 장례식에서 '썽풀이춤' 을 추자 여론을 빙자한 보이지 않는 권력기관의 협박이 줄을 이었다.

"현직 대학교수가 노동현장에 뛰어드는 것은 대학과 노동현장을 연결 지으려는 불순한 행위다. 그 자체로서 용서할 수 없으므로 불을 지르겠다. 결코 성하지는 못할 것"이라는 협박이 잠을 설치게 했다. 또 내가 교수직으로 있는 대학에선 "교수가 어떻게, 그것도 노동자 앞에서 춤을 출 수가 있단 말인가. 교수 품위를 손상시킨 망신스러운 일이다, 말도 안 된다, 교수 재임용에서 탈락할 것이다" 등의 협박이 직접 간접으로 들어왔다.

이러한 협박들은 작년 말 대통령선거에서 민중후보 백기완 선생의 선거운동에 내 춤이 앞장을 서자 절정에 달했다. "저것은 공공연한 반정부 투쟁이다. 춤을 앞세워 반정부 정치투쟁을 했으니 이애주는 계속해서 반정부 정치투쟁을 하든가 아니면 직장을 내놓아야 할 것"이라는 협박이 나를 몸서리치게 하기도 했다. 물론 내가 만약 이런 것들로 해서 피해를 입게 되면 이에 따라 일어날 학생들의 동요와 일반 시민의 저항을 고려했음인지, 이번 교수재임용에서는 탈락되지 않았다.

그러나 이와 같이 된 것은 사실 내가 내 춤에 대한 확신을 갖고 의연히 대처해 온 결과로 보고 싶은 것이다. 왜냐하면 나는 내 춤에 대한 어떠한 협박·공갈·모함에도 결코 굴하지 않았다. 오히려 해괴한 협박·공갈이 수없이 있어 왔어도 내 춤에 대한 나의 확신과 우리 민중문화에 대한 나 자신의 신뢰감이 넘쳐, 나는 너무나 의연하게 대처할 수 있었다.

## 춤꾼은 자기 장단을 갖고 태어난다

그러면 이 한판춤 〈바람맞이〉는 어떻게 해서 이루어졌으며 그 춤의 춤거리(내용)와 춤새(형식)는 어떠한 것이었을까.

한판춤 바람맞이는 1987년 1월 박종철열사의 죽음이 그 직접 계기로 된다. 당시 박종철열사의 죽음은 한편으로는 엄청난 분노를 일으켰고 또 한편으로는 이루 헤아릴 수 없는 슬픔의 수령으로 우리를 몰고 갔다. 그러나 나는 그의 원통한 죽음의 충격적 소식을 듣는 순간 이상하게도 한판을 일으킬 장단을 의식했음을 실토한다. 하늘이 갈라지는 듯한 그의 최후의 몸부림, 안간 비명소리가 내게 있어서는 천상 한판의 장단이었다는 말이다. 말하자면 그의 원통한 죽음을 계기로 지금까지 내가 아쉬워하던 수많은 독립투사, 통일해방꾼의 죽음의 원한이 일시에 터져나왔던 것이다.

예부터 "참된 춤꾼은 자기 장단을 갖고 태어난다"는 말이 전해온다. 무슨 말이냐 하면 사람은 누구나 심장의 고동소리를 갖고 태어난다. 이와 같이 누구나 갖고 태어나는 고동소리이기에 보통 사람들은 그 소리에서 아무것도 느끼지 못한다. 그러나 춤꾼은 "퉁"하는 그 고동소리에서 춤의 장단을 의식하기 때문에 참된 춤꾼은 자기 장단을 갖고 태어난다는 말이 있어 왔던 것이다. 나아가 참된 춤꾼은 자기 심장의 고동에서 한 소리 장단을 느낄 뿐만 아니라 자기가 처한 세상의 양심, 그것이 일어나고 무너지는 역사 속에서 장단을 의식한다는 것이 "참된 춤꾼은 자기 장단을 갖고 태어난다"는 뜻의 제 모습인 것이다.

물론 나는 별로 큰 춤꾼은 못 되지만 웬일인지 박종철 열사의 충격적 죽음의 소식이 전해오기가 무섭게 온몸이 지려오면서 어깨가 '들썩' 하는 것을 느꼈다. 그것은 천상 한판이었다. 도저히 추지 않고서는 배기지 못하는 춤이었으니 이름하여 〈바람맞이〉라 했던 것이다.

〈바람맞이〉란 무엇일까. 옛날 가난한 집 어린 것이 찬 없는 보리밥을 잔뜩 먹으면 체하기가 일쑤였다. 그러면 그 어미는 그 어린 것을 발가벗겨 안고서는 바람찬 언덕받이에 오른다. 그리고는 그 세찬 바람을 온몸에 쐬어 주는 것이다. 그리하면 체했던 배가 풀리며 그렇게도 배가 아파 쩔쩔매던 어린 것이 그 높은 언덕에서 제 발로 달려내려온다. 이것을 〈바람맞이〉라 했다.

또 싸움터에 나갔던 애비가 돌아오지 않으면 그 자식 놈이 쟁기(무기)를 들고 원수를 갚고자 애비 뒤에 쫓아 나서는 것도 바람맞이라 해왔고, 또 나무하러 나갔던 형이 호랑이에 물려 돌아오지 않으면 동생이 횃불을 밝혀들고 호랑이굴을 찾아 나서는 것도 바람맞이라 했으니 이제 내 사랑하는 학교의 제자가 군사독재의 모진 바람에 쓰러졌다고 하는데 내 어찌 슬픔 속에 잠겨 있어야만 한단 말인가. 한판춤이라도 벌여 그 모진 바람에 맞서야 할 게 아닌가 해서 짜여진 것이 한판춤 〈바람맞이〉였다.

그러나 이것은 애초에는 '연우무대'의 작은 공간에서 발표(87년6월)되었다.

구성은 '씨춤' '물춤' '불춤' '꽃춤' 이라 했지만, 춤거리는 박종철군이 당한 고문과 그 고문에 맞선 박종철군이 살고 간 역사, 해방투쟁의 역사의 굽이침을 담고자 했었다.

## 한판춤 〈바람맞이〉의 문화적 품새

돌이켜보면 우리의 현대사는 반제·해방투쟁의 역사다. 일제와의 투쟁, 8·15 이후에는 분단을 강요하는 냉전적 강대제국주의와의 투쟁, 5·16과 5·17 등 군사독재와의 투쟁 속에서 그 얼마나 많은 열혈 애국투사들이 원통히 숨져갔던가. 그러나 그들은 갔어도 그들이 싸우다 간 역사는 지금 우리 삶의 심장부를 가로질러 굽이치고 있으니, 이제 박종철군이 쓰러졌다고 해서 우리는 슬픔에 잠기고만 있어서 되겠는가.

"오늘의 민중이 제아무리 역사의 기둥이라고 하더라도 돌아오는 바람을 이겨내지 못하면 그 기둥은 자기 균형을 잃어 쓰러지고 만다. 그러나 그 어떤 바람이라도 이를 거슬러 물리치면 역사의 기능은 바로 서고, 따라서 역사를 나아가게 하는 줄기도 있게 한다. 우리춤은 바로 이러한 역사의 틀(구조)의 문화적 품새다."

이것은 한판춤 〈바람맞이〉 취지문의 한 귀절이다. 나는 이러한 취지에 따라 첫째판 씨춤에서 판을 열었으되 한사위 한소리의 한 묶음인 '불림'으로 그 판을 깨고야 말았다. 왜냐하면 그것은 주어진 판이요. 따라서 분단독재의 판이었기 때문이다.

그러나 이와 같이 우리들의 판을 새롭게 열고 나아가면 다시 몰아쳐오는 험한 파도, 그것은 물고문이었다. 나는 이 물고문 장면에서 우리 춤에 있어서 귀중하게 전해 내려오는 전설 같은 이야기가 실제로 있음을 확인했다는 것을 고백한다. 그것은 우리 춤에 있어 갈라치는 장단은 몸장단에만 있다는 전설 같은 이야기의 실제다. 생각하면 만 가지 변형 장단이 가능한 우리 풍물장단에 갈라치는 장단이 왜 없을 것인가. 그러나 갈라치는 장단의 경지가 역시 장단에 있어 최고 경지의 것이기에 몸장단에만 있다고 해온 모양인데, 나는 사실 그것을 지금까지는 실감해 보지는 못해 왔던 것이다.

그러나 물고문 장면 중 박종철이의 형상에서 그것을 실감했으니, 두 손이 뒤로 묶인 채 두 무릎은 꿇어지고 머리채는 꼼짝없이 뒤로 젖혀진 상태에서 그 매운 고춧가루 탄 물을 마구 부어댈 때의 박종철의 필사적인 항전, 그것은 단순히 그 매운 물줄기를 뿌리치는 것만은 아니었다. 그것은 바로 군사독재 그 상전인 외세의 거센 역류를 갈라져 나아가는 것이었으니, 나는 이때 참으로 갈라치는 장단이란 몸장단에만 있다는 것을 실감했다는 말이다.

그다음 셋째판 불춤으로 이어지면 그것은 저 몸서리치는 전기 고문 장면이다. 아, 그때의 그 처절한 내 경험, 내 온몸에 박혀오던 불꼬챙이 살, 죽음의 살. 그러나 그것은 단순한 전류만은 아니었다. 이 땅의 분단선을 감은 제국주의 철조망·지뢰·핵무기의 살이었으며 그 살에 죽어가면서도 용맹하게 대드는 민족사의 거대한 물살, 그 속에 뛰어드는 나 자신을 발견하며 나는 해방통일의 실체를 의식했다.

그리하여 넷째판 꽃춤으로 이어지면서 나는 해방통일의 실체가 온몸으로 형상화되는 것을 느꼈다. 따라서 춤이란 표현예술의 표현 기능이 아니라 역사적 요구, 그 진보의 실체를 가장 완벽하게 이루어낼 수 있는 형상화의 극치라는 것을 실감하며 바로 그렇기 때문에 한판춤 〈바람맞이〉를 '연우무대'라는 좁은 공간으로부터 더 확대하여 하루빨리 민주화를 위한 대공간으로 나서야 한다고 결심하게 되었다. 이것이 〈바람맞이〉 발표공연에 이어서 서울대학교 출정식에 나서게 된 전체적 계기였다고 할 수가 있겠다.

## 출정식出征式에 나선 춤의 의미

　대학교수가 어떻게 학생들의 민주화투쟁에 앞장서 춤을 출 수 있는가 라는 비난으로 발생을 일으켰던 한판춤 〈바람맞이〉.
　이 땅의 민주화투쟁의 실질 내용이 민족의 해방 통일이어야 한다면 민주화로 집약되는 현실적 요구는 학생들만의 것은 아니다. 그것은 교수가 되었건 시민이 되었건 이 땅에서 고통받는 사람들의 공동의 명제로 됨을 부인할 근거는 하나도 없기 때문이다. 이러한 이유로 해서 대학교수가 어떻게 학생들의 민주화투쟁에 앞장을 설 수 있는가라는 비난은 사실 이 땅의 시민의 양심도, 민중의 양심도 아닌 독재의 도덕성의 소산이니 마땅히 극복해야 할 명제일 뿐 일고의 가치도 없는 것이다.
　나는 이때 사실 이미 한판에 목숨을 걸 각오가 되어 있었다. 그러나 주위 사람들의 고민이 나의 고민으로 침투하는 것을 느끼기도 했었다. 문자 그대로 대학교수, 특히 국립대학 교수라면 관과 연결된 신분이다. 그러한 신분이 만약에 민주화대행진에 앞장선다면 그 신분이 압박을 받을 염려가 없지 않다. 그러니 이러한 염려를 아주 묵살할 수 있는가, 아니면 문자 그대로 해방꾼으로 나설 것인가. 다시 말하면 전문적 지식만 팔고 사는 대학교수 자리에 계속 연연할 것인가, 아니면 참된 춤꾼으로 나설 것인가 하는 양자택일의 갈림길이었다.
　나는 불문가지로 춤꾼임을 택했다. 참된 춤꾼이 아니면 참된 춤의 교수가 아니라는 의식과 실천을 택했던 것이다. 이것이 내가 서울대학교 출정식에서 한판 벌인 주체적 계기라고 할 수 있다.
　그다음 또 하나의 고민은, 바로 그 무렵 나는 미국에서 춤판을 벌이게 되어 있어서 여권까지 나와 출국해야만 되는 선약이 있었다. 그러나 조국의 현실은 고통받는 이들이 모두 나서서 이른바 6월 항쟁의 불길이 타오르고 있었다. 이러한 현실적 상황을 앞에 놓고 도미공연이라는 선약에 충실할 것인가 아니면 피 흘리는 역사적 현실에 충실할 것인가, 어느 것이 참된 춤꾼의 도리인가, 고민해야만 하는 처지였다. 그러나 나는 피흘리는 조국의 현실을 택했다. 지난날 도산 안창호 선생이 개인의 약속을 지키려다가 일제에 체포되는 일화가 떠오르지 않는 것은 아니었다. 어떤 약속이든 이를 충실히 지킨다는 것은 아주 중요한 일일 터이다.

그러나 조국의 해방이라는 큰 뜻과 분열되는 약속이행은 한 개인의 도덕성은 되나 그러나 그것은 역사적 순결은 못 된다. 따라서 역사적 순결과 일치하지 않는 개인의 도덕성은 그 자체가 역사의 추진력은 못 되며 따라서 인간적일 수는 없지 않은가. 그렇다. 이래서 나는 그 당시 도미의 약속을 저버리고 출정식에 나섰던 것이다.

이리하여 나서게 된 한판춤 〈바람맞이〉는 이 땅의 문화운동 내지 문화인식·문화경험·문화질서에는 어떠한 영향을 미쳤을까 했을 때 대단히 심각한 충격파가 아니었겠나 생각해 본다.

그날의 작렬하는 태양빛에 달구어진 서울대 아크로폴리스 광장의 시멘트 바닥, 그 바닥에 맨발로 뛰어들어 마치 지신 밟듯이 지금까지 이 땅의 분단의 현실과 침략주의, 그리고 그것의 문화경험·문화질서를 밟아댄 나머지 내 발바닥은 심한 화상을 입었다. 그러나 내가 내 발로 걷지 못할 정도로 화상을 입은 것보다도 더 타격을 입은 것은 이 땅의 군사독재와 상업주의 문화였다고 생각된다. 두 말할 필요도 없이 상업주의 문화는 현대 자본주의와 자본운동의 겉모양이다.

자본주의의 물리력은 사실 이 상업주의 문화로 하여 기능한다고 해도 과

언이 아니다. 따라서 상업주의 문화는 그것의 내용인 자본주의의 폐해와 모순이 구조화되어 있는 것만큼 현대사회의 역기능으로 작용하고 있는 것이다. 문화를 자본운동의 기능으로만 있게 함으로써 사람을 그 자본의 운동논리에 종속시키는 기능으로 되어 모든 문화, 모든 문화적 가치를 도락화하고 아울러 사람과 현대사회를 타락시키는 것이 상업주의 문화다.

다시 말하면 상업주의 문화는 불의를 보고도 환락을 느끼게 하며 빼앗긴 자기 권리를 인식하면서도 그 권리를 박탈해 가는 사회구조의 전체상, 아니 그 속에서 박탈당하기만 하는 자기 자신을 회복하지 못하도록 실천력으로서의 진리를 교란시켜왔다.

예컨대 춤이란 원래가 노동의 예술적 연장임과 동시에 노동의 결과를 보편적 가치로 관철하려는 일련의 상황 쟁취의 미학이며 그 실천의 예술적 형상화라고 할 수가 있다. 그런데 상업주의 문화는 이 점을 파괴·왜곡·폄하하는 데 기능하고 있는 것이다. 즉 춤을 인간 정열의 향락적 소모, 인간 분노의 추상적 해소의 몸짓으로 되도록 하는 데 결정적 작용을 하고 있다. 그래서 상업주의는 춤을 현대사회에 내재하고 있는 부정과 정의의 모순, 가치와 몰가치의 모순·대립을 허무주의적으로 둔화·해체시키는 구경거리로 조직하는 데 기여하고 있는 것이다. 이때 춤은 모순과 모순의 대립이 해체된 표현양식으로 되어 겉으로 보기에는 안정되고 아름답다.

그러나 그 안정된 모습은 사회의 모순, 인간과 인간의 모순과 갈등을 의식적으로 은폐한 안정이요. 따라서 몰가치한 아름다움이다. 요즈음 흔히 보는 상업주의 양식의 예쁜 춤이란 모두 그런 종류의 것이다.

그러나 〈바람맞이〉는 이러한 문화인식과 문화질서를 거부하며 생산적 마당으로 나섬으로써 우리들의 문화인식과 문화질서에 결정적 충격파를 아니 줄 수 없었을 뿐만 아니라 이 땅에 민중문화운동 부분에도 어떤 변화의 계기를 가져 왔다고 믿는다.

그것은 〈바람맞이〉 한판으로 명실상부하게 문화적 실천과 사회적 실천의 통일을 가져왔다는 점에서도 그렇지만, 이 〈바람맞이〉 한판으로 하여 문화적 실천이 사회적 실천을 선포하였다는 점에서 더더욱 우리 민중문화운동에 한 문제점을 제기한 것이라고 자부하고 있는 것이 오늘의 내 입장인 것이다.

따라서 이 한판춤 〈바람맞이〉는 지금까지 내가 쌓아올린 춤의 기량을 확인할 수 있는 계기였으며 아울러 춤꾼으로서의 내 인생의 전환을 의미하기도 했음을 고백한다.

## 스승 김보남·한영숙 선생님과의 만남

난생 처음으로 밝히거니와 나와 우리춤과의 인연은 다섯 살 때부터 맺어졌다. 1952년도 여름, 어느 시골 마을로 기억된다.

거기서 무슨 연유인지는 몰라도 동네 어른들의 지게장단과 동네 아낙들의 박장 속에 덩실덩실 춤을 춘 것으로 기억된다. 또 아버지를 따라 여기저기 다니며 어른들의 박장 속에 재롱춤을 추기도 했다. 타고난 인연이 없었다면 이렇게 하기도 어려웠을 것이라고 생각한다.

이렇게 해서 나는 부모님의 권고에 따라 동네 무용연구소에서 춤을 익히기 시작했다. 그러나 지금 생각하면 부모님의 권고가 없었다고 해도 나는 춤으로 일생을 일관했을 것임이 분명하다. 내 몸엔 내가 의식하든 안하든 춤의 몸짓이 있고 춤의 장단이 절로 서려 있지 않나 생각되기 때문이다.

내가 춤을 익히고 어느 정도 성숙의 경지에 도달하기까지는 어림잡아 3단계를 거쳤고, 춤의 곡절은 크게 두 고비를 넘겨왔다고 할 것이다. 춤을 익혀 온 3단계 과정에서 나는 맨 처음 스승 김보남을 만났고 그 뒤 한영숙과 인연을 맺었다. 그리고 대학시절에는 탈춤운동에 뛰어들었다.

춤에 대한 본격적 수업은 국민학교 2학년 때 국립국악원의 김보남 선생님을 만나면서 시작되었다. 나는 김보남 선생님으로부터 춤의 기본을 익혔는데, 그것이 오늘날까지의 내 춤의 바탕이 되고 있다.

내가 김보남 선생님으로부터 익힌 춤새는 민요가락·검무·승무·무고 그리고 춘앵전 등이다. 그 선생님으로부터 익힌 특징은 철저한 우리 춤사위와 우리 춤새였고 따라서 그것에 대한 철저한 기초 공부였다.

이러한 철저한 기초공부는 마치 씨앗 같아서 그 씨앗이 뿌려진 밭에 어떤 거름 어떤 가랑잎을 갖다 덮어도 어김없이 그 종자가 나오듯이 철저한 우리춤의 기초를 닦았기 때문에, 어떠한 서양이나 현대무용이 밀어닥쳐 우리 춤사위를 그르치려고 해도 안 되는 까닭은 모두 김보남 선생님의 지도 때문이라고 나는 믿고 있다.

김보남 선생님을 떠올리면 영원히 내 뇌리를 떠나지 않는 교훈과 추억이 있다. 첫째는 춤은 역시 한 걸음, 한 발 떼기라는 우리춤의 전통을 그분으로부터 확인한 점이다. 춤을 가르칠 때 그분의 한 발 떼기는 마치 지축을 들어올리는 매우 큰 걸음이었다. 또 어떻게 보면 사냥을 나서는 호랑이의 한 걸음이었던 것이 지금까지의 추억으로 남는다. 그러나 그것을 실제로 해보면 그것은 지게 짐을 잔뜩 진 사람의 한 발 떼기이기도 했고 또 먼 길을 훨훨 장단삼아 헤쳐가는 한 발이기도 했으니, 그 한 발 한 걸음으로 모든 춤사위가 백 가지 모습으로 발전하게 됨은 자명한 이치였다.

또 하나 기억에 남은 것은 그분의 휘파람 장단이다. 우리에게 춤을 가르칠 때 그분은 늘 장고를 잡으셨지만 우리들의 연습하는 장면은 직접 보시질 않고 고개를 외로 돌리시곤 했다. 그렇게 하시고도 우리들이 춤을 추는지 장난을 하는지 또는 제대로 하는지 못 하는지를 다 아시는 것이었다. 그런데 이렇게 고개를 외로 하시고는 장고 장단과 함께 휘파람을 부시곤 하는데 처음에는 그것이 그렇게 신기할 수가 없었다.

그러나 누구든 한판 춤꾼으로서의 어느 경지에 가까이 이르게 되면 사물 장단 같은 것은 아예 제쳐놓고 자기 장단이 절로 배어나오는 것을 느낀다. 김보남 선생님의 휘파람 장단은 바로 그런 것이 아니었을까 생각하는데, 과연 위대한 스승이셨구나 하는 감탄이 절로 나온다. 아깝게도 김보남 선생님은 내가 고등학교 1학년 때 세상을 떠나셨기 때문에 그분으로부터의 전수는 일단락을 맺게 된다.

그 후 나는 1965년 서울대학에 진학하여 졸업을 하고 다시 문리대 국어국문학과에 학사편입을 하면서 한영숙 선생님을 만나는데, 이것이 내 춤의 2단계 수업에 해당된다(1971년). 한영숙 선생님한테 익힌 춤은 살풀이·승무·태평무 등이다. 김보남 선생님의 가르침이 철저한 기초라면 한영숙 선생님은 철저한 기초 위에 세기로서의 자상함이다. 원래 우리나라 승무는

우리춤의 기초가 모두 어우러진 것이다. 가령 승무 하나만 잘 익히면 살풀이·태평무·탈춤 사위를 다 익히는 것과 맞먹는다. 원래 한영숙 선생님과 김보남 선생님은 한 선생님의 할아버지인 한성준 선생님의 맥을 이어오는 큰 춤꾼들이다. 그런데 이와 같이 춤의 맥은 비록 하나이나 그 가르침의 기풍과 골격은 현저히 달랐다고 기억된다. 김보남 선생님이 춤새의 뼈대를 올바로 크게 잡아 준 것이라면 한영숙 선생님은 그 뼈대에다 싹을 틔워 잎을 내고 또 온 나무에 꽃을 피우고 그리고 불어오는 바람으로 춤을 키우는 그런 경지라고 할 것이다.

그러나 이런 점이 곧 두 분의 춤의 수준과 기량의 차이를 의미한다는 것은 아니다. 다만 춤을 가르치는 기풍이 그렇다는 것이며 어떻게 보면 두 분은 한 뿌리에서 자란 두 개의 커다란 가지가 아닐까 생각해 본다.
 왜냐하면 김보남 선생님이 휘파람 장단으로 춤을 추게 하셨는데 한영숙 선생님도 입소리 장단으로 춤을 추게 하셨기 때문이다. 이것은 오늘날 녹음테이프에 의해 녹음된 장단으로 춤을 추는 현대문물에 젖은 세대에게 일대 경종임과 아울러 우리 문화에 대한 또 다른 각도의 신뢰로 되고 있다. 춤이 고조될수록 입소리 장단이 절로 나오지 아니하고 장단과 판이 짜여진 녹음소리에 맞추어가는 춤은 그 자체가 춤의 창조적 경지와 춤의 생명력을 압살하는 것으로 되기 때문이다.

## 내 춤인생의 전환, 탈춤을 만나다

 춤에 대한 나의 3단계 수업은 1970년 서울대학교 사범대학 대학원을 졸업하고 다시 문과대학 국문학과에 학사편입을 하면서 전개된 대학 탈춤반 운동이다.
 1968년에야 풍물을 곁들인 남사당놀이가 서울대학에서 처음으로 선보일 정도로, 우리 문화 우리춤에 대한 관심과 이해가 미흡했었다. 70년대에 접어들면서 전개된 탈춤반운동은 서울대학에서뿐만 아니라 급속도로 전국적으로 번져 갔다. 그것은 탈춤반운동이 단순한 춤보급운동에서 비롯된 것이 아니라 70년대의 학생운동의 사상성 내지 민족적 자주성과 맞물려 전개된 데서 연유된다.
 이와 같이 탈춤운동이 학생운동의 주요한 부분이었을 뿐만 아니라 학생운동의 내용과 형식까지도 새로이 하는 역할을 담당했던 역사적 사실은 그 당시 반외세 민주화를 요구하는 학생시위 때마다 탈춤놀이와 탈춤의 풍물

1971년 서울대 문리대 탈반 민속극연구회 회원들과 함께 〈양주별산대놀이〉 답사. 오른쪽 점선 안 이애주

이 이물(전위)을 잡히던 실례가 잘 말해 주어 왔던 것이다.

그 당시 대학 탈춤반운동은 이와 같이 학생운동의 성격을 민족적으로 높이는 데도 크게 작용했을 뿐만 아니라 탈춤을 대중화시키는 데도 크게 기여했다고 할 수가 있었다. 예컨대 대학 탈춤반운동이 전국적으로 급속히 확산되면서 문화적 성과도 적지 않았다. 탈춤운동이 일어난지 3년 후 1974년 5월에 전국의 30여 개 대학 탈춤반 출신 중에서 우수한 분자들만이 참여한 가운데 이애주춤판 〈땅끝〉을 발표했던 것이 그 실례로 된다.

식민지지배 하에서의 소작쟁의를 소재로 한판을 꾸민 이 〈땅끝〉 공연 참여자들 중에는 1974년 유신체제 반대투쟁인 이른바 민청학련사건과 연루된 사람이 상당수 있었다는 것도 대학탈춤반운동의 역사적 성격을 규명하는 데 있어 중요한 자료가 될 수 있을 것이다.

그러나 이와 같이 나의 춤에 대한 수업이 대학탈춤운동으로까지 연결되고 있었으나 앞에서 실토한 바와 같이 우리춤에 대한 나의 굴절과 고뇌도 두 번이나 있었다고 기억된다.

첫째는 1972년 뮌헨올림픽에 문화사절로 내가 참가했을 때다. 그때 나는 이른바 문화사절단으로 통하는 그 당시의 공연내용과 형식에서 심한 모순과 갈등을 겪지 않으면 안되었다. 나는 우리 전통춤을 공연하기로 되어 있었으나 사절단의 전체적인 공연내용이 우리춤을 왜곡시키고 있는 데 대하여 감연히 반발하지 않을 수가 없었다. 또한 그때의 이른바 무리춤(군무)형식이라는 것이 우리춤의 집단놀이 형식과는 전연 다른 서양 발레의 군무 또는 현대무용 형식으로 변형시켜 놓고서는 그것을 마치 우리춤의 틀인 양 과시하는 만용에 대해서는 심한 구토증까지 느끼지 않을 수가 없었다.

공연거리 즉 공연 내용과 목적도 나를 고민에 빠뜨렸다. 그 당시 우리 국내는 정치ㆍ경제ㆍ군사ㆍ문화에 있어서 박정희 군사독재 체제가 영구집권 체제로 구조화하는, 이른바 유신체제 전야에 해당되고 있었다. 따라서 군사독재의 영구화를 반대하는 민중의 항쟁은 날로 고조되는 형편이었다. 그러나 뮌헨에서의 문화사절단 공연거리는 당대의 민중의 삶의 문제를 다루기는커녕, 그렇게 변질된 우리 전통문화를 마치 우리 것인 양 공연하고 있는 시대착오, 역사 반역을 자행하는 작태로서 도저히 참을 수가 없었다. 그리하여 나는 기본연습 시간에는 숨어있는 등 할 수 있는 저항을 해보며 우리 춤의 민중성에 대하여 고민하기 시작했던 것이다.

우리의 전통문화란 무엇인가. 전통춤이란 무엇인가. 그것이 오늘에 이어지고 발전되어야 할 이유는 어디에 있는가. 전통문화란 것이 한 독재정권의 정권 유지책이나 대외선전용으로 이용될 때 그것이 진정 우리의 전통이며 전통문화의 재현이라고 할 수가 있는가?

설사 이런 물음들은 다 제쳐놓더라도 우리의 전통문화의 실체가 대체 어떤 것이기에 저렇게 변질시킬 수 있는가. 또한 그렇게 우리 것을 변질시키는 장본인은 도대체 누구인가. 그네들의 문화의식은 또 무엇인가. 제국주의 식민지 문화의식은 아닌가? 나는 반문하고 또 반문했다. 그런데 내가 이렇게 반문하고 있는 동안 그곳의 지각 있는 유럽 사람들도 우리 공연물을 비판하고 있었다. 저것이 어째서 한국의 전통문화인가, 서구 무용양식의 변형, 몸서리치는(테러블) 변형이 아닌가하고.

이러한 서구 사람들의 눈길은 어디까지나 서구적인 문화인식의 기초 위에서의 비판이었다.

그러나 그 당시 나의 물음은 전혀 달랐었다. 우리춤의 전통양식을 철저히 익힌 나로서는 그와 같이 우리춤을 변질시키는 것도 문제였지만, 그보다 더 큰 문제는 우리춤을 올바로 재현하고 따라서 발전시키는 문제, 즉 우리춤의 민중성 회복이란 과제가 떠오르기 시작했다는 것이다.

그렇다면 춤꾼에게 있어 가장
중요한 것은 무엇일까.
춤꾼으로서의 기량, 즉 예술적 재능도
필요하지만 또 춤을 태동시키는
객관적 계기를 주체적으로 수용할
수 있는 능력, 즉 역사의식이다.

그래서 나는 지난 1965년부터 소속해 있던 국립무용단을 1972년에 과감히 떠났다.

## 춤꾼은 민족과 역사에 대한 의식 지녀야

그다음 우리춤에 대한 나의 두 번째 고뇌와 확신은 1979년 미국의 마사그라함 무용학교에 입학하면서 제기되었다. 알다시피「마사 그라함」은 미주 대륙과 서구에서는 이미 자기자리가 뚜렷한 춤꾼에 속한다. 이러한 그의 학교를 찾은 이유는 한편으로는 미국춤(현대무용)의 본질도 익혀보자는 것이었지만 또 한편으로는 서구춤과 우리 전통춤을 대비시켜봄으로써 우리 전통춤의 세계적 보편성을 확인하고, 따라서 우리춤의 올바른 재현과 발전을 도모해 보자는 데 있었다.

그러나 나는 이 마사그라함학교에서 그만 크게 실망하고, 그리고 또 한편으로는 우리춤에 대한 신뢰를 참으로 단단히 다지는 계기를 갖게 되었음을 기억하고 있다. 즉 마사그라함학교, 거기서 우러나오는 춤이 비록 동유럽 내지 소련의 발레와는 차이가 있다고 하더라도 미주와 서구의 전형적인 발레의 한줄기에서 나온 것이다. 그런데 바로 그 춤을 익히면서 요즈음 우리 국내에서의 우리춤이라고 강변하는 춤(창작무, 창무)이라는 것들이 대부분이 얼마나 서구춤에 의하여 침투되고 파괴된 가짜들인가를 뼈저리게 느꼈다는 것이다.

따라서 우리춤의 발전이란 철저히 우리 춤사위와 춤새, 그리고 춤거리와 춤판의 올바른 회복과 발전이라는 원칙에서 출발해야만 한다는 것에 대한 깨우침이 이 마사그라함학교에서 얻은 소득 중에서 가장 큰 것이었다. 끝내 나는 마사그라함학교를 나와 그길로 고국에 돌아와 버렸다(1982년).

그리고 나는 돌아오면서 생각했다. 지난 80년 광주에서는 수천 민주투사들이 학살을 당했다는데, 어떤 예술보다도 가장 완벽하게 역사를 반영한다는 우리춤은 도대체 무엇을 하고 있는 것인가. 우리춤의 기본이 맺힌 것을 풀고 감겨오는 것은 제껴버리고, 당하는 자가 주인으로 나서 그의 염원의 세계를 형상화하는 것이라면, 그 춤사위와 춤새를 오늘에 회복, 발전시키는 과제란 바로 광주의 염원, 분단과 대립한 민중의 염원 바로 그것이라는 물음에 답하여, 나는 귀국의 첫판으로 1983년 전통살풀이 등을 발표, 일단 춤꾼의 몸을 풀었다. 1974년 〈땅끝〉으로 춤을 놓은 지 실로 10년 만의 일이다. 그리고 1984년에 춤패 '신'을 창단하여 나눔굿을 발표했고, 85년 5월 시집 『해방의 노래 통일의 노래』 출판기념회에서의 한판춤에서 우리춤에 있어 해방의 경지를 실제적인 해방통일운동의 세계와 일치시키고, 같은 해 6월 제국주의 침략의 뼈저린 상처인 정신대 문제를 오늘의 문제로 바라본 한판 춤 〈도라지꽃〉을 발표했다. 이어서 1987년 여러 차례에 걸쳐 〈바람맞이〉를 발표하게 된 것이다.

　　춤꾼으로 오래고 오랜 고심 끝의 결론이다. 춤이란 이를 추지 않고서는 배기지 못하는 일면과, 또한 추면 출수록 추어지는 일면이 결합해야만 성립되는 예술의 세계라는 생각이다.

　　전자는 춤의 태동에 있이 주·객관적 계기, 즉 객관적 조건을 주체적으로 수용한 세계이며 후자는 춤의 예술적 능력을 말한다. 춤이란 이와 같이 전후 양자의 계기와 조건이 일치됐을 때만이 춤다운 춤이 성립하는 것이다. 만약 이들 양자가 일치하지 않았을 때라도 춤이 성립하지 않는 것은 아니지만, 그러나 그 춤은 추상적 신명의 세계를 맴돌게 된다는 것이다. 다시 말하면 추지 않고서는 배겨내지 못하는 춤만으로는 경직된 경지를 면치 못한다. 그러나 반면 조작적으로 그저 추어지는 춤, 즉 조작적 창작춤이란 그 동기·전개·지향에 있어 개인주의적 해소, 향락의 경지로 일관한다는 것이다.

그렇다면 춤꾼에게 있어 가장 중요한 것은 무엇일까. 춤꾼으로서의 기량, 즉 예술적 재능도 필요하지만 그에 못지않게 춤을 태동시키는 객관적 계기를 주체적으로 수용할 수 있는 능력, 즉 역사의식이다.

춤꾼은 이 역사의식이 있고서야 춤의 내용과 형식을 민중의 역사와 함께 발전시켜 나아갈 수 있다고 나는 믿는다. 다시 말하면 민중의 역사는 쉬지 않고 질주하는데 춤이 이러한 역사의 외피로만 존재한다면, 이는 형식미학적 테두리에 매몰된 춤이 된다. 따라서 춤이야말로 오늘의 민중의 역사적 삶을 올바로 반영하고 그 나아갈 바를 정확히 형상화해야지, 만약 그렇지 않았을 경우 가장 반역사적 예술, 예술 아닌 예술로 존재할 가능성 있는 것이 춤이라고 믿는다.

붓끝을 잠시 돌이켜보면, 지난 일제식민지 밑에서 나날이 말살되어 가는 우리말 우리글을 수호하자는 두 학자의 이야기가 있다. 한 사람은 일제에 의하여 말살되어 가는 우리말 우리글을 학문적 탐구와 정립을 통해서 수호하자고 했고, 또 한 사람은 총을 들고 일제와 직접 싸움으로써 그렇게 싸우는 민족의 역사와 함께 우리말 우리글을 수호하고 또 발전시킬 수 있다고 믿었다.

오늘날 우리 후세들은 이러한 두 유형의 학자에게서 결코 어느 한 노력만을 평가하려는 교조적 입장에 함몰되려 하지는 않는다. 다만 전자의 주장은 제국주의에 대한 문화주의적 저항의 한계가 있었던 것이 분명하다. 그리고 그러한 한계는 우리말 우리글을 전투적으로 수호·발전시키려는 민족 해방 투쟁의 논리에 통일됨으로써 극복되었어야 마땅하다. 다시 말하면 제국주의 침략기엔 제국주의와 싸우는 역사와 일치하지 않는 문화는 우리 문화가 아니라는 것이다.

그러나 이와 같은 두 애국 학자와는 달리, 당시 일제에 항거하는 우리 민족의 역사적 현실을 앞에 두고 제국주의와 싸우는 민족의 역사에 등을 대고 민족문화를 파괴해 간 몇 가지 부류는 엄격히 구별해야 한다고 생각한다.

첫째는, 서구의 문화라면 무조건으로 맹신하여 우리 민족의 역사와 민족문화를 배척·파괴해 간 반민족적 부류다. 이들은 우리 민족이 일제의 식민지배를 받게 된 이유를 우리 민족의 역사와 민족문화가 열등한 탓으로 돌리고 서구의 문물로 대체시키자는 논자들이었다. 즉 이들에게 있어 서구적인 것은 모두 선진적인 것이었다. 심지어는 다른 민족의 신화, 다른 민족의 종교, 또는 서구 제국주의까지도 우리가 모범으로 삼아야 할 이상이었다. 이 때문에 이들로 하여 우리 민족문화를 민족 내부에서 적대적인 것으로 여기는 반민족행위를 선진적인 것의 추구라는 미명하에 자행했던 부류들이다.

또 하나의 부류는 우리 민족문화의 뿌리에다 서구적인 것, 그것도 일본제국주의를 통해서 들어온 서구적인 것을 접목시켜 선진적 서구문화에 접근해가자는 논리들이다. 언뜻 생각하면 이러한 논자들은 전자의 부류와는 전혀 다르게 생각될지 모른다. 그러나 그 본질에 있어서 전자와 궤를 같이 한다. 이들은 우리 민족문화를 변질시키고 우리 민족문화의 반제국주의적 조직으로의 발전을 저해하며 식민지 문화정책을 떠받드는 자들이다. 이러한 반민족적 식민지 문화주의자들의 작태는 우리 전통춤을 파괴·왜곡·변질시키는 데 있어서도 예외가 아니었음은 두말할 필요도 없다.

그러나 이러한 식민지 문화주의자들의 횡포에 맞서 우리춤을 지키려는 노력도 필사적이었으니 예컨대 산대놀이·오광대탈춤·굿거리 등이 끈질기게 민중과 함께 있어 왔고 또한 한 시대의 춤꾼 한성준 선생님과 같은 이의 민족적 긍지들이 그것이다. 그래서 오늘에 사는 우리들은 이러한 민중의 끈질긴 자기문화 보존력과 특히 선각자적인 민족문화의 실제들의 노고를 높이 평가하는 데 있어 하나도 인색할 필요가 없다고 생각된다.

이런 시각에서, 앞서 말한바 제국주의 식민지시대에 우리말 우리글을 지키려는 두 유형의 학자들을 떠올릴 필요가 있다.

그 당시 온갖 압박 밑에서도 우리춤을 지켜온 것은 너무나도 지긋한 면모다. 그러나 참으로 우리춤의 민중성, 즉 맺혀오고 감겨오는 제국주의의 죽음의 살을 뿌리치는 우리 민족의 투쟁을 당시의 우리춤은 얼마나 올바로 반영시켰던가 하는 점이 문제된다. 참으로 올바르게 우리춤을 지키고 발전시키려고 하면 일제와 싸우는 민족사와 같이 있어야 한다. 그런데 우리 춤이 과연 그렇게 했는가 하는 점이다. 이렇게 더듬어 볼 때 참으로 아쉬움이 남는다.

나는 일찍이 우리춤의 기초를 철저히 익혀 보려고 노력해 온 한 춤꾼으로서 이점에 대하여 부정적으로 답을 구할 수밖에 없음을 참으로 안타깝게 생각하고 있다(이 점에 대하여는 언젠가 전문적인 분석을 내리고자 한다). 나는 이러한 이유로 폭풍과 같은 제국주의문화의 침략을 제치고 우리춤의 위대한 줄거리가 당당히 전해오고는 있으면서도, 그 춤사위나 춤새의 일그러짐을 온몸으로 확인하며 고뇌했던 것이다. 참된 춤은 위대한 기량이 낳는 것이 아니라, 위대한 역사의식과 그 기량이 통일됐을 때 비로소 가능하다.

## 민주화 요구하는 '해방의 몸짓'

그렇다면 앞으로 우리춤은 과연 어떠한 춤이라야 하나. 무엇인가를 해내는 춤이라야 한다고 생각한다. 그러나 아무것이든 해내야 한다는 식으로, 알다가도 모를 난해한 작태를 해내는 것이 결코 해내는 것은 아니다. 분명한 것을 해내는 것, 즉 역사의 진보를 예술적으로 담당해내야 한다. 이를테면 민중적 삶의 쟁점을 춤거리로 하여 그것을 풀어내는 것이 아니면 안 된다.

두 번 설명할 필요도 없이 종교의식으로서의 굿이 아니라 극으로서의 우리 전통굿은 판놀음이다. 판이란 무엇인가. 마당판이다. 왜 마당판인가. 마당은 가을에 추수한 낟알을 타작하는 곳이다. 그러나 노동의 결과로서의 낟알은 아무리 타작을 해보아도 지주의 창고로 들어가 쌓일 뿐 노동의 주체들에게는 돌아가지 않는 마당이다. 따라서 인간적 염원은 그러한 마당의 사연을 깨지 않으면 인간의 염원도 현실도 없이 된다. 그래서 사람으로서 산다는 것은, 주어진 판일랑은 이를 깨는 것이다. 이때 그 판을 깨고 새로 일구는 것을 판놀음이라 했다. 판놀음은 원래가 마당판이라는 뜻이다.

이 판놀음으로서의 굿은 또 어떻게 열리는가. 대개의 경우 한사위 춤으로 깨고 열린다. 따라서 굿의 핵심은 춤인 것이며 춤은 주어진 판을 깨는 일을 해내고 새로운 판을 벌이고 그 판의 주인들이 자신들의 노동의 결과, 그것에 대한 염원을 거두어들이는 것이니, 이와 같이 우리춤은 예나 이제나 바로 그 점을 해내는 것이다. 따라서 오늘의 진정한 춤도 세상을 새로이 열고 판을 벌이는 일을 해내지 않고서 어떻게 이루어질 수 있다 하겠는가.

이렇게 볼 때 한판춤 〈바람맞이〉는 지난 87년 군정 끝장의 과제를 충실히 해냈다고 나는 자부한다. 따라서 87년의 과제가 대통령선거로 이어지게 되는 것을 계기로 민주화를 요구하는 '해방의 몸짓'이 대통령선거와 연결되는 것은 너무나 당연하지 않았겠는가.

나의 한판춤이 87년 말 대통령선거 때 민중후보운동으로 연결된 것은 이러한 근거에서였다. 물론 대통령선거에서의 나의 춤은 우리춤의 '불림'에 속한다. 다시 말하면 '불림'으로 판을 열어 민중후보에게 넘겨주면 민중후보는 열변과 아우성으로 판을 벌이는 '판놀음'이다. 이때 불림과 열변의 고리를 이음쇠라 한다. 이러한 장면은 민중후보 유세에 참가한 사람이면 낯익게 본 것이다.

 어쨌든 만인의 비상한 관심을 일으켰던 민중후보운동에서의 문화홍보대, 그 가운데도 한판춤은 어떤 구체적 동기, 어떤 뜻에서 시작되었을까. 솔직히 말하면 그 동기는 이한열 열사의 장삿날이요, 그 뜻은 군정 끝장이라는 과제를 앞장서서 해내고자 하는 데 있었다.

 이미 널리 알려져 있는 바와 같이 나는 이한열 열사 장삿날 연세대학에서 그 유해를 모시고 슬픔과 비통에 침전된 이백오십만 인파를 갈라치며 이 땅의 중심가 시청 앞 광장까지 진출했었다. 거기서 이 열사를 광주 고향 언덕에 묻으려 함이 아니었다. 우리 민중장사법 멍석말이처럼 이한열 열사를 시청앞 광장에 버리자 함이었다. 옛날 썩은 멍석말이로 죽은 머슴을 버리면 유해는 들짐승들이 다 뜯어먹고 해골만 남은 멍석말이의 원한처럼, 그러나 북풍한설에 참나무 얼어터지는 소리 있어 그 소리는 죽은 자에게 다시 치는 매질소리--그것은 장단소리다.

 그 장단에 다시 일어나는 멍석말이처럼 이한열 열사를 시청 앞 광장에 버리면 다시 터지는 최루탄 소리. 그 소리 장단에 이 열사도, 그리고 통분의 민중도 다시 일어나게끔 씽풀이 한판으로 을러댈 작정이었다. 그래서 온힘으로 한참 돌아가는데 웬일이던가 몸에 맴을 먹여 비로소 중심의 깃대를 세우는가 싶었는데 돌아서 보니 어느새 나를 놓아둔 채 이열사의 유해는 간 곳이 없는 것이 아닌가.

## 혁명이 늪에 빠지면 예술이 앞장서는 법

나는 지금도 도대체 누가 그때 이열사를 그처럼 황급히 모시고 이른바 그의 고향으로 달려갔던가 반문하고, 또 반문하고 있다. 나는 그때 너무나 원통하여 그냥 주저앉을 수가 없었다.

고속버스 정거장까지는 낯모를 사람에 빌붙어 비위 좋게 갔다. 그러나 맨발에 피땀이 얼룩진 옷자락만 흐트러져 있을 뿐 내 몸엔 단돈 한 닢 없었다.

서울시청 앞 광장에서 멍석말이춤을 추고 있는 이애주

그리하여 또 낯모를 시민이 자청했다. 그는 삼천 원밖에 없다며, 톡톡 털어 주었으나, 그것은 어린이 표를 살 금액밖에 안 되었다. 버스회사 사람한테 사정을 말했더니 우선 어린이 표라도 사가지고 차에 올라 보라고 한다. 그래 어린이 표를 사서 차에 오르려 했다. 그러나 차장이 안 된다고 막았다. 옥신각신하던 꼴을 지켜보던 어떤 분이 차비를 마저 내주어 광주까지 가긴 갔으나, 그대로 땅에 묻히는 이 열사를 두고 '썽풀이' 한번 못해 보고 돌아섰다. 그날 어느 운동권 동지 집에서 잠을 빌고 다음날 차비를 꾸어서 그것으로 올라오면서 나는 결심했다.

저 비장을 위장한 유명한 장례위원들에게 이 열사를 맡겨서 그가 원통하게도 땅에 묻히고 말았으니, 이를 교훈으로 삼아야 한다. 즉 6월 항쟁의 전승물인 군정 끝장의 명제는 민중이 스스로 떠맡아야 한다. 누구한테도 내맡기지 못한다. 만약에 보수주의 세력에 내맡기면 6월 항쟁의 전승물이 다시금 군사독재에 돌아갈 위험이 있다는 교훈을 그날 이 열사의 장삿날 뼈저리게 깨달았다. 이런 이유로 그 후 나는 민중노선으로서의 민중후보 운동에 뛰어들었다.

그러나 민중후보운동은 분명히 선거혁명론은 아니었다. 그것은 민중이 주체가 되어 민중을 일으켜 민중이 스스로 군정을 끝장내자 함이었으니 그러면 어떻게 하면 되는가.

민중후보와 보수야권인 두 김씨, 대통령 후보가 하나가 되는 것이다. 그렇게 하려면 또 어떻게 해야 할까. 민중후보가 중심이 되어 대연대를 이룩하는 것이다. 민중은 본래 자기만 지지한다. 다만 민중노선을 위해서는 보수세력과도 연대할 수가 있다. 그리하여 만약 대연대만 이루어지게 되면 민중후보는 어떤 희생, 어떤 후퇴도 감수할 작정이었다. 왜냐하면 그 당시 만약 군정을 끝장내고자 하는 세력을 하나로 묶어만 놓게 되면 선거로든 선거 이후로든 민중이 일어날 정치적 조건이 결정적으로 조성된다. 그것이야말로 민중 노선의 후퇴가 아니라 전진이었기 때문이다.

솔직히 말하면 나는 그때 한판춤을 통해서 바로 이 점을 해내고자 했던 것이다. 이것이 한 춤꾼으로서의 내가 민중후보 추대위원장에 오른 직접적 계기다. 민중후보 추대위원회 위원장이 춤꾼이면 춤꾼이었지 민중후보 추대위원장은 또 무엇인가 반문하는 사람도 많았던 그 자리. 그러나 그것은 한 춤꾼의 다른 직업으로의 전향이 아니라, 그것이야말로 당대의 춤, 즉 민중적 춤과 춤꾼이 일치됨이요 나아가 그러한 춤꾼과 역사의식과의 실천적 만남이라고 자부하는 그 자리.

그러나 그것은 고뇌도 많았고 또 시련도 많았던 그 자리다. 우선 민중후보운동은 그 당시 운동권의 재야 두 김씨 후보를 둘러싼 두 개의 논의, 즉 김대중씨에 대한 비판적 지지론과 두 김씨를 하나로 묶고자 하는 이른바 두 김씨 후보단일화론에 대한 민중적 자각의 소산임을 나는 확고히 믿고 있다.

먼저 비판적 지지론은 당시 고양된 민중의 실체에 대한 운동권 내부의 주관적 부정에서 출발한 비주체적 입장이라고 나는 지적하고 싶다. 또한 그것은 선거를 통해서 군정을 끝장낼 수 있다는 선거만능적 사고의 소산임과 동시에 두 김씨 세력의 분열의 본질을 주관적으로 외면하는 것이라는 판단이었다. 따라서 그것은 두 김씨를 하나로 묶는 방법도 못될 뿐만 아니라 선거 분위기를 통해서 민중을 일으킬 수 있는 길도 아니라는 판단을 근거로 한 것이다.

그리고 두 김씨 후보의 단일화운동에 뛰어든 사람들의 행위는 대통령후보 단일화 문제의 본질인 민중적 당위성을 외면한 것이요, 또 보수세력에 대한 정서적 호소라는 비민중적 방법으로서의 자가당착성을 하지 못한 것이라고 판단되었다.

나는 이러한 판단을 기초로 작년 6월 이후 운동권 인사들과 여러 번 토론을 벌일 것을 적극적으로 요청하고 다니기도 했었다. 시대는 민중시대가 왔는데 왜 대중은 지금 정치적 혼돈에 빠져 있는가. 그것은 소위 운동권 사람들의 잘못된 인식과 방법으로 인한 분열상이 대중을 혼돈 속에 집어 넣고 있기 때문이며, 이제부터라도 민중이 군정 끝장 운동의 주인임을 확고히 해야 한다고 나는 주장했다.

그러나 이러한 외침은 나의 외침만은 아니었다. 10월 중순에는 재야운동권과 노동운동 일각 그리고 학생운동권 일각에서 본격적인 판이 벌어졌다. 마침내 11월 23일 대통령 후보등록 마감 10분 전에, 온갖 어려움을 무릅쓰고 민중후보인 백기완 후보를 등록하기에 이르던 그 감격은 지금도 생생하다.

그때 이야기를 다 하자면 긴 강물이 될 것이다. 후보요건을 갖추기 위한 푼돈 모으기와 성금운동, 그때 일반시민과 노동자, 그리고 진보적 학생들의 헌신은 실로 눈물겨웠다. 이렇게 후보등록을 마쳐놓긴 했지만 넘어야 할 고비는 또 있고 또 있었다. 비판적 지지론자들은 '민중후보는 당국의 공작'이라는 흑색선전을 해왔다. 또 단일화운동을 주도하던 어느 인사는 11월 23일 후보등록이 마감되던 그날 서울 YWCA 강당에서 열렸던 단일화촉구대회 석상에서 강연을 하기로 된 백 후보의 발언권을 취소하면서, "백 후보는 두 김 단일화 운동에 또 하나의 분열이며 따라서 그것은 공작정치의 소산"이라고 말하기까지 했다.

그런데 사정을 알고 보면 그런 것이 아니었다. 그날 후보등록이 마감되던 11월 23일 저녁 5시까지 백 후보는 자기가 후보 등록이 된 것조차 모르고 단일화촉구대회의 연사로 나갔던 것이다. 왜냐하면 백 후보는 일관되게 민중후보노선은 옳다고 믿고 있으나 본인이 민중후보가 되는 것은 강력히 거부하고 있었다. 11월에 접어들면서 노동자와 학생운동세력이 민중후보 추대위원회를 만들어 백기완 선생을 민중후보로 추대코자 옛 서울고등학교자리에서 집회를 열었으나 선생은 거부의 뜻을 분명히 하고 있었다.

등록마감 며칠을 앞두고 군중대회에 참석한 민중후보 운동원들이 백번이고 뿌리치고 또 뿌리치는 선생의 거부의 뜻을 거슬러 밤 10시에 강제적으로 동의를 받아내긴 했었다. 그러나 선생은 그 후에도 나에게 확고히 말했었다. 최후의 순간에 다른 사람을 등록하라는 얘기였다. 그런 까닭에 후보등록이 되던 그 순간 우리들은 그 소식을 선생에게 보고하지 않고 있었다. 그런데 YWCA 강당에서 단일화 촉구대회의 연사로 나가려고 현관문을 나서는 순간, 신문사에서 전화가 걸려왔다. 선생은 그제서야 후보등록이 된 것을 알고는 깜짝 놀랐다.

그러니 YWCA 강당에서 얼마나 착잡했겠는가. 더구나 그 후보등록 자체가 당국의 공작정치의 소산이라고 대중 앞에서 공격당했으니 아, 그때 그 참담한 노여움이 솟구치던 그 순간. 그러나 발언권을 얻어 단상에 오른 백 후보는 한마디로 전세를 뒤집어 그릇된 그때의 대세를 역전시키는 멋진 승리를 우리들에게 안겨주었던 것으로 기억난다. "내가 공작정치로 대통령후보로 나선 것은 사실이다. 그러나 나는 전두환 정권의 공작정치로 나선 것이 아니라 민중의 공작으로 나섰다"라고……. 그리고 백 선생은 "나는 어떤 희생을 해서라도 민중의 힘을 정치적으로 관철시킬 것이며 그 힘으로 대연대를 이루어 군정을 끝장내고야 말겠다" 고 울부짖었다.

그러나 험한 고비는 또 있었다. 후보등록은 마쳤으되, 등록하는 데에만 온 힘을 다 쏟다 보니 선거운동을 할 여유가 하나도 없는 것이었다. 명색이 대통령후보인 백 선생은 후보등록 이후 닷새 동안 안방에서 누워 계셨으니 그 답답함은 이루 말할 수 없었다. 그렇지만 이때 나는 돌연히 내 호흡이 거칠어지며 내 춤의 한 발 떼기에 온 세상 온 군정軍政이 들리는 것을 의식했다.

후보등록한 지 닷새째인 11월 28일 오후, 우리들은 최초의 선거유세로 명동 골목에 나섰다. 문화홍보대의 풍물과 나의 춤이 앞장서 거리모금을 겸한 유세판을 벌인 것이다. 아, 그때 민중후보라는 것이 겨우 손에 드는 확성기로 외쳐댈 때 모여든 사람 불과 백여 명의 대통령후보 유세, 그 초라한 유세.

그러나 나는 돌연 내 춤에 자신이 생기는 것이었다. 내 한 발 떼기에 올려 실어졌던 30년의 군사독재가 산산이 뒤엎어지고 내 춤 한 사위에 갈라쳐지던 그릇된 민중노선. 그때에야 나는 또 한 번 우리춤이야말로 참으로 해내는 춤이라고 믿게 되었다. 지금까지 대개의 경우는 춤은 보여주기 위하여 추는 것으로 되어 있었다. 우리는 그것이 잘못된 춤이요 또 그렇게 생각하는 것이 잘못된 인식이라는 것을 모르고 살아왔었다.

그러나 춤은 해내기 위한 것이 아니면 춤이 아니라는 것을 나는 지난 대통령 선거판에서의 한판춤으로 확고히 자각하게 되었던 것이다.

마침내 우리들은 해내고 있었다. 불과 백 명으로 시작한 청중이 12월 6일 1차 대학로 유세에서는 무려 수십만 명으로 불어났다. 그것은 분명히 민중후보 노선의 승리였다. 우리 민중은 그만큼 자기 자신에 대한 잠재력이 있었다. 다만 그것이 보수주의 세력과 거기에 자기 주체성을 잃은 추수세력에 의하여 가리워지고 있었을 뿐이었다.

이러한 민중의 자기역량 회복세가 12월 12일 2차 대학로 유세 때는 더욱 고조되었던 것은 지금도 민중후보노선의 승리요 감격으로 남아있음을 보람으로 삼고 있다. 그러나 한편 지금까지도 원통한 슬픔으로 응어리져 가시지 않는 것이 있다. 그것은 12월 14일 선거일 이틀을 앞두고 눈물을 흘리면서 민중후보 사퇴를 선언하던 때의 정경이다.

민중후보는 민중후보를 중심으로 야권 후보의 대연대를 위해서 연립정부

안을 내놓았는데, 한 후보는 이에 동의했으나 다른 후보의 거부로 연립정부 안이 성사되지 않았다. 그러자 민중후보는 그 정치적·도의적 책임을 지고 후보를 사퇴하지 않을 수 없었다. 그러나 그것이 그 당시의 우리 민중운동의 한계임을 어찌 모르겠는가. 그러나 그러면서도 지금까지 너무나 분한 마음 가시지를 않는다.

왜냐하면 그때 물러나야 할 것은 군사독재였기 때문이다. 또한 그때 보수주의자들의 대중기만적 선거혁명론, 더더욱 그네들의 탐욕과 패덕에 찬 분열주의는 부정선거를 보고도 민중이 일어설 도덕적 명분마저 박살냈기 때문이다. 특히 민중후보가 어느 야권후보의 자택에까지 찾아가서 대연대를 위하여 야권후보 세 사람이 한자리에서 이마라도 한번 맞대보자고 했을 때 마주앉기조차 거부하며, 그렇게도 교만하게 민중후보를 푸대접하던 화면의 모습. 아, 그때 맺힌 그 분노의 응어리, 지금인들 어찌 풀렸겠는가.

## 이제는 해방춤을 추자

나는 그때 생각했다. 이제부터의 나의 춤은 〈바람맞이〉에서 더욱 힘찬 분단독재 끝장의 해방춤으로 나갈 것이다. 왜 그런가. 이 땅에 자리를 차지하고 있는 탐욕적 보수주의는 그 자체가 분단체제 분단독재의 일부분이다. 따라서 독재 끝장을 위한 민주화운동은 그 자체가 민중이 주도하는 해방통일운동이 아닐 수 없으며 따라서 독재 끝장의 목표 속에 분단독재의 일부분인 보수주의의 끝장까지 포함되는 것이 아니겠는가. 바로 그렇기 때문에 나의 춤거리는 해방통일이라는 명제로서의 해방춤이라야 한다는 결심을 굳혀 왔다.

그리하여 나는 오늘도 〈바람맞이〉에 이어 발표(5월 28일 29일 연세대 노천극장)될 '해방춤'을 준비하느라 비지땀을 흘리고 있는 것을 무엇보다도 보람으로 느끼고 있다. 왜냐하면 지금까지 군정 끝장운동에 있어서 실패한 측은 탐욕과 패덕적 분열주의인 보수세력일 뿐, 우리들의 민중노선은 실패하기는커녕 이번에도 한 발짝 더 전진했다고 자부하기 때문이다.

그렇다. 이제 지난해에 나의 춤이 해내고자 했던 과제는 현실적으로는 성취되지 못했다. 그러나 나의 춤은 결코 멈출 수가 없는 것이다. 옛날에도 한번 나선 춤꾼은 영원히 그 몸짓을 멈출 줄을 모른다고 해온 것이 우리 전통이다. 그래서 기뻐도 추고 슬퍼도 추고 매를 맞아도 추고 쓰러져 땅속에 묻혀서도 추는 것이 우리춤이라 해왔다.

춤은 장단이 일어야 나오는 법인데 목숨이 살아 있으면 그 장단은 심장의 양심에서 나오니 어떻게 멈출 수가 있으며, 비록 죽어서도 역사의 고동, 전진을 위한 민중의 삶의 고동이 장단으로서 영원히 이어져가니 어찌 한번 나선 춤꾼이 자기 상처만 끌어안고 자지러질 수 있단 말인가.

분단이 강요받는 한 분단을 강요하는 자들의 죽음의 살은 쉴 새 없이 우리의 온몸에 박혀오는 것이며, 이에 따라 그 죽음의 살을 제끼는 역사의 몸부림은 또 영원히 그칠 수가 없다. 이제 이 땅에서의 진정한 춤은 이러한 우리 민중의 역사를 참으로 올바르게 반영하고, 나아가서 그 역사의 매듭, 승리의 역사를 참으로 올바르게 형상화해야 할 것이라고 나는 믿는다. 그렇지 않은 몸부림은 모두 우리의 것이 아니라고 믿는다.

외세의 몸짓, 그것의 변형 외에 아무것도 아니라고 나는 믿는다. 아, 나는 오늘도 철저한 우리의 춤새에서 시작하여 오늘 우리들의 해방의 명제를 철저한 우리 춤거리로 하여 이 어두움을 걷어가는 민중의 물살처럼, 해방 통일의 물살처럼 거세고 매몰차게 몸부림치고 있는 춤꾼임을 보람으로 산다.

# '창조의 몸부림' 그것이 곧 창작의 뿌리*

우리에게 창작이란 어떤 의미일까? 또한 그 춤에서 그 창작의 뿌리란 무엇일까? 우리는 모든 움직임에서 춤의 근원을 찾을 수 있으며 그 움직임은 살아 생동하는 생명력에서 나오는 것을 알 수 있다. 춤의 창작은 곧 이 생명력의 표현이다. 춤이란 이러한 생명력의 외화外化 내지는 자기 수련과정의 끊임없는 생성이므로. 춤은 인간의 생산활동이자 노동활동이며 인간의 창조활동이다. 곧 춤은 삶이 태동하는 그 자체에서 자연히 나온 것이며 인위적이거나 작위적이지 않다.

우리는 태어날 때부터 창조적 본능을 가지고 태어났고 그 창조성에서 모든 몸짓이 나온다. 우리의 옛춤을 보더라도 그 춤은 자연의 법도대로 생활하는 가운데 생겨난 생활춤이었고 그 자체가 그대로 창조성을 가질 수밖에 없는데 그 이유는 생활하는 삶 자체가 하나하나 일구며 빚어 가는 창조의 길이기 때문이다.

어떤 전통춤이든지 우리가 살아 온 역사만큼이나 길고 많은 창조적 과정

---

*「창조의 몸부림 - 우리시대를 지피는 학문과 예술」 1999.교수신문. 1993. 4.

을 거쳐왔다. 그래서 춤을 추며 과거를 보고 현재를 알고 미래를 감지하니, 춤에서 역사의 실체를 알 수 있다. 예를 들어 필자가 승무를 추며 그 수련과정에서 체득하는 것은 그 춤이 일만 년 역사의 거대한 몸체로 다가온다는 점이다. 이 세상 태초의 시작과 함께 우리가 어떻게 살아왔으며, 어떤 굴곡의 역사 속에서 현재에 위치해 있는지, 그리고 미래의 방향까지도 구체적 모습으로 가리킴을 보며 선뜩한 놀라움과 계속 번지는 벅찬 감동에 휩싸여 오르다가 춤의 영원 무변성과 함께 무한대의 역사를 걷고 있는 나를 본다.

## 〈바람맞이〉는 어떻게 해서 빚어졌나

1987년 수많은 대중들과 격렬하게 만났던 〈바람맞이〉는 어떻게 해서 빚어진 것일까? 잠깐 1970년 초로 거슬러 올라가, 춤 연구하는 학도로서 그 당시 춤 기본과 어법이 내 몸과 호흡에 맞아 떨어지지 않아 큰 괴로움과 갈등을 겪었던 경험이 있다. "왜 내 몸에서 그러한 동작이 거부되는 것일까. 우리춤의 실체는 어디로 갔을까. 그러면 우리몸에 맞는 우리춤은 어떤 것일까."라는 의문을 품게 되면서 나 자신과의 끝없는 몸싸움으로 들어갔다.

그러면서 나의 고민은 우리의 문화경험·문화질서로 좁혀졌고 상업주의 문화와 현대 자본주의 모순의 구조화와 연결된 춤으로 다가가고 있었다. 그러한 사회구조 속에서 박탈당해 가는 자기 자신, 교란·피폐화된 인간성을 회복하지 못하며 비뚤어지고 왜곡되는 우리 몸짓. 이러한 총체적 구조는 춤을 인간 정열의 향락적 소모, 인간 분노의 추상적 해소의 몸짓이 되도록 하는데 결정적 작용을 하였고, 현대사회에 내재하고 있는 부정과 정의, 가치와 몰가치의 모순대립을 허무주의적으로 둔화·해체시키는 구경거리로 만드는데 이바지하였다. 이 때 춤은 겉으로 보기에는 안정되고 아름다운 것 같지만, 인간사회의 모순과 갈등을 은폐한 안정은 몰가치한 아름다움이다.

〈바람맞이〉의 토대가 된 첫 작업은 〈해방의 북소리〉(1984년)였다. 그 춤은 우리 노동사에 불꽃을 당긴 전태일 열사를 시작으로 박종만·김영진 등으로 이어지는 수없는 전태일의 분신焚身을 다룬 해방의 불꽃춤이었다. 처음 그 춤을 펼친 마당은 '자유실천문인협회'의 모임인 김남주·이광웅 시인의 석방을 요구하는 자막 앞에서였다. 그 이후 민중문화운동의 모든 마당과 각 대학 집회 및 축제 등을 다니며 전국을 도는 동안 춤사위 형상화의 문제가 구체적으로 자연스럽게 틀 지워지며 춤사위 '전형성'의 과제가 해결되고 있었다. 그 결과로 빚어진 것이 우리 침략수난사의 뜨거운 쟁점인 정신대 문제를 다룬 〈도라지꽃〉(1985)이었다. 그러한 판이 다시 익어가며 나오게 된 것이 〈바람맞이〉다.

그 춤거리는 다름 아닌 내가 태어난 현대사였다. 일제와의 투쟁, 8·15이후 분단을 강요한 냉전적 강대제국주의의 침략. 5·16군사독재와의 투쟁 속에서 많은 애국 투사들이 원통하게 숨져갔고 지금도 혹독한 고문에 시달리고 있는 많은 이들이 있다. 완전히 본질에서 왜곡된 우리춤, 우리문화, 우리의 본래 몸짓을 일그러뜨리고 정상적 몸짓을 압살하는 부당한 살殺, 실체에서 멀어져 자연스럽게 죽어가는 우리 자신. 이것은 흔들리는 우리 역사의 실체였으며 춤추는 나에게는 견딜 수 없는 혹독한 춤 고문이었다. 그러던 중 서울대생 박종철의 물고문 죽음이 전국민의 분노를 자아내며 〈바람맞이〉 판과 만났다.

## 〈바람맞이〉의 춤거리(내용)와 춤새(형식)

　그러면 〈바람맞이〉의 구체적 춤거리(내용)와 춤새(형식)는 무엇이었나. 즉 무엇을 어떻게 춘 춤인가. 그것은 그동안 해왔던 일련의 작업들이 하나의 춤틀(춤의 구조)의 골격을 이루면서 자연스럽게 한판춤으로 빚어진 것이다. 처음에 불림과 함께 씨춤으로 판을 연 다음 물춤으로 이어진다. 물고문 장면 중 두 손을 뒤로 묶인 채 무릎 꿇리고 머리채가 뒤로 젖혀진 상태에서 마구 부어지는 매운 고추가루 탄 물, 그것은 단순히 그 매운 물줄기를 뿌리치는 몸놀림만이 아닌 우리의 몸짓을 사그러뜨리고 뭉개버리는 군사독재와 그 상전인 외세의 역류를 갈라쳐 나아가는 몸장단이었다. 세째판 불춤에서는 몸서리치는 전기고문이었다. 그것은 단순한 전류만이 아닌 역사적으로 당한 쇠붙이고문. 일제 때 우리의 정기를 끊어 민족말살을 꾀하려 남도에서 만주 용정까지 국토의 정수리마다 쇠말뚝을 박은 일제의 만행, 지금도 산꼭대기 우리 숨통 우리의 심장마다 꽂힌 핵무기살 쇠꼬챙이, 그 살에 죽어가면서도 용맹하게 대드는 민중의 물살, 그 속에 뛰어드는 민중의 몸짓이었다.
　이것은 곧 서울대 아크로폴리스 광장에서 '민주화 대행진'이라는 또 다른 역사적 계기를 만나며, 같은 춤의 다른 즉흥, 다른 창조가 탄생하는 귀중한 창작체험을 거치게 되었다. 그리고 곧이어 최루탄에 숨져 간 이한열·이석규, 사북탄광의 성완희, 수은중독의 문송연 등 많은 이의 넋을 달래며 우리 모두가 전진의 춤을 추지 않을 수 없게 하였다. 무엇보다도 여기에서 큰 깨달음은 판마다 다른 대중과의 만남에서 하나의 춤이 각기 다른 새로운 세계를 창조하며 하나로 통일되는 '일체의 법도'를 몸으로 깨우쳤다는 점이다.

그 당시 춤을 두고 '시국춤'이니 '사회춤'이니 '정치춤'이니 하는 여러 이름으로 일컬으며 각자 논리의 관점에서 저마다 평가를 하였다. 그러나 필자가 '노동의 예술적 연장으로서의 실천'이라고 춤을 말했듯이 실천하는 '현장춤'으로 그 실체를 드러냈다고 자부하고 있고, 민중의 공통된 마음도 그러하다는 것을 그 이후에도 계속 인식할 수 있었다. 그 과정을 겪으며 나는 인간 본성으로의 춤, 자연과 사회의 춤, 그 시대 민중의 첨예한 쟁점으로의 춤, 정치의 예술적 연장으로의 춤, 그리고 순수와 비순수, 형식미학과 사상미학 등 그동안 관념적으로 맴돌며 해결 안되던 부분을 몸으로 부딪치며 문리文理를 트는 해방의 경험을 맛보면서 새 단계로의 무변의 세계로 들어갈 수 있었다.

바로 그것이 '해방춤'(1987)으로 이어지며 다시 '통일춤'(1988)으로 돌아왔다. 나는 이 수많은 현장에서의 춤판이 결국에는 일체로 이어지는 역사의 한 춤거리였으며, 불변하는 춤새와 창조를 이루며 무한의 정형성이 창출되는 체험을 동시에 하였다. 이렇게 우리춤은 창조성과 함께 자연성·즉흥성이 맞물리면서 모든 삶의 실현이라는 궁극적 목표를 위해 필연적으로 발현되는 사회·역사적 몸짓을 일구어낸다.

## 허무의 텅 빈 판으로 돌아가는 미래의 예감

우리에게 있어 창작이란 무엇인가. 아마도 그 말 자체가 필요없는 군더더기인지 모른다. 그저 '춤'이란 표현 하나로 충분한 것이 아닌가. 그 이유는 춤 자체가 창조의 본성을 갖고 태어난 한 몸이기 때문이다. 세계춤의 지배논리인 서양식의 안무Choreography나 구성Composition으로 인공적이며 제한적인 '부분으로의 개체개념'으로 후퇴할 것이 아니라 원래 우리 문화의 본질인 자연의 법칙과 함께 하는 '개체와 전체가 둘일 수 없는 일체'로서의 진보성을 담보한 총체적인 것으로 '전체의 개념'을 다시 살려내야 한다. 이것은 우리의 힘인 창조성이 민족의 특수성과 세계적 보편성을 함께 갖고 있어 해체된 세계의 부분논리를 채워주고 어루만지며 이끌어가야 할 우리

의 귀중한 업이며 사명이기도 하다. 이렇게 엄청난 우리 전통 유산의 생명력이 곧 모두를 아우르는 창작의 뿌리이며 그대로 몸으로 받아내야 하는 끈질긴 우리 자신의 신성한 몸체이다.

1988년 이후 왜 춤을 안 추냐고 많은 이들이 궁금해하며 물어온다. 그때마다 나의 생각은 "팔 다리를 움직이는 것만이 춤추는 것은 아니지, 지금도 나는 계속적인 춤을 추고 있지", 그들에게 안 보이는 '내 침묵의 의미는 무엇인가' 하고 생각한다. 계속적으로 다가오는 인간관계에서의 불확신성·타협성·중요한 원칙을 저버리는 배반성 등 그 동안 일구었던 터밭의 무너짐에서 나는 상상할 수도 없는 허무의 텅빈 판으로 돌아가는 미래를 예감했다. 죽음과 삶으로 이어지는 처절한 고통을 받아들이며 거듭나기 위한 어쩔 수 없는 나 자신과의 판 정리, 그것은 다시 출발점이었던 기본의 세계로 돌아갈 수밖에 없었고 그 기초 토대가 내 창조의 뿌리이며 창작 자체인 것을 다시금 체험했다.

우선 끝없는 나 자신의 반성, 자아비판과 함께 들뜬 판을 가라앉힐 조심스러운 한걸음 '지신밟기판', 중구난방으로 솟구쳐 얽혀진 것을 풀어주는 '풀림판', 오그라들고 가쁜 호흡을 늘리고 펴주는 '늘림판' 등 소리 없는 세계의 이어짐이 나의 내면에서 진행 중이다. 다시 겸허하게 한숨, 한걸음으로 끝없이 묻고 간절히 추구할 때 새로운 세계가 보이니 그것이 곧 창조이며, 그 자체가 전 생生으로 이어지는 '창조의 몸부림' 곧 창작이라는 것을 안다.

# 그림이 걸어나오고 춤이 들어가고*
### '용태 형'과 문화운동시대

## 오윤과의 인연, 오윤이 맺어준 인연

"입관하던 마지막 순간 그렇게 아름다운 장엄은 본 적이 없다
한 떨기 연꽃 송이로 피어났다.
아주 신선한 아름다운 모습으로
커다란 슬픔도 아름다운 고요로 돌려놓았다.
아, 몸의 무상함이여
산 자와 죽은 자가 그냥 하나라는 것
시간이 갈수록 점점 빛을 발하고 있는 만인의 용태 형"

'용태 형'과의 첫 인연은 『현실과 발언』(이하 현발) 시대인 1980년대 초반 그의 절친이자 판화가인 '윤이 형'(오윤, 1986년 작고)이 나의 춤 작업실에 드

---

*「길을 찾아서」한겨레신문. 2014. 9. 2

나들 때였다. 나는 '춤패 신'과 함께 〈도라지꽃〉 공연을 준비하고 있었다. 일제만행인 일본군 위안부 강제동원 피해자를 주제로 한 조선여성수난사를 다룬 춤굿이었다. 성가실 정도로 드나들며 쫓아내면 낼수록 더 신명나게 판을 잡던 윤이 형. 신들린 눈빛, 귀신형용으로 사물을 파고드는 무당 아닌 무당인 그가 입만 열면 나오는 이름이 '용태, 용태'였다. 그러다 마침내 용태 형을 만나게 되었는데 첫인상은 어수룩해 보일 정도로 정감 있으면서 구수하지만 그 안에 보이는 깡심있는 눈빛은 척 봐도 윤이 형이랑 통할 수밖에 없는 인물이었다.

　〈도라지꽃〉 작업이 막바지로 치달으며 용태 형의 활약은 점점 빛이 났다. 잠실 석촌 호수에 있는 서울놀이마당 그 원형 야외마당을 대형 걸개그림으로 장식한 것이다. 현발의 내로라하는 민중·민족화가들이 한 점씩 맡아 그려냈다. 낮부터 북춤, 탈춤, 강강술래 등 가족과 함께하는 춤, 대동춤으로 흥을 돋운 뒤 어스름 해질녘부터는 횃불을 밝히고 〈도라지꽃〉 막을 열었다. 병풍처럼 원으로 둘러쳐진 걸개그림은 땅과 하늘과 맞닿아 횃불에 일렁거리며 살아 움직였고 중심으로 모아지는 윤집궐중允執厥中의 타오르는 기운은 일제의 만행을 싹 쓸어버릴 만했다. 우리 민족예술사에서 언제 그러한 장관이 펼쳐졌던 적이 있었던가. 언제 다시 한번이라도 전개될 수 있을까. 바로 용태 형이 밀어붙였기 때문에 가능한 일이었다.

그다음 작업은 1986년 6월 판화가 오윤의 처음이자 마지막 개인전 〈칼노래〉였다. 용태 형이 "윤이 판화전 여는 날 뭘 좀 해야 되는데" 하여 즉각적으로 맘을 맞추고 준비했다. 그날 김덕수·이광수·최종실 등 원조 사물놀이패와 호흡을 맞춰 상기된 마음으로 판을 열었다. 서로 처음 해보는 열림굿 춤판이었다. 청수를 소반에 받쳐 들고 그림판을 돌아 예를 갖춘 뒤 기운 닿는 그림들과 집중적으로 교감하며 춤추었다. 신명이 내리면서 벽에 걸린 그림의 군상들이 걸어 나오기도 하고 내가 들어가기도 하며 하나가 되었다. 꽤 긴 시간이 흐르면서 관객 모두 무아지경으로 빠져들었고 한 덩어리가 되었다. 흠뻑 땀으로 젖은 채 끝이 났다. 지금 생각해보면 그 작업이 바로 87년 〈바람맞이〉의 토대를 깔아준 셈이다.

그런데 전시 끝나고 외국공연 며칠 다녀오니 윤이 형은 이미 이 세상에 없었고 용태 형이 "윤이 그림 한 점 챙겨줄게" 하며 춤그림 하나를 내게 건넸다. 그림을 받아 들고 이 상황이 무엇인지, 휑한 마음으로 그냥 서 있었다.

오윤 판화전 '칼노래' 열림굿 춤판

## 독재의 광풍에 맞선 민중예술운동

그즈음 나는 '그림마당 민'에 출근하다시피 했다. 그림마당 민은 서울 인사동 수도약국 골목 맞은편 지하에 있었는데 나는 대충 그림 쪽 판에 일이 많았고 또 그때 모든 활동의 주무대가 그곳이기도 했다. 그림전이 끝나는 저녁이면 내 연습실인 양 춤 작업에 들어갔다.

역시 용태 형이 주도해 1985년 결성된 '민족미술협의회'(이하 민미협) 창립일에는 〈부적 살풀이〉로 의례를 올렸다. 이 작업도 민미협 화가들이 대형 부적을 함께 그리면서 춤의 윤곽이 잡혔다. 촛불을 밝히며 부적을 펼쳐

한국민족미술인협의회(민미협) 창립 축하 춤

들고 등장해 땅에 중심을 잡아 놓고 부적을 풀어내는 살풀이 형식이었다. 그처럼 큰 부적도 처음이었지만 춤 구성도 꽤 괜찮았던 걸로 기억한다. 살풀이로 부적을 풀어내면서 신명으로 치달았고 춤패들이 진달래 가지를 너울거리며 부적을 돌아 진달래꽃춤 군무로 마무리를 지었다. 지금도 가끔 그 부적살풀이가 생각나고 부적 그림이 어떻게 됐는지 궁금하고 보고 싶다. 그냥 춤이 아니라 그날의 행사 전체를 의례춤굿으로 만들었다.

이듬해 1986년 8월15일에는 민미협이 그림마당 민에서 〈통일전〉을 열었는데, 나는 윤이 형의 〈통일도〉 앞에서 '통일무'를 추었다. 이춤 또한 통일의식을 치루는 대동판으로 이끌었다. 그 중심에 항상 용태 형이 있었던 것은 물론이다. 그 당시 작업은 거의 민미협과 연결되었고 대부분 처음 시도해보는 것들이어서 나로서도 창조의 본성에 불을 지피는 소중한 경험이었다. 화가들도 그림 소재로 나의 춤을 즐겨 그렸다. 나도 특별한 경험을 하며 서로 상생작용이 일어났고 생각지도 못한 작품들이 탄생했다.

그즈음 '민중문화운동협의회'(이하 민문협)도 결성됐다. 황석영, 김종철, 김학민, 채광석, 임진택, 장만철 등 각 분야의 선후배 동지들이 모였고 물론 용태 형도 함께했다. 한번 모이면 진지한 토론이 오가며 현시점 점검과 앞으로 문화운동의 방향과 내용 등이 정리됐고 차츰 술판이 섞여 새벽으로 치닫기 일쑤였다. 민문협의 창립 행사 자체가 비합법 문화의례였다. 나는 정말 온몸으로 준비를 했고 그날 민중문화의 상징적 춤을 추었다.

마침내 87년 6월, 나는 그즈음 연우무대 개관공연으로 〈바람맞이〉를 올렸다. 민주화대행진이 전국적으로 일어나던 6월 26일 학생들의 요청으로 서울대 아크로폴리스 광장에서 또 다른 〈바람맞이〉를 추었다. 각 단과대와 대학원별로 깃발을 펼쳐 들고 휘날리며 모여든 광장의 열기는 대단했다. 춤판이 끝난 오후 2시 예정대로 전국민 민주화대행진이 전국 각 도시에서 거센 불길로 일어났다. 그렇게 박종철·이한열의 죽음 앞에서 우리는 또다시 하나가 되었다.

 민미협 식구들은 7월 9일 이한열 장례식을 며칠 앞두고 밤을 새우며 그리고 또 그랬다. 나 역시 장례식 전날 각지에서 모여든 대학생 연합풍물패, 노동자 문화패 등 수백 명을 이끌며 밤새워 장단을 맞췄고 어슴푸레 새벽이 밝아오자 마지막 점검을 하고 식장으로 들어섰다. 난생처음 수백만이 운집

그림이 걸어나오고 춤이 들어가고

한 장례식장 안에서 춤을 추었다. 그것은 춤이라기보다는 처절한 부활 의식이었고 함께 일어나 나아가는 집단군무였다. 연세대 정문 앞으로 나오며 베 한 필을 가르면서 마지막 '한열이' 쓰러진 곳에서 나도 쓰러졌다. 정신 줄 놓고 한열이와 하나가 되었을 때 누군가가 푸근하게 나를 일으켜 세웠다. 나중에 보니 허름한 옷을 걸친 신촌시장의 할머니였다. 지금 생각해도 그 할머니가 어떻게 겹겹이 싸인 인파를 뚫고 그 현장에 계셨는지 고맙기도 하고 가슴이 뭉클하다. 그렇다. 모든 국민이 하나 된 자리였다. 민미협과 민문협이 하나 되고, 모든 민주화 단체들이 뭉쳐서 혁명 전야를 치르고 있는 것 같았다. 이때도 용태 형의 활약은 비범했다.

나는 그 경험을 훗날 이렇게 정리한 적이 있다. "그 과정을 겪으며 나는 인간 본성으로의 춤, 자연과 사회의 춤, 그 시대 민중의 첨예한 쟁점으로의 춤, 정치와 예술의 연장으로의 춤, 그리고 순수와 비순수, 형식미학과 사상미학 등 그동안 관념적으로 맴돌며 해결 안 되던 부분을 몸으로 부딪히며

문리文理를 트는 해방의 경험을 맛보면서 새 단계로, 무변의 세계로 들어갈 수 있었다."

## 우리시대 문화사를 온몸으로 써나가다

87년 대선은 우리에게 닥친 또 하나 큰 산이었다. 나는 느닷없이 민중후보 추대위원장을 맡게 됐고 그 뒤 명예본부장이 되었다. 용태 형은 민중후보 비서실장을 맡으며 우리 모두 11월, 12월을 찬 거리에서 서로 의지하며 부대끼면서 지냈다. 그 결과 당락과 관계없이 민중후보를 통해 민중의 역량을 결집하는 계기가 되기도 하였다. 하지만 1988년이 되자 모든 게 혼란스러웠고, 한동안 뜸했던 용태 형한테서 연락이 왔다. 민문협이 '민족예술인 총연합(이하 민예총)'으로 조직이 바뀌며 커지는데 발기인에 이름을 올린다고 했다. 나는 '그건 아닌데' 하고 '큰일 났구나' 싶었다. 지금까지 조직운동, 문화운동의 큰 허점으로 개개인의 기본 역량, 특히 최소한 갖춰야 할 기량 등이 너무 부족하다고 느끼던 터였다. 그래서 나는 분명하게 반대 의사를 밝혔다. 몇 번이고 완강히 반대했지만 이미 신문 지상에 민예총 출범이 공표되기 시작했다. 발기인 명단에서 내 이름을 보고 발기인대회가 열리는 도중에 용태 형한테 전화를 걸어 공개 사과를 하라고 막 해댔지만 그는 침묵만 흘려보냈다. 나만이 유일하게 반기를 들었던 사람이 아닌가 한다.

그 뒤로는 서로 만날 일도 없었고 소원해지기 시작했다. 그리고 몇 년이 흘렀을까, 민예총에서 연락이 왔다. 성공적으로 자리 잡은 문예 아카데미에서 춤 특별강좌를 개설해 내 마음대로 구성하고 자유롭게 해보라는 제안이었다. 일언지하에 거절했다. 그 뒤 가끔 만날 수밖에 없는 자리도 있었지만

백령도 〈우리땅 터벌림〉 작업할 때.

내 마음은 쉽사리 풀리지 않았다. 금강산에서 남북 공동 문화행사를 할 때는 서로 다른 조직으로 가서 같은 행사를 하기도 했다. 개인적으로는 말을 텄지만 결코 조직적인 만남이 이루어진 것은 아니었다. 그렇게 10여년을 데면데면 지냈다.

1999년부터 12년에 걸쳐 나는 김영수(민족 사진가협회 이사장) 선배와 백두산에서 한라산까지 우리 땅을 사방팔방으로 돌아다니며 '우리땅 터벌림' 작업을 벌였다. 백령도로 첫 여정을 떠날 때 김정헌·민정기 화백 등과 함께 용태 형도 동행했다. 민예총 시절부터 김 선배와 용태 형은 아주 막역한 사이였다. 갈 때부터 배 안에서 벌였던 술판은 사진 찍는 시간만 빼고는 밤낮 가리지 않고 이어지더니 돌아올 때는 마치 개선장군들처럼 의기탱천했다.

2011년 5월 김영수 선배가 지병으로 세상을 떠나면서 『우리땅 터벌림』은 이듬해 5월 1주기 추모 사진집으로 나왔다. 용태 형, 민정기 화백, 정인숙 사진작가 등 몇몇 지인들과 고인의 묘소를 찾아가 책을 올렸는데, 돌아오면서

백두산 〈우리땅 터벌림〉 작업할 때.

용태 형과 나는 사진전을 열어야 한다고 의기투합했다. 고인이 생전에 "이애주춤을 통해서 민중문화운동 반세기를 정리하는 것이 바로 자신의 마지막 작업이 될 것"이라고 몇 번이고 되뇌었듯이 그냥 있기에는 사진 하나하나가 우리 자신의 역사를 함축하고 있었다. 사지가 꿈틀대고 펄렁대기도 한 그 몸짓을 순간 포착으로 잡아낸 또 다른 상징적인 '정지의 미학'이었다.

그 무렵 이미 투병중이던 용태 형은 지친 몸을 이끌고 동분서주하더니 2013년 3월 끝내 아시아에서 제일 크다는 인사동 아라아트센터 전시관에서 초청 전시를 하도록 성사시켰다. 2주간 전시 중간 토요일에는 유홍준 '춤과 미술' 특강이 열리고 내가 '터벌림춤' 시연을 했고 임진택 명창은 신경림 시인이 '우리땅 터벌림'을 위해 지은 시 '이 땅에 살아있는 모든 것들과 더불어'를 창으로 불렀으며, 사회는 김석만 교수가 보았다. 70년대부터 동고동락했던 선후배 수백 명이 다시 뭉쳤다. 많은 관람객들이 왔고 옛 동료들이 한자리에 모이며 모두 80년대로 돌아간 것 같다고 감격했다. 모두가 용태 형이 자기 일처럼 나선 덕분이었다. 이 작업은 결국 김영수 선배의 뜻대로 문화운동사에 또 하나 발자취를 남기게 되었다. 또한 용태 형과도 마지막 작업이 되었다.

그런데 용태 형의 인연은 그것이 끝이 아니었다. 지난 5월 병상에서 의식이 왔다갔다하면서도 그는 남북통일문화 행사를 꾸미고 있었다. 바로 남북교류의 물꼬를 트고 거대한 민족예술의 역사를 일구고 있었다. 곁가지 하나 덧붙이자면, 평생의 후원자 '태서 형'(김태서)에게 "정신 나갔어? 애주는 빼라고. 정헌이는 넣어도 돼" 하면서 주의를 주었다고 한다. 이생 저생을 넘나들면서도 끝까지 나를 보호하려 애썼던 것이다. 그리고 다음날 가끔씩 고통으로 입술을 악물면서도 빙긋이 웃으며 함께 간 후배들과 내게 "막걸리 한 잔 하고 가라"며 손을 휘이휘이 저었다. 그것이 마지막이었다.

평창동 가나아트센터에서 열린 〈김용태와 함께 가는 길〉(2014. 3.26.) 출판기념전시회.
사진 장성하

용태 형과 함께한 시간은 바로 문화운동의 역사, 민중민족문화의 역사였다. 현발, 민문, 민미협, 그림마당 민, 백선본 등이 상부상조하는 중심에는 항상 용태 형이 보이는 듯 안 보이는 듯 있었다. 이판사판, 사통팔달, 종횡무진 내달으며 행동 실천으로 나서며 말이다. 우리 시대 문화의 역사를 온몸으로 써나간 것이다.

용태 형, 잘 계시죠
팽목항 굽이돌아 한 서린 진도 바다를 거쳐
이섭대천세계로 대천세계로
고통과 절망을 껴안고
침몰되어가는 나라와 함께
남북 천지 통일세상 열면서 함께 나아가요
만인의 용태 형이여!

제3장

# 춤꾼이여,
# 딱 한 발 떼기에 목숨을 걸어라

"춤은 역사를 일궈 나가려는 몸짓이지요"

억압은 풀고 죽음은 살리는 '춤꾼'

김동건이 만난 '시대의 춤꾼' 이애주

'민중춤꾼' 이애주, 블랙리스트 오른 까닭

선대로부터 많이 배워 덕을 쌓는다

> 젊은 춤꾼이여
> 맨 첫발
> 딱 한 발 떼기에 목숨을 걸어라
> 목숨을 아니 걸면 천하 없는 춤꾼이라고 해도
> 중심이 안 잡히나니
> 그 한 발 떼기에 온몸의 무게를 실어라

백기완의 장시 「묏비나리」의 첫 구절

# "춤은 역사를 일궈 나가려는 몸짓이지요"*

대한민국 서울특별시 시청앞 광장, 지금은 올림픽이 며칠 남았다고 알리는 전광판이 번쩍이고 만국기만 펄럭이는 그 광장이 살아서 펄펄 뛰던 때가 있었다. 우리 모두의 가슴에 하나의 고유명사로 빛나는 시간으로 남아 있는 1987년 6월. 그때 그 광장에서 자신의 온 몸을 던져 한판 춤을 추었던 춤꾼이 있다. 이애주씨-그는 요즘도 그 뜨거운 춤사위를 더욱 달구어 가며, 그를 부르는 곳이면 어디라도 달려가 시대의 어둠을 걷어내는 몸부림의 '한 발 떼기'를 시작한다.

☞ 지난 10일 경남대 10·18 광장에서 열렸던 '노동운동 탄압 분쇄 및 노동법 개정촉구, 노동부 장관 퇴진 전국 노동자 결의대회'에서 '성풀이춤'으로 많은 노동자들의 가슴을 후련하게 해주셨다고 들었습니다. 선생님에게 '춤'이란 무엇입니까?

---

*「만나고 싶었습니다」 평화신문 정재숙 기자. 1988. 7. 24.

"춤은 역사를 일궈 나가려는 몸짓입니다. 민중적 삶의 쟁점과 역사적 요구를 가장 완벽하게 형상화 해내는 것, 그것이 '나의 춤'이고 '나의 칼'입니다. 내 춤을 '시국춤'이라고들 부르는데, 사실 '현장춤'이라고 해야 더 정확한 표현이 될 겁니다. 삶의 현장에서 역사적 계기와 맞아떨어져 그 모순을 같이 풀어나갈 수 있게 판을 만드는 것이지요."

☞ 선생님 춤을 놓고 '기껏 민속춤의 재현일 뿐 못 추는 춤이다. 시류에 편승해 민중·해방 따위를 내건 형편없는 춤'이란 비판이 있고, 또 이에 대한 공방전이 신문지면을 통해 몇 차례 있었던 모양입니다.

"사람 모습만 갖췄다고 다 사람이 아니듯 글이라고 다 글이 아니고 말이라고 다 말이 아닙니다. 작년 이맘때도 내 춤을 두고 논쟁이 있었고, 이런 논쟁뿐 아니라 무수한 위협과 공갈·비난·협박전화 등이 내게 날아왔었습니다. "왜 국립대학 교수가 피묻은 옷을 입고 거리에 나가 춤을 추는가"라는 질문도 많이 받았습니다. 이 시대를 살아가는 사람들이 진정 어떤 춤을 원하고 있는가에 대해 한번쯤 진지한 고민을 했던 이라면 이 질문에 대한 답은 확고하리라 봅니다. 나는 박종철·이한열·이석규 씨의 죽음이 바로 내 일이라 여겨졌고, 죽음 아니면 삶이란 한반도의 절박한 현실에서 그 원혼들과 우리의 일체감이 중요한 한매듭 한매듭이 된다고 생각했지요."

이애주씨는 1947년 서울생이다. 어려서부터 어른들의 박장 속에 깜찍한 재롱춤을 추었던 그는 동네 무용연구소에서 춤을 익히기 시작했고, 국민학교 2학년 때 국립국악원의 김보남선생을 만나면서 탄탄한 춤의 기본을 닦았다.

"철저한 우리 춤사위, 우리 춤새를 배웠습니다. 내 춤새의 뼈대가 이때 세워졌고, 어떤 서양춤의 바람에도 흔들리지 않는 바탕을 마련했지요. 이 근본 위에 한영숙 선생님 살풀이·승무·태평무를 보태 뼈대 위에 살을 붙였습니다."

1965년 서울대 체육학과에서 무용을 전공한 이애주씨는 졸업 후 다시 문리대 국어국문학과에 학사 편입해 이론을 튼튼히 했고, 이 무렵 시작된 탈춤반운동에서 또 하나의 가능성을 발견하게 된다.

"70년대에 접어들면서 대학가에서 전개된 탈춤운동은 단순한 춤 보급의 차원을 넘어 학생운동의 중요한 한 부분을 이뤄냈습니다. 반외세·민주화를 부르짖는 학생시위 때마다 탈춤놀이와 풍물이 앞장을 섰고, 자연스레 학생운동의 성격을 민족적으로 이끌었지요"

참 춤꾼으로 태어나기 위해 이애주씨는 여러 구비의 길목을 돌았다. 그는 1972년 뮌헨올림픽에 국립무용단 단원으로 참가했다가 형편없이 우리 전통춤을 왜곡시키고 있는 소위 한국대표 문화사절단에 구토를 느끼고 무용단을 탈퇴해 버렸다. '유신체제 전야에 나는 이런 짓거리나 하고 있나' 하는 아픈 자책이 그로 하여금 우리 춤을 다시 생각케 했다. 더욱이 탈춤운동 등을 통해 의기투합 힘을 모아가던 동지들이 '민청학련 사건' 등으로 다들 감옥에 들어가 버리니 그는 어디 발붙일 곳 없는 외로운 처지가 되고 말았다. 1979년 미국 유학길에 오른 것은 이 '어쩔 수 없는 상황'을 뛰어넘으려는 몸부림이었다.

"밑바닥 생활을 하며 제3세계 이민족들의 애환을 통해 우리 민족을 생각했습니다. 마사 그라함 무용학교에서 현대무용을 배우면서 '우리춤이 얼마나 서구에 의해 침식당한 가짜였던가' 하는 것을 깨달았지요. 우리춤의 발전과 생명이 철저한 우리 춤사위와 춤새, 춤거리와 춤판의 올바른 회복에 달려 있다는 걸 몸으로 느꼈습니다."

더욱 그는 먼 이국에서 80년 광주 얘기를 들었고, 당장 뛰어갈 수 없는 죄책감에 시달렸다. 1982년 귀국하면서 이애주씨는 오늘의 우리 춤의 과제는 바로 이 광주의 염원, 분단과 대립한 민중의 염원을 푸는 것이라고 생각했다. 그래서 84년 '춤패 신'을 창단하여 〈나눔굿〉을 시작으로 '오늘 이 땅의 춤이란 무엇이어야 하며, 춤꾼은 무엇을 어떻게 해야 하는가?'를 보여주기 시작한 것이다.

"예로부터 진짜 춤꾼은 자기 장단을 갖고 태어난다는 말이 있지요. 나는 박종철 열사의 충격적 죽음의 소식을 듣고 어깨가 '들썩' 하는 것을 느꼈고, 도저히 한 판 추지 않고 배기지 못할 듯한 기운을 느꼈지요. 그래 태어난 것이 〈바람맞이춤〉입니다. 박종철군이 당한 고문과 그 고문에 맞서 열사가 살고 간 역사를 담았지요."

☞ 작년 대통령선거 때 백기완선생의 민중후보 추대위원장으로 일하셨던 얘기를 놓을 수 없겠습니다.

"그것은 나의 한판춤이 1987년의 과제인 대통령선거에서 민중후보 운동으로 연결된 것이었습니다. 민족운동을 이루어가려는 백기완 선생님의 생각과 방향이 저의 그것과 같았고, 스승으로 모시던 그 분이 민중후보로 나서지 않으면 안 되었을 때 제가 할 수 있는 역할을 했던 것뿐이지요. 한 춤꾼과 역사의식과의 실천적 만남이었다고 자부합니다."

〈바람맞이춤〉을 지나 요즈음은 해방과 통일을 위한 구체적 춤 작업인 '해방춤'을 가다듬기에 온 힘을 쏟고 있는 이애주씨는 지금 우리가 사는 이 땅이 침략받아 다 죽은 땅이 되어가고 있다고 걱정이다.

"우리 물, 우리 풀, 우리 곡식을 우리가 먹을 수 있는 살아 있는 땅이 돼야 합니다. 이 모든 것이 바로 정치문제와 직결돼 있으니, 그 문제를 풀어내 우리 민중의 올바른 역사를 이룰 때까지 나의 몸부림, 우리 모두의 몸부림은 계속될 것입니다."

# 억압은 풀고 죽음은 살리는 '춤꾼'*

이애주 교수는 혼의 신명을 다해 '시국춤'을 추며 6월 항쟁의 불씨를 지폈다.

그의 춤은 산 자와 죽은 자를 진혼하는 데 그치지 않았다. 죽은 자는 죽음의 불꽃으로 온 강산을 불태우게 했고 산 자들은 산 자의 부끄러움과 분노로 폭압의 사슬을 끊도록 떨쳐 일어서게 했다. 그의 춤은 절망의 역사와 몸짓에 신명을 돋게 하고 항쟁의 함성을 지르게 했다. 그의 춤은 배후 조종자였다.

하 수상하던 시국, 시절도 끝나 어느덧 15년의 세월이 흘렀다. 억울한 죽음을 애도하기 위해 모였던 시청 광장은 붉은 악마의 물결로 채워졌다. 6월의 죽음과 부활의 싸움으로 인해 워키토키와 검문의 군대들은 사라졌고 사람들은 자유의 걸음으로 마음껏 활보하고 있다.

1987년 6월의 뜨겁던 아스팔트에 휘몰아치던 그의 춤을 가리켜 사람들은 '시국춤'이라 불렀다. 한 시절, 한 시대의 부름에 충실했던 사람

---

*「시국춤꾼 이애주 교수」오마이뉴스 조호진 기자. 2002. 6. 26.

들은 '이애주'를 마음에 새기면 몸과 마음이 달아오른다. 격렬함을 뛰어넘어 혼의 신명을 다한 그의 춤과 그의 이름을 부르면 뜨거운 노래가 튀어 오른다. 1987년 6월 항쟁 당시 고 이한열 장례식에서 '시국춤'을 추었던 이애주 교수가 29일 국립극장에서 열리는 '한·베트남 평화예술제 2002(총연출 박치음)'에서 '한춤 공동체'와 함께 이번 공연을 위해 창작한 '연꽃춤'을 처음으로 선보인다.

이 교수는 이번 연꽃춤을 통해 죽음의 진흙탕에서 생명의 꽃을 피워내려고 한다. 그리고 평화의 시대를 갈망하며 죽음의 시간들을 씻어내고자 한다. 지난 21일 과천의 작업실에서 그를 만나 그의 춤 이야기를 통해 지난 시대와 현재를 되돌아보았다.

다음은 이애주 교수와의 일문 일답.

☞ 6월 항쟁의 '시국춤'이 15년 흐른 오늘, 베트남 양민의 억울한 죽음을 진혼하는 '연꽃춤'을 추게 된다. 이 두 춤의 연관성은 무엇인가.

"'시국춤'이 민주화의 열망을 불꽃으로 점화시킨 춤이었다면 '연꽃춤'은 평화와 생명을 꽃피우고자 하는 춤이다. 연꽃은 진흙탕에서 모든 더러운 것을 정화시키며 피어나는 꽃이다. 베트남의 진흙탕은 죽음이 산화되고 피와 뼈가 엉켜진 지옥 같은 곳이다. 핵무기, 총칼 등 온갖 무기들과 인간의 처절한 죽음이 스며 있는 그 진흙탕에서 순고하고 청결한 생명을 피어내고자 하는 게 연꽃춤이다."

☞ 이번 평화예술제를 통해 서로 총구를 겨누었던 베트남과 한국의 평화예술인들이 손을 맞잡고 새로운 평화의 세기를 갈망하게 된다. 이 행사를 어떻게 생각하는가.

"생명력이 가야 할 바람직한 방향이다. 한국군이 개입한 것은 베트남 민족의 생존과 역사의 자주성을 훼손한 잘못된 선택이었다. 전쟁은 모든 생명을 죽이는 데 기여할 뿐 그 무엇도 새롭게 하지 못한다. 베트남 전쟁뿐 아니라 지구촌의 모든 전쟁은 중단되어야 한다. 지구촌 모든 것이 화해하고 용서해야 한다. 양국의 예술인들이 평화의 손을 맞잡는 것은 매우 소중한 출발이지만 한국은 베트남에 대해 반성하고 자각하는 근본의 바탕에서 진정한 화해를 이루어야 한다. 잘못된 역사와 오류를 방치하고 무조건 손잡는다면 진정한 친구가 될 수도, 화해를 이룰 수도 없다고 생각한다."

☞ 양민학살로 인해 구천을 떠도는 영혼들이 베트남과 이 땅에 너무 많다. 선생의 춤이 이들 억울한 영혼들을 위해 어떤 몫으로 작용되길 바라는가.

"우리 춤에는 버림받고, 짓눌리고, 억울한 죽음을 당한 이들의 몸짓이 담겨 있다. 1987년 '시국춤'은 그러한 눌림의 터져 나옴이었다. 억울한 죽음들이 산 자로 하여금 역사적 자각을 일깨우게 한 것이다. 당시 '시국춤'(일명 '바람맞이춤')은 한 인간이 타인에 의해 짓밟히고 인간성을 말살당했지만 우리에게는 그것을 극복할 힘이 있다는 몸부림에서 탄생됐다. 지금 상황도 그때와 크게 다르지 않은 것 같다. 역사의 겉모양은 달라졌지만 곧은 정신이 굽혀지고, 짓밟히고, 짓눌려지고 있다. 역사적 과오가 씻겨지지 않았기 때문이다. 구천을 떠도는 영혼들을 진혼하면서 맑게 정화해야 한다.

연꽃이 피어나듯이 깨끗하고 청결한 생명력이 다시 일어나 솟구쳐야 이 세상은 가름질치며 앞으로 정진할 수 있다. '연꽃춤'이 편하게 웃고 나눌 수 있는 세상을 위해, 전쟁과 학살에 의해 죽어간 이들이 원혼을 풀 수 있는 춤이 되길 원한다."

☞ 춤을 통해 반독재투쟁과 반전반핵 평화운동을 해왔다. 또 대중들은 선생의 강렬한 춤을 또렷이 기억하고 있다. 그런데 뜸해졌다. 그동안 어떻게 지냈는지 궁금하다.

"겉으로 드러나지는 않았지만 요즘도 역사적 진혼을 위해 춤을 추고 있다. 얼마 전에는 '동학 진혼굿춤'을 추었다. 백 년 전에 우금치에서 퇴각당한 동학군 2만 명이 전남 장흥에서 관군과 싸워 산화했다. 그러나 억울한 죽음의 피를 달래는 동학비가 아직 세워져 있지 않다. 마침 연어사랑 모임이 장흥에서 연어 방류하는 행사가 있어 동학진혼굿을 했다. 동학군뿐 아니라 희생된 관군을 위한 진혼굿도 겸했는데 역사적 화해를 통해 갈등과 대립이 씻겨나가길 빌었다. 이날 진혼춤 역시 죽음을 딛고 생명의 살아남을 기원하면서 탐진강 물줄기에 광목 150마를 펼치며 길닦음을 했다. 시대 상황이 변해 눈에 안 띄었지만 역사적 진실과 원혼을 달래는 일들을 지속해 왔다."

☞ 선생과 함께하던 진보 예술인들이 뿔뿔이 흩어져 제 갈 길로 가면서 대중들에게 실망을 준 경우가 있다. 선생께서는 87년 이후 어떤 고민을 하며 살아왔는지 궁금하다.

"1988년 범민족대회의 평가회에서 이런 판에서 일할 수는 없다, 반성해야 한다는 문제 화두를 남기고 현장을 떠났다. 그리고 춤에 대해 고민하면서 우리 몸짓과 우리 춤 안에는 굉장한 역동과 진보가 무서울 정도로 담겨 있는 것을 다시금 깨달았다.

춤은 역사와 시대 상황과 함께 간다. 그것은 우리 몸짓의 본질이다. 지금은 87년 상황보다 어떤 면에서 더 많이 들떠 있고 난장판이고 어지러운 상황이다. 들뜬 것은 눌러주고 안으로 끌어당기며 본질적인 힘을 밖으로 내보내는 몸짓이 필요하다. 그동안 내면을 다지기 위해 고민했다.

87년 이후 그런 생각이 들었다. 이렇게 들뜨고 각자 정리가 안 된 상태에서 10년 후 통일이 되면 누가 책임질 것인가. 북쪽이 할 것인가, 남쪽이 할 것인가. 이건 뭐 다 정리가 안 돼 무서운 생각이 들었다. 각자 자기 자신을 성찰하고 자각하고 반성하며 다시 시작해야 한다는 마음을 가졌다.

날치는 몸짓 대신 발걸음 하나, 팔 하나 드는 것부터 새롭게 시작하면서 그렇게 10년을 정리하다 보니 중요무형문화재 27호 승무예능보유자가 됐다. 전통춤에 몰입했지만 틀에 얽매여선 안 된다고 생각한다. 때로 진보적인 사람들은 전통춤을 오해하지만 그 전통춤에는 1만 년의 역사가 축적되어 나온 몸짓이다.

1만 년의 역사가 축적된 몸짓, 거기서 87년 항쟁의 몸짓이 나오고 베트남의 연꽃춤이 태어난다고 본다. 어마어마한 1만 년의 몸짓을 어떻게 깨달은 것인가. 그런데 요즘 후배들은(다는 아니지만) 만 년의 몸짓을 단순한 감각으로 흉내 내려는 것 같아 걱정이다."

☞ 역사적 고민을 통해 생산된 춤과 감각에 의해 날뛰는 춤은 분명 차이가 있는 것 같다. 우리에게 춤은 무엇이고, 어떤 춤을 추어야 하는지 듣고 싶다.

"춤은 마음을 통해 나온다. 몸과 마음이 합해져 춤을 추면 무심無心하고 연결된다. 몸과 마음, 숨, 정신이 연결되는 것을 선이라고 하는데 이 네 가지 단계가 일치될 때 비로소 춤이 된다. 그런데 요즘은 기능, 기법으로 움직이는 걸 춤이라고 부른다. 정신과 연결된 몸짓이 춤으로 이어질 때 삶과도 일치된다. 그런데 삶과 춤이 분리됐다. 춤뿐 아니라 모든 문화와 운동까지 그런 것 같다."

☞ 시대의 변화를 운동이 뒤따르지 못하고 있다는 지적이 있다. 진보적 예술인으로서 좋은 세상을 만드는 사람들이 어떻게 해나갔으면 좋겠는가.

"춤의 정신과 철학에서는 바르게 살고, 바르게 걸어 나가고, 바르게 생각하는 것을 정도라고 부른다. 그런데 정도가 아닌 행동이 일어나기 때문에 문제가 발생한다고 본다. 시대와 세상은 변화하는데 자꾸 87년 상황에 사로잡히는 게 문제인 것 같다. 우리 춤에는 무한한 영원성과 해방성, 자율성이 있다. 그리고 그 안에는 중심이 있는데 역사를 변화시켜야 할 사람들마저 중심 없이 너무 흔들리는 것 같고 너무 떠 있는 것 같다. 가라앉아야 된다."

☞ 문화권력에 의해 우리 문화가 정체성을 상실했다는 지적이 있다. 춤의 정체성을 찾기 위해 무엇을 고민하고 있는가.

"춤이든 문화예술이든 정치상황과 사회상황과 함께 맞물려 간다. 어느 것이 앞서느냐가 중요한 것이 아니라 각자 중심을 잡고 바르게 살고, 바른 정신으로 바른 사회를 일굴 때 춤도 바르게 출 수 있다. 춤만 잘못된 것이 아니라 여타의 문화예술 분야도 일그러졌다. 일제시대에는 '춤'을 '무용'이라 불렀고 '그림'을 '미술'이라고 부르며 우리의 문화를 일그러뜨렸다. 그때(일제 잔재)의 틀로 우리 학문이 인식되고 더군다나 서구학문이 어지럽게 들어오면서 문화예술, 학문 등 모든 것이 난립됐다. 우리는 우리 자신이 누구인지 모르고 본질도 모른 채 떠 있다. 춤도 사상도 자기 자신을 찾아가야 한다."

☞ 분단이 극복되지 않는 한 평화는 위협받을 수밖에 없다. 전쟁이 사라지는 날, 그리고 평화의 시대를 위해 추고 싶은 춤은 무엇인가.

"엊그제 금강산에서 남북통일 대축전할 때 금강산에서 춤을 췄다. 분단된 이후 처음으로 남북한 해외동포가 금강산에 모여 춤과 소리와 시로 만났다. 일단 시작은 됐다. 그런데 틀에 박힌 부분을 어떻게 트면서 완전히 풀어야 할지 숙제다. 이날 막판에 손에 손잡고 평화의 강강수월래를 추었는데 앞으로도 끊기지 말고 이어져 평화의 민족으로 하나가 됐으면 좋겠다.

단군 이전에 심신수련 영가무도라는 소리가 있었다. 거기에는 오장에서 소리가 뿜어져 나오는 데 그것은 우리 민족 고유의 평화의 몸짓이고 소리다. 이 땅의 선조들은 그렇게 살았는데(평화의 몸짓과 소리로) 근현대를 맞으면서 잘못되기 시작했다. 차츰 역동적인 역사에 의해 무엇인가 원점을 향해 움직이고 있는데 조금만 되돌리면 원점으로 돌아갈 것 같다. 원점으로 돌아가 중심을 잡을 때 모든 세계도 바른 자리를 잡을 것으로 본다.

우리의 몸짓은 평화와 신명의 몸짓이다. 우리는 몸을 완전히 해방시켜 실방살방으로 사위를 한다. 요즘 월드컵 응원할 때 태극이 빨갛게 움직이는 것을 보면 그게 우리 춤으로 그걸 보면 흥분이 된다. 그 안에는 평화와 역동성이 자리잡고 있다. 그게 바로 진보다."

☞ 세계가 우리의 월드컵 응원을 보면서 놀라고 있다. 또 국민들도 집중하면 터져 나오는 힘이 우리 민족에게 있다며 자부심을 맘껏 표현하고 있다. 반면 상업주의에 왜곡된 월드컵에 의해 월드컵이 끝나고 나면 어떤 것도 추려내지 못할 것이란 우려스런 시각도 있다.

"우리 민족 안에 흐르는 끈기와 무서운 역동성이 열광적인 응원과 좋은 성적으로 나타났다고 볼 수 있다. 태극 물결을 보면 국민의 일체에서 전 우주적인 움직임과 축이 드러난다. 그게 우리의 속성이고 본질이고 춤의 움직임이라고 본다. 피파가 철저한 상혼으로 월드컵을 치르는 것을 보면서 굉장히 기분이 나빴다. 뛰고 뒹굴고 볼을 차는 경기를 보면서 함께 신이 나지만 경기가 끝나면 상업주의가 판을

치는 것을 목격하게 된다. 몹시 불쾌하다. 하지만 전 지구가 자본주의에 둘러싸여 있는 현실에서 어떻게 상업 자본주의를 극복하고 또 조화를 이룰 것인가 고민해야 하는 게 현실이다."

☞ 역사변화를 꿈꾸는 진보예술인으로서 어떤 일들을 하고 싶은가.

"역사성이 자연스럽게 배인 것이 우리 몸짓이고 춤인데 지금은 그렇지 않아 안타깝다. 시대 의식과 역사 정신이 배인 춤을 생산하고 정리하고 싶다. 그런데 여건이 좋지 않다. 현재 문화 예술판은 거의 서구예술이 틀어잡고 있기 때문에 물질적 토대를 만들기가 정말 힘들다. 문화 정책이 거꾸로 가고 있다. 어렵지만 이 일을 해내기 위해 '한춤 공동체'를 만들고 모였다."

☞ 사회변화를 꿈꾸었던 사람들로부터 춤꾼 이애주 혹은 사회변혁운동가였던 이애주 선생이 어떻게 기억되길 바라는가.

"그때 그 시대를 열정과 희망으로 매진했듯이 그 마음을 잊지 않고 같이 가면 좋겠다. 그리고 생명은 살리고 죽음은 풀어주는 역사적인 춤꾼이 되고 싶다."

# 김동건이 만난 '시대의 춤꾼' 이애주*

김동건(이하 '김')

안녕하십니까. 여러분 반갑습니다.

여러분 혹시 우리 전통춤을 좋아하시는지요. 잘 보셨죠? 전통춤.

느린 듯이 빠르고 또 감기는 듯이 풀어지고. 이런 그 춤사위를 여러분들은 아마 기억을 하실 겁니다. 겉으로 보이는 기교나 화려함보다는 내면의 은근함이 묻어나오는 춤.

하지만 어떤 때 보면 굉장한 폭발력을 가지고 있는 것이 우리의 전통춤이기도 합니다.

보면 볼수록 묘한 매력이 느껴지는 우리 춤. 오늘 이 시간에는 평생을 우리 전통춤을 위해서 바쳐온 진정한 춤꾼 한 분을 모시고 우리춤 얘기를 나눠보도록 하겠습니다. 무대로 모시겠습니다. 여러분 환영해 주십시오.

김 : 항상 옷차림이 이렇게 생활 한복으로 돼 있어요. 이 옷만 고집하시는 무슨 특별한 이유가 있습니까?

---

*KBS 김동건의 〈한국, 한국인〉 2003.1.21.

이애주( 이하 '이' )

이 옷이 저에게는 굉장히 편하고요. 그러니까 전통 우리 한옷을 요즘 시대에 맞게 좀 이렇게 정리한 옷이에요. 그래서 즐겨 입습니다.

김 : 서구적인 옷인데…… 양장 이런 걸 해보신 적이 있습니까?

이 : 그럼요 많이 했지만, 또 활동하기에 너무 꼭 끼고 그런 것은 우리가 이제 마루에 앉아서 생활하는 그러한 방식하고도 좀 잘 안 맞는 부분이 있고 그래서. 이렇게 그냥 통도 넓고 헐헐하고 이렇게 편합니다. 그래서 입고 다닙니다.

김 : 근데 이애주 교수가 입어서 그런지 몰라도 아주 보기 좋아요.

이: 고맙습니다.

김 : 스스로를 춤꾼이라고 불리기를 좋아한다고 그러는데 그렇습니까?

이 : 네. 제가 어려서부터 춤을 춰온 사람이고, 또 우리 역사적으로 볼 때 춤이란 단어가 서양에서 얘기되는 그 무용보다 더 많은 그 내면적인 것을 담고 또 옛부터 써왔던 그 어휘이기 때문에 춤이라는 단어를 제가…… 70년대부터 이렇게 무용이라는 단어를 바꿔서 춤으로 쓰면서 또 그것을 그냥 하는 사람을 꾼! 순수한 우리 말…… 서양말로 무용수 그렇게 되겠죠. 그것보다는 춤꾼이 제일 맞는 것 같습니다.

김 : 그렇습니까. 자리에 앉아서 얘기를 좀 더 나누겠습니다.

−나레이션−

긴 장삼을 매었다 풀고 다시 너울거린다. 작은 체구로 큰 몸짓을 만들어낸 시대의 춤꾼. 우리는 이애주를 이렇게 부르곤 했다.

87년 민주화 항쟁의 '바람맞이 춤'. 고 이한열군의 장례식에서 보여준 이애주의 '시국춤'은 당시 민주화 항쟁에 큰 반향을 불러일으켰을 뿐 아니라 춤의 주인공이 교수라는 사실이 화제가 되기도 했다.

그러나 이애주 춤의 뿌리는 승무다. 어릴 때부터 무작정 춤이 좋았다던 그녀는 일찍이 국춤의 대가인 김보남 선생에게 승무의 기초를 배웠고, 대학시절 승무 인간문화재였던 한영숙 선생의 눈에 들어 수제자가 되기도 했다.

이후 탈춤, 민요, 전통춤, 시국춤에 이르기까지 우리 춤을 다양하게 연구하며 자신만의 철학을 갖게 된다. 그리고 96년, 이애주는 마침내 승무 인간문화재로 지정받으며 춤의 절정기를 맞게 된다.

평생을 춤에 바쳐온 진짜 춤꾼 이애주. 이제 그녀의 전통춤에서 민족의 얼과 몸짓을 찾고자 한다.


김 : 서울대에 계신 지는 얼마나 되셨습니까?

이 : 제가 82년부터 거기서 가르쳤습니다. 그러니까 한 20년 되네요. 그런데 제대로 제가 역할을 못해서 그런지 아직 무용 전공…… 무용과도 없고 좀 그런 면이 있습니다.

김 : 네. 그것도 서울대학교에 무용과가 없다는 것은 좀 이상하기도 하네요.

이 : 글쎄요. 국립대학으로서 진정한 민족의 대학이 되려면 우리 예술의 중심이 되는, 춤으로 하는 춤학……무용학이 자리를 잡아야 되는데 불행하게도 지금 없습니다.

김 : 예. 이애주 교수께서는 항상 그 세상의 중심에서 춤을 추어온 것으로 유명합니다. 본인은 어떻게 생각하십니까?

이 : 네. 춤을 생각해보면 그냥 그 기법이라든가 형식을 잘하는 것이 춤이 아니고, 우리가 살아오면서 이렇게 공동체적으로 살잖아요? 예를 한 가지 든다면 정치·경제·문화·사회가 어울리면서 내가 있는 거고,

그 속에 내가 또 춤을 추는 거기 때문에 총체적으로 생각을 할 수밖에 없으니까 춤도 그런 식으로 이렇게 되게 되죠.

김 : 아직도 많은 분들이 이애주 교수를 대할 때, 또 이애주 교수의 이름을 들을 때 그 80년대 시국춤을 기억하고 있을 겁니다. 그때 서울대 광장에서 87년에……

이 : 네, 했었죠.

김 : 제목이 있었죠?

이 : 아 그때 신문이나 방송에서 제목을 좀 달아주셨어요. '시국춤'이라고. 그 시국에 맞는 춤이다 그래서…….

김 : 원래는 그 '바람맞이 춤'…….

이 : 제가 그 바로 직전에 연우무대 이관 공연으로 〈바람맞이〉를 했었는데, 그 바람맞이의 부분을 그 시국하고 맞춰서 재창조한 거죠.

김 : 네. 그런데 본인의 뜻은 그렇지 않았다 할지라도, 예를 들어서 언론에서 시국춤이다 이렇게 되면은 정부에서 보기에는 좀 반정부적인 시각으로 볼 수가 있고 그렇거든요? 굉장히 모험적이라고도 할 수 있었을 거예요.

이 : 네. 그 당시까지 그런 춤이 아마 역사상 없었을 것 같습니다. 그런데 저도 그런 형식의 춤을 그렇게 추리라고는 미처 그 전날까지도 예상을 못했어요.

그냥 추다 보니까 저절로 시국 상황하고 맞물려가지고 그러한 동작이 마당에 맞게 재창조가 됐어요. 그러면서 저도 그 춤을 추고 나서 느낀 점이 많았고, 그러한 사회상과 따로 가는 것이 아닌 그 춤이 바로 이런 것이구나…… 그런 것을 좀 체득하게 됐습니다.

김 : 그런데 아무것도 아닌데, 지나고 보면 날카로운 시각이라든가 날카로

운...... 말하자면 심정이 있을 때 그걸 아주 불미스럽게 보는 사람들도 많이 있었던 것 같아요.

왜냐하면 김민기 씨가 '아침이슬' 이라는 노래를 불렀거든요. 근데 반정부 투쟁을 하는, 민주화 투쟁을 하는 젊은이들이 그 노래를 많이 불렀단 말이에요. 그러니까 마치 김민기가 그 노래를 작사 작곡해가지고 젊은이들에게 보급한 것인 양 아주 곤욕을 치르고 또 그 노래를 부른 가수도 또 곤욕을 치르고, 이렇게 날카로운 대립이 있었단 말이죠.

그러니까 춤도 그저 예술이라고 생각하면 되는데, 이상한 시각으로 보면 또...... 아주 미워질 수도 있고 그런가 봐요 사람이.

물론 인간이 사는 세상에 희로애락이 있고 애정이 있기 때문에 그럴 수도 있겠다 하지만, 지금 지나고 보면 참 아무것도 아닌 일에 고초를 겪는 사람도 많이 있었어요.

이 : 네. 아무것도 아니죠. 그렇지만 그 당시에는 그 첨예한 시대 정신이라든가 시대 상황이 이렇게 맞물려서 들어간 그러한 몸짓이 나오니까 또 그렇지 않게 생각하는 반대편에서는 또 촉각을 곤두세우게 되는 거죠.

김 : 그래서 내가 지금 여쭤본 거예요. 88년 이후로 그 이후로 거리에서 춤을 안 추셨어요.

그러면 혹시 무슨 압력에 의해서 안 춘 거는 아닌가 이렇게 궁금해하는 분들도 있었어요.

이 : 그렇지는 않고요. 87, 8년 초까지 너무나 첨예한 우리의 특수한 상황이 있기 때문에, 또 그 88년 이후로 그 상황이 지나가면서, 제가 87년에 췄던 그 춤 형식이 안 맞아떨어지죠. 시대가...... 시대 상황이 변하면서.

그러니까 제가 생각하기로는 그러면은 지금 내 자신이 어떻게 되어야 되느냐 그래서 내 자신의 철저한 그 물음으로 들어갔어요.

어려서부터 하던 우리 몸짓이 담긴 그러한 전통춤을 다시 한번 첫걸음을 떼는 마음으로 정리를 한번 해보자 그랬을 때 앞으로 제대로 어떤…… 이렇게 중심을 잡을 수 있다고 할까요? 그런 생각을 했어요.

김 : 그럼 87년 88년 후에는 어떤 춤을 추기 시작하셨습니까.

이 : 그러다 보니까 그 우리 춤이 가장 총체적으로 담겨 있고, 기본부터 고도의 기법까지 담겨서 예술적으로 승화된 춤이 대표적으로 승무를 들 수 있습니다. 그래서 60년대 중반에 그것은 무형문화재로 지정이 되었고…….

김 : 살풀이는 어떤가요?

이 : 살풀이도 같은 맥이에요. 그러는데 이제 승무보다 더 큰 틀로, 살풀이보다 더 큰 틀로 승무가 담겨 있기 때문에. 대표적 춤이면서 또 살풀이도 결국엔 같은 춤으로 보는 거죠.

김 : 네. 승무를 아주 심취해서 추기 시작하셨군요.

이 : 그렇죠. 추면서 거기서 체득된 거를 좀 이렇게 생각을 많이 하고 정리하고 그러기 시작했습니다.

김 : 근데 승무를 88년 이후에 추기 시작하고 승무의 이론을 정립하고 하는 과정에서…… 제가 듣기로는 한성준 선생이던가요? 그분을 연구하는 데도 몰두를 하게 됐다고 그러는데, 승무와 한성준 선생과는 어떤 관계입니까?

이 : 네. 제 바로 윗 스승님이 한영숙 선생님이셨어요. 1대 승무 중요무형문화재 예능보유자셨는데 그분의 조부님이 한성준 선생님이셨죠.

김 : 아…… 그럼 굉장히 오래된 분이군요.

이 : 그런데 한성준 선생님은 우리춤뿐만아니라 우리 소리 장단을 재창조하시고 집대성하신 분이에요. 그래서 우리 전통 예술, 연행예술을 떠

올리게 되면 한성준 선생님을 떠올리지 않고는 얘기할 수가 없을 정도로 중요하신 분입니다.

김 : 그러니까 선생님의 할아버지시니까, 한영숙 선생님의 할아버지라니까 연세가 굉장히 많으실 테고 벌써 오래전 분으로…….

이 : 네. 1874년에 태어나셔서 1941년에 타계하셨죠.

김 : 아, 그렇군요. 그러니까 얼굴도 못 뵀겠네요.

이 : 얼굴은 못 뵀죠. 그렇지만 그 혼과 또 그 얼이 면면이 살아가지고 계속 저희한테 이렇게 전달되고 있습니다.

김 : 그 '바람맞이 춤'이라든가 또 승무라든가 이 모든 것이 어떻게 보면 문화를 만드는 춤이다, 이렇게 평하시는 분들도 계시더라고요. 그런데 이것이 모두 이애주 교수의 모습이라고도 보여지는데 본인의 춤에 그런 뿌리는 무엇인가. 승무인가, 아니면 살풀이인가, 아니면 뭐 바람맞이 춤인가. 본인은 뿌리를 어디에다 두고 계시다고 생각하십니까?

이 : 그러한 승무를 중심으로 해서 지금 시대에서 추어지는 '독도 해돋이 춤'도 마찬가지고요. 뿌리를 찾아 올라가 봤습니다.
그러니까 쭉 고대로 올라가서 고구려 벽화하고 만나게 됐어요.

김 : 아, 그래요?

이 : 네네. 그 고구려 벽화, 그 춤무덤에 나타난 춤추는 사람들이라는 벽화가 있는데, 거기 나온 그 몸짓이 지금 제가 하고 있는 그 승무 춤사위하고 너무나 한맥으로 통하고 같아요.

김 : 몇 장면이나 있던가요? 거기에.

이 : 제가 보기에는 거기에 벽화가 수백 종류가 있는데 저는 그걸 거의 다 춤으로 보고 있어요.
그 시대 고구려인들의 삶의 모습도 삶의 몸짓. 하나의 예를 든다면은

이렇게 절을 하는 몸짓이 있어요. 근데 절하는 그 몸짓도 여러 형태로 나타나요. 근데 우리 춤을 보면 춤의 시작과 마지막은 절에서 절로 끝나거든요.

그래서 아, 고구려 시대 그 절 예법이 바로 이 시대에 춤, 또 우리 삶의 예법하고 이렇게 하나로 통하는구나. 그러니까 우리 민족이 시작한 이 한반도 뿐만이 아니라 저 북만주 벌판까지 올라가서 그 지역에서 살던 우리 선조들의 그러한 모습. 그래서 그 거슬러 올라간 그러한 만 년의 역사, 삶의 몸짓이 축적이 돼가지고 그 혼과 얼이 담겨서 오늘날에 우리가 볼 수 있는 춤으로 이렇게 정립이 된 것이죠.

김 : 아, 우리나라 역사를 반만 년 역사라고…… 5천 년이 채 안 되지만…… 그렇게 표현을 하는데 우리 민족의 춤의 역사는 만년을 거슬러 올라가야 된다.

이 : 네. 그러니까 저는 우리의 역사를 만년으로 더 거슬러 올라가서 보고 있는 입장이죠.

김 : 네. 단군이 나라를 세웠을 때를 우리나라 역사로 본다면…… 하기야 그전에 우리 민족이 어디엔가 존재했을 테고, 그때도 우리 민족은 춤을 추었다.

이 : 그렇죠. 뭐 고고학이나 인류학 그쪽에서 지금 유품, 유물들이 발견되고 있는 거 보면 한 8천 년 전 훨씬 이전으로 올라가고……

김 : 세계적으로는 어떻습니까? 세계적으로 서양이나 동서양을 막론하고 춤이라는 것이 기록이 된 역사가 얼마나 오래됐던가요? 벽화라든가, 말하자면 문화재를 이렇게 발굴하고 그러면 좀 나오지 않겠어요?

이 : 그런데 우리나라만큼, 고구려 벽화만큼 그렇게 다양하게 총체적으로 여러 장소에 벽화가 그려져 있는 건 우리나라가 유일한 것 같습니다.

그래서 우리의 생활상이라든지 우리의 문화도 우리의 춤을 찾아가는 데 너무 귀중한 자료에요.

김 : 고구려만 하더라도 벌써 몇 년 전입니까, 그렇죠?

이 : 네 벌써 4, 5천 년 이상으로 거슬러 올라가서 볼 때 이제 고구려 시대 때 그러한 증거로서 그러한 그림이 그려지게 되겠습니다.

김 : 고구려의 벽화를 잠시 좀 봤으면 싶습니다.
지금 나오는 장면이 고구려의 벽화인데…….

이 : 네. 저게 바로 춤 무덤에 나오는 춤추는 사람들이구요.
저 활을 쏘는 건데 제가 활춤으로 저거를 보려고 했습니다.
저거는 제가 고구려 벽화 공모 연구를 하면서 그 생각을 한번 춤으로 담아봤던 화면인데…….

김 : 벽화를 배경으로 해서 춤을 추시는 모습이죠 지금?
저 벽화는 직접 가서 보셨습니까, 아니면은 사진으로만 보셨습니까.

이 : 여러 차례 집안에 갔습니다. 집안에 가가지고 여러 차례 벽화에 들어가서 보고 느끼고.

그런데 아쉬운 것은 북한 쪽의 벽화를 못 가보는 게 아쉬워서요. 빨리 가서 그걸 보고 또 우리 문화로 되살려내는 작업을 우리가 좀 해야 되겠죠.

김 : 네. 그런데 춤은 언제부터 추셨어요?

이 : 춤은 어려서부터 췄죠. 학교 다니기 이전부터요

김 : 아 그래요? 그러면 이렇게 묻는 게 나을 것 같으네요. 몇 살 때부터 걷기 시작했는가요.

김 : 네, 아주 중요한 말씀하셨습니다. 걸을 때부터 또 그 이전부터도 아마 우리가 다 춤은 추는 것 같아요.

김 : 아. 갓난애기 때도……

이 : 네. 올라가면 어머니 뱃속에서 태아 때 숨 쉬고 발질하고 손놀림, 그게 큰 틀의 춤이죠. 세상에 나와가지고는 그냥 이렇게 뭐 사지를 흔들면서 또 뒤집기도 하고 걷고 또 서기 위해서 기어다니고 그런 게 춤의 뿌리고 동작인데 그건 근원적인 얘기구요.

김 : 모든 것을 춤으로만 보시니까. 예컨대 그러면은 태아가 어머니 뱃속에서 움직인다. 그걸 권투선수가 봤으면 아 권투한다고 그랬을 수도 있고…….

이 : 아. 그렇게 볼 수도 있습니다.

김 : 그리고 또 나와서 막 뒤집고 하는 걸 레슬링 선수가 봤으면 아 저건 레슬링하는 장면이다 그랬을 것 아니에요. 근데 이애주 씨의 시각에서는 그게 다 춤으로 보인단 말이죠.

이 : 춤으로 보이는데 사람 앞에서 잘 춘다, 너 춤 한번 추자고 그래가지고 사람이 모인 장소에서 춤을 춘 거는 한 대여섯 살 때인 것 같아요. 그래서 그렇게 추다 보니까 뭐 재롱도 좀 잘 떨고 그걸 이쁘게 봐가지고 부모님이 정식 춤 공부하는 기관으로 좀 인도를 해 주셨죠. 김 : 아하. 어디에 들어가서 춤을 배우기 시작했습니까? 제일 처음에….

이 : 지금 그 비원 앞에 옛날 궁이 해체되면서 국립국악원이 그 장소에 있었습니다.
거기 그 궁에서 추시던 김보남 할아버님이라고 계시는데 그 선생님 밑에 이렇게 저를 넣어가지고 그 문하에서…….

김 : 그때가 몇 살 때입니까?

이 : 그때가 7살, 8살 그때죠. 학교, 초등학교 들어가면서요.

김 : 초등학교 공부에 그러니까 그때 이미 그 과외 공부를 하신 거네요. 춤으로.

이 : 그렇죠 지금 시각으로 본다면…….

김 : 지금 시각으로 보면 아주 학원 과외 뭐 이런 걸 하신 편이라구요.
남들은 춤이 뭔지도 모르는 어린 나이에 이미 초등학교 들어가면서 국악원에 가서 춤을 배우기 시작했다. 그러면 부모님도 아주 시대의 춤

꾼으로 따님을 키우려고 마음 잡수셨던 것 같아요.

이 : 처음에 아마 안 그러셨겠지만 하다 보니까 계속해서 열심히 하고 또 뭐 잘하는 것 같고 그러니까 그런 마음이 드셨겠죠, 나중에.

김 : 그 한영숙 선생님이 스승이라고 말씀하셨는데, 아까도 잠시 언급을 하셨습니다마는 한성준 선생의 손녀라고 말씀하셨어요, 한영숙 선생이…….
그런데 뵙지는 못했다고 합니다마는 1941년에 작고하셨으니까.
근데 그분이 어떤 분이라는 거는 한영숙 선생님한테서 들으셨을 거 아니에요. 그분은 어떤 분이래요?

이 : 한성준 선생님은 굉장히 줏대가 이렇게 꼿꼿하시고요. 이렇게 중심이 잘 서서 이렇게 팔 벌린 그 사진이 지금 남아 있는데, 그 사진에서 그 선생님의 인품과 춤사위와 모든 그것이 이렇게 꿋꿋하게 배어나요.

김 : 그걸 알 수 있어요?

이 : 예. 그러한 맥을 또 손녀께서 받으셨고 제가 또 그 맥을 잇고 있습니다.

김 : 그러면 김보남 선생님한테 배울 때하고 한영숙 선생님한테 배울 때하고 어떤 게 다르던가요?

이 : 김보남 선생님은 저 어릴 때…….

김 : 하기는 다 한성준 선생님의 제자라는 거 아닙니까? 김보남 선생도. 또 한영숙 선생은 한성준 선생의 손녀딸이고. 그런데도 가르치는 방법은 다를 거 아닙니까.

이 : 다르시죠. 제가 어렸을 때 김보남 선생님한테는 그 골격과 뼈대적인 그것과 춤의 정신을 내적인 것을 있게 해주셨다고 보면은, 한영숙 선생님께서는 그 춤을 그 뼈대 잔가지를 막 달면서 활짝 꽃피워주신 분이라고 볼 수 있습니다.

김 : 그런데 이 교수는 한참 춤을 배우던 때에, 정말 어떻게 보면 막 춤의 경지에, 어떤 경지에 오를 때……. 뭐라 그럴까요. 그 물이 올랐다고 그럴까요? 그럴 때 돌연 국문과에 입학을 했어요.

이 : 네. 춤을 좀 제대로 추려면은 또 우리 춤을 좀 정리하는 것도 필요하고 제 자신이 참 너무 부족하다고 그 당시에 생각을 했어요.

가장 근원적인 게 뭐냐, 또 우리 그랬을 때…… 우리 문학 고전문화…… 또 춤 정리하려면 바로 국문학하고 연결이 되기 때문에 그쪽에 가서 한번 좀 공부를 좀 기본부터 다시 하자 그런 마음을 먹고 갔죠.

김 : 그곳에서 얻은 것은 무엇이었습니까?

이 : 그곳에서 우리 춤이 그냥 생겨난 것이 아니고 국문학을 통해서 그 고전문학에 나타나듯이 고대의 그러한 그 문화가 그리 쭉 배어가지고 그 현대 문화 또 현대 문학 그러한 면하고 같은 것이라는 걸 알게 됐어요. 그래서 그 우리 춤은 바로 이러한 문화와 역사 또 모든 문학, 예술이 어우러진 하나의 총체적으로 어우러진 바로 춤이구나 그런 거를 알게 됐습니다.

김 : 근데 한국의 춤을 한恨과 정情을 나타내는 춤이다 이렇게 얘기하시는 분들이 있습니다. 동의하십니까?

이 : 그렇죠. 근데 그 지금 한이라 그러면 너무 한스럽고 슬픈 그런 일면적인 것만 우리가 생각하게 되죠.

근데 그 한에는 굉장히 그것을 풀어가지고 역동적으로 제대로 서려는 그러한 끈질긴 역동적인 몸짓까지 담겨 있어요.

그래서 한과 정에는 아름다운 정수, 정이 담긴 그러한 몸짓과 우리를 좀 누르고…… 그 외침도 우리가 역사적으로 많이 당했지 않습니까? 그러한 것을 극복해서 하나의 줏대 있는 사람으로서 서려는 극복 의지가 담긴 그러한 끈질긴 역동성 같은 거. 그런 것을 총체적으로 말할 수 있습니다.

김 : 우리 춤만의 무슨 특징이 있습니까?

이 : 우리 춤만의 특징이라고 그러면 우리는 땅 없이는 얘기가 안 되는 것 같아요.

모든 인간, 사람들이 땅에서 나왔듯이 땅과 하나가 돼가지고 계속 하늘과 교감을 하게 되요.

그래서 그 땅의 몸짓과 또 하늘을 향한 그러한 경배…… 그러한 몸놀림이 합쳐진 그러한 굉장히 내재적인 어떤 내면의 성찰을 통한 그 정신을 우리 춤에서 볼 수가 있습니다.

김 : 으흠. 장단과 어떤 관계가 있습니까?

이 : 장단은 춤에서 보면 그냥 한몸이라고 볼 수 있습니다.

우리 판소리에서 일고수 이명창 하듯이 그 명창의 창도 고수 장단이 없이는 어떻게 할 수가 없듯이 우리 춤도 바로 장단 없이는 춤이 안 추어지죠. 그런데 그 춤에 맞게 또 그 장단이 다 조화가 돼요.

그래서 하나의 승무를 가지고 우리가 본다고 그러면 가장 그 승무의 첫 마당에 염불로 시작이 됩니다. 가장 느린 장단……

덩 쿵 닥 다기닥 닥 쿵 덩더러러러러 기닥 다.

느린 육박이에요. 느린 육박에 맞춰서 땅에 엎드려가지고 바로 일어나면서 천지인의 삼사상을 얘기하고 있어요. 그러니까 땅에서 일어나서 하늘과 만나가지고 거기서 하나의 생명이 태어나는 거죠.

그래서 첫 동작의 그러한 느린 그 육박의 장단과 우리의 생명이 태어나는 아주 근원적인 철학이 그냥 담겨 있게 되죠.

그다음 둘째 마당으로 넘어가면 타령 장단인데 그 타령은 거기 한 인간이 중심을 잡고 서가지고 이렇게 기둥을 박듯이 탁 줏대를 받고 자기 얘기를 해요. 그러니까 장단도 그렇게 생겼어요.

덩 탁 다 덩 더 탁 다.

그러면서 딱딱 이렇게 줏대를 받고. 그다음에 셋째 마당에는 굿거리로 넘어가는데 그것은 기둥을 박은 거기에서 노동을 하고 일을 하면서 활짝 열매도 맺고 꽃을 피워요. 그래서 장단도 아주 그와 같습니다.

덩 기덕 덩 다다다닥 덩 다다다끼 다 다다다다다 당다닥 다당 다다닥.

김 : 아, 이제 고만하셔야지. 내가 막 춤을 추고 싶어져가지고…….

이 : 아, 그렇습니까? 네 알겠습니다.

김 : 대단하시네요.

근데 우리 춤과 서양 춤의 차이는 무엇입니까. 물론 우리가 한눈에도 벌써 구별이 되지만, 그래도 우리 이애주 교수가 생각할 때에는 어떤 것이 다르다 이렇게…….

이 : 우리춤은 특히나 마음에서 춘다고 그래요. 그래서 마음에서 모든 것이 나오고…… 우리는 이렇게 사람 앞에 설 때도 딱 빨아져 이렇게 못 보잖아요. 뭔가 이렇게 좀 내면적으로 마음을 향합니다.

춤도 그와 같이 내재적으로 이렇게 웅크린 모습이 굉장히 중요한 춤의 출발이 돼요.

그러면서 거기서 이렇게 쫙 펼쳐졌다가 다시 또 그와 같이 웅크려졌다, 맺고 풀면서 나가게 되죠.

근데 서양 춤 동작을 보면 굉장히 하늘 높이 펼치려고 하는 것 같아요. 예를 들면 무슨 아라베스크 같은 거…… 아주 발끝으로 서가지고 하늘을 향해서 딱 펴서 아주 하늘 지향적인 그러한…….

김 : 또 이렇게 높이 뛰는 점프도 많잖아요.

이 : 그렇죠. 그래서 하늘로 올라가려는 그러한 정신이라고 할까요? 서양 건축에서 나타나듯이. 그렇게 쉽게 말씀드릴 수 있죠.

김 : 이애주 교수께서는 무형문화재, 승무 무형문화재던가요?

이 : 네. 그렇습니다.

김 : 그 문화재로 지정을 받으셨죠. 그게 언제죠?

이 : 96년에 받았습니다.

김 : 좀 늦은 감이 있기도 한데. 그동안에는 어느 분이 무형문화재셨나요?

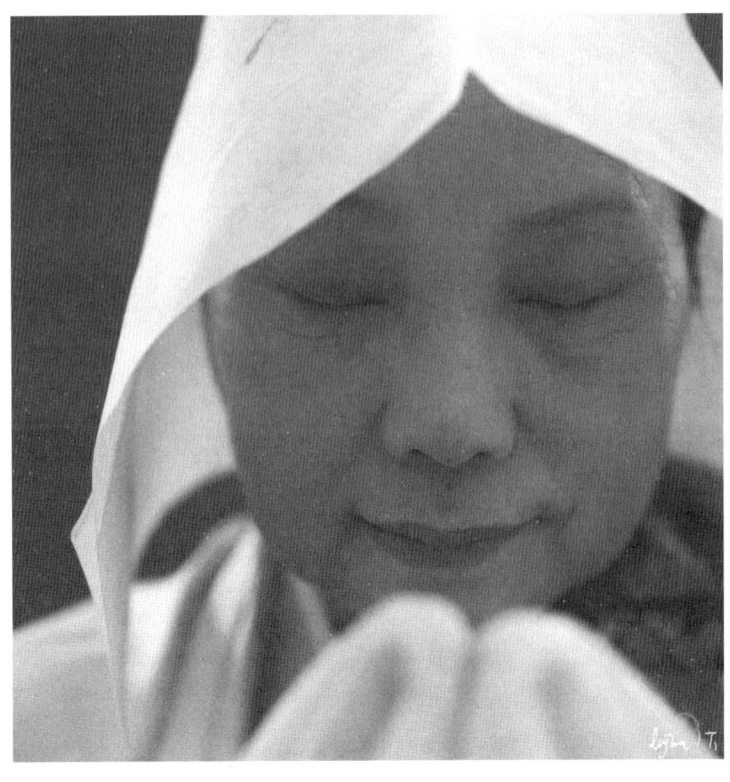

이 : 저희 스승님이신 한영숙 선생님이 60년대 중반부터 쭉 보유하고 계시다 89년에 타계하셨어요. 그리고 제가 공부 정리를 좀 하고, 또 고통의 시간도 좀 많이 갖고, 또 제 자신도 성찰하게 되고 그러다가 96년에 지정이 됐죠.

김 : 그러면 89년과 96년 사이에는 승무 무형문화재는 안 계셨습니까?

이 : 네. 저희 선생님 맥은 그렇습니다.

김 : 네, 그런데 승무라고 그러면 글자 그대로 절에서 나온 춤입니까?

이 : 절에서 서로 영향을 받았죠. 그 절에서 추는 의식춤은 작법作法이라고 하는데요.

김 : 그건 승무가 아닙니까? 그것도 승무 아닙니까?

이 : 그것도 큰 의미의 승무죠. 그런데 거기서는 영산재 작법이라고 그래가지고 문화재로 지정이 됐어요. 그래서 그 근원을 따져 올라가면 그 불교식 작법은 어디서 나왔느냐…… 또 우리 민족의 몸짓에서 갔으니까 서로 오고가면서 영향을 받았습니다. 그래서 정립된 당시에 불교가 또 중요하게 우리나라에 자리 잡고 있음으로 해가지고 또 승무라는 이름으로 그렇게 붙여지게 된 연유죠.

김 : 그럼 중국이나 일본에는 승무가 없습니까?

이 : 거기에도 다른 의미의 승무가 있기는 있겠습니다만 우리처럼 이런 본격적인 승무는 없는 걸로 알고 있습니다.

김 : 그런데 그 승무에 인간의 삶이 담겨져 있다, 이렇게 말씀하셨습니다. 그럼 어떤 동작이 인간의 삶을 표현하는 것입니까? 다음에 승무를 볼 때 저희들이 좀 참고를 해야겠습니다.

이 : 맨 처음에 아까 염불의 첫 동작은 생명이 태어나는 태아의 숨 쉬는 그런 몸짓에서부터 우리 한 인간이 우뚝 서가지고 엎드렸다가 딱 중심을

잡고 일어나요. 일어난 다음에 탁 방향을 돌리면서 자기가 나아갈 방향을 정립해요.

그 다음에 나오는 동작이 삼진삼퇴 동작이에요. 그러니까 양날개를 쭉 펼치면서 세 걸음 앞으로 나갔다가 세 걸음 뒤로 오면서 자기 또 태어난 곳으로 다시 돌아오게 돼요. 근데 방법은 다 달라요. 원리는 그 원리인데요.

김 : 그러면 인간의 생로병사를 그대로 담고 있다, 이렇게 생각하면 됩니까?

이 : 그렇죠. 그래서 그 염불 다음에 타령 과정에서는 인간의 노동의 몸짓이 그렇게 담겨져 있어 가지고 첫 동작이 밭을 갈고 김을 매는 그러한 또 동작으로 돼 있습니다.

김 : 자, 그러면 우리가 승무 무형문화재이신 이애주 교수의 승무 추시는 장면을 잠시 같이 보도록 하겠습니다.

이 : 예. 저게 바로 타령의 첫 동작을 지금 하고 있습니다.

앉아서 이렇게 밭을 가는 것 같이 그러한 몸짓이 지금…….

김 : 지금 이것은 승무는 아니지 않습니까?

이 : 예 저거는 지금 추모 살풀이 춤을, 제가 김월하 선생님, 여창가곡으로 돌아가신 문화재셨습니다. 그 선생님을 추모하는 추모 살풀이를 제가 추고 있죠.

김 : 그 승무에 비해서 굉장히 그 살풀이는 정적이에요.

오히려 정적인 춤이 더 표시하기가 힘들지 않습니까?

이 : 네. 느리고 정적인 걸수록 힘이 들죠.

김 : 네.

이 : 저 장면은 씻김굿 춘 장면이에요. 그래서 한 해를 이렇게 돌아보면서

우리 자신을 좀 돌이켜보기도 하고 잘못됐던 것은 해원하기도 하는 그런 성격을 갖고 있습니다. 저 춤에서.

김 : 그리고 96년에 이애주 교수께서 무형문화재 지정을 받자마자 새로이 작업을 하셨다고 그러는데 한성준 선생님과 재조명하는 작업을 가지셨다고…….

이 : 네.

김 : 지금 마무리가 됐습니까?

이 : 계속 하고 있습니다. 그 전에는 한영숙 선생님 것을 이어받느라고 애썼지만 더 근원적으로 그 윗분, 윗대로 올라가가지고 3대에 걸쳐서 정리를 하고 또 그러한 작업들이 또 고대로부터 연결돼가지고 하나로 이렇게 맥이 설 때 또 우리의 온전한 춤 또 문화의 맥을 가질 수 있다고 보기 때문에…….

김 : 우리나라가 예를 들면 남도에는 창, 또 경기 무슨 민요, 서도 무슨 민요 이런 노래가 주로 발생하고 즐겨 부르는 고장이 있지 않습니까. 그런데 이 춤은 그런 고장은 없나요?

이 : 춤도 각 지역에 다 있습니다. 각 지역에 소리, 춤, 악가무가 사실은 다 있는데 한성준 선생님이 활동하신 것을 보면 충남 홍성에서 태어나서 가지고 전국을 다니시면서 소리꾼들하고 작업도 하시고. 또 우리 궁이 서울 쪽에 있다 보니까 경기도 쪽에 중심을 잡고 전국의 그러한 가락과 춤사위를 한데 이렇게 승화시키게 된 거죠. 근데 각 도, 각 고장, 각 마을에 그 특징적인 춤과 소리가 다 있어요.

김 : 무형문화재가 되면 말 그대로 그 전통의 춤을 그대로 계승하는 것입니까? 그 맥이 끊어지지 않게?

이 : 네. 그대로 계승하는 건데 그 계승하는 그 내면에는 그것을 이 시대에

맞게 재창조한다는 의미까지 담겨 있습니다.

김 : 그러면 원래 전통 문화재가 춤의 형태가 대를 거칠수록 달라질 수가 있 잖아요.

이 : 달라질 수가 있는데 거기에서 나타나는 그 정신, 예술정신이라는 것은 달라질 수가 없기 때문에. 사람마다 체격도 다르고 그 시대 상황도 다르고 그래서 다르게 보이는 것 같지만 그 맥은 같고…….

김 : 예를 들어서 피아노를 치는 사람이나요. 이런 사람들이 악보대로 치지 않습니까?

이 : 그렇죠.

김 : 그래도 물론 실력의 우열이 차이가 나겠습니다마는 춤을 추는데도 무슨 그 악보 같은 그런 표시가 있습니까?

이 : 춤에 무보가 부분적으로 남아 있습니다만 저희가 그 서민 민중들이 추던 춤은 무보가 거의 없어요. 그래서 몸에서 몸으로, 또 구전심수적으로 전달이 됐기 때문에…….
없지만 또 춤을 딱 보면 저게 제대로 됐는지 또 잘못 가고 있는지 또 알 수가 있습니다.

김 : 그러면 승무를 선생님한테 배웠습니까?
그런데 시간이 지나면 선생님이 추는 승무하고 이애주 교수가 추시는 거하고, 또 이애주 교수의 제자가 추는 거하고, 같은 춤을 추어도 많이 내용이 다를 수가 있겠네요?

이 : 아 그것은 춤추는 시간은 자유롭게 조정이 돼서 한 동작을 가지고 즉흥을 자유자재로 할 수 있는 게 또 우리 춤의 특성이고 묘미에요.
그래서 다르게 추는 거 같지만 큰 틀로 보면 한 가지로 또 볼 수가 있는 것이죠.

김 : 그렇군요. 우리 전통 춤에 남녀가 서양 춤처럼 쌍쌍이 추는 춤이 있습니까?

이 : 쌍쌍이 추는 춤이 그렇게 직접적으로 붙들고 그런 거는 아니지만, 우리는 떨어져서도 서로 바라보면서도, 그 예를 든다면 양주별산대. 애사당과 그 말뚝이의 그…… 승애 대무가 있는데 그 손을 안 대고도 사랑을 표현하고 있습니다.

입맞춤하는 거를 이렇게 입을 딱 따가지고 또 상대방한테 댔다가 또 자기한테 가져오면서 아 좋다고 이렇게……. 근데 어떻게 보면 더 직접적이면서도 짙은 감정을 우리가 느낄 수 있어요. 그래서 그런 정신을, 또 그러한 형식을 우리가 공부를 해가지고 좀 많이 연결을 시켜야 되는 것이죠.

김 : 근데 요즘 사는 세계 모든 젊은이가 그럴지 모르겠습니다마는 우리나라 젊은이들만 봐도 춤도 역동적이고 그리고 좀 어떻게 보면 섹시하고 이런 것을 좋아하는 것 같아요. 인간의 본능이겠죠. 그런데 우리의 춤은 거기에 좀 젊은이들의 욕구에 미흡한 것 아닌가…….

이 : 글쎄, 젊은이들이 우리 문화가 다 서양식이 돼버렸으니까 그것만 보고 또 배우다 보니까 그렇게 되는데, 그럴지라도 우리 것은 이런 것이다, 이렇게 가르쳐야 되고 교육하고 자꾸 보여주고 하게 하는 게 또 저희들의 임무 같습니다.

김 : 그러나 이게 무슨 디스코텍, 캬바레, 또 뭐가 있던가요, 뭐 많이 있는데 젊은이들이 무용학원에 가서 배우든지 무용과에 가서 배우는 사람 말고는 어디 길거리 지나가다가 '우리 들어가서 우리춤 좀 추어볼까?' 이런 경우는 없단 말이죠.

그러니까 앞으로 우리의 전통 문화가 시간이 갈수록 정말 참 너무나 어떻게 보면 이 존폐의 기로에 서 있지 않는가, 그런 생각을 가지게 될 때도 있어요.

물론 지금 전통 문화를 계승하는 젊은이들이 있긴 있지만.

이 : 그러니까 대중들이 다같이 할 수 있는 전통춤이 생활춤으로 거듭나야 되고요.

김 : 우리춤도 젊은이들이 좋아하게 좀 개발할 수는 없는 것인가요?

이 : 그 일을 같이 공동 작업으로 당연히 해야 되고 앞으로 그렇게 하겠습니다.

그런데 제도적으로 어릴 때부터 교육제도가 돼야 돼요. 유치원 때부터 초중고등학교 대학에서 우리의 몸짓을 제도적으로 공식적으로 해야 되는데 지금은 그렇지 못한 면이 있어서 지금 무용과를 졸업한 학생들, 선생님들, 교수분들이 지금 일어났습니다 사실은.

우리 무용을 좀 제도화해서 학교에서 이렇게 독립시켜 달라, 그렇게 되면 자연히 우리 전통의 몸짓도 중심을 잡게 되는 거죠.

그래서 교육이 너무 중요한 것 같습니다.

김 : 맞습니다. 이애주 교수님께 서양춤을 평하라고 그럴 때에는 서양의 클래식, 말하자면 전통 무용을 얘기해야 될 것이지만, 이런 기회도 많은 것이 아니기 때문에 정말 우리 이 시대를 대표하는 한 분의 춤꾼으로서 요즘 젊은이들이 좋아한다는 무슨 디스코, 또 무슨 춤이 또 나왔다고 그러던가요. 그런 춤에 대해서는 어떻게 생각하십니까?

이 : 너무 자기 중심이 없고 겉으로만 자기를 해소시키고 풀어내는 것 같아요. 그리하여 정신과 육체가 해체되는, 그래서 남는 게 별로 없거든요. 그래서 그 서양것도 중요하지만 그 이전에 내 자신이 뭔가 좀 더 자기 자신으로 돌아와서 좀 중심 잡는 그러한 움직임, 정신을 가진 다음에

서양 것도 또 좋은 거는 받아들여서 같이 하고 그렇게 되면 굉장히 좋겠습니다.

김 : 텔레비전 방송에 말이죠. 텔레비전 방송에 젊은이들이 나와서 랩을 부르면서 그 참 뭐 뺑뺑 돌고 뭐 이렇게 넘어졌다 일어났다 하는 것이 아주 기가 막힌 젊은이들이 많아요.
미국 본토 이상으로요. 근데 그런 것은 있지만 그렇게 젊은이들이 나와서 우리춤을 추고 그러는 시간은 별로 없잖아요.

이 : 없죠. 방송에서 좀 많이 이것도 배려를 해주셔야 되죠.

김 : 방송에서 하려면 말이죠. 국민이 원해야 돼요.

이 : 그렇죠. 그런데 국민이 지금 뭐 다 서양식의 것만 좋아하니까 모든 국민을 좀 제도화하고 교육 행동의 관점에서 같이 힘을 합쳐가지고 나가는 수밖에 없을 것 같습니다.

김 : 전 국민을 무용과 학생으로 만들면 어떨까요.

이 : 제일 바람직한 말씀!

김 : 이애주 교수께서는 우리 전통문화 계승 발전에 혼신의 노력을 다하시고 저희 방송국이나 저나 이런 사람들은 우리 전통문화를 사랑해 달라는 그 하소연을 우리 시청자들에게 열심히 하고. 그러면 우리 전통문화가 정말 건국 이래 가장 훌륭한 꽃을 피우지 않을까 그런 생각이 드네요.

이 : 네 그렇게만 된다면 곧 또 우리 문화, 우리 국력은 정말 제대로 꽃 피워질 것 같습니다.

김 : 그렇습니까. 이애주 교수가 요즘 문제 삼고 있는 최근의 춤의 화두는 무엇입니까?

이 : 항상 이 시대를 살다 보니까 이 시대의 가장 본질적인 물음이 뭔가. 그

러다 보니까 또 첨예한 쟁점하고 만나게 돼요. 그 본질적인 물음이요.
그래서 요즘은 또 독도 문화, "독도는 우리 땅" 그렇게 많이 얘기하고 노래합니다만, 말만 해서 되는 것은 아니고 실제 이제 온몸으로 독도라는 실체를 남겨놔야 되겠다 그것이 뭔지.
그래서 얼마 전에 〈역사와 의식, 독도진경〉이라는 독도 문화제를 서울대 박물관에서 했어요.
그리고 또 독립기념관으로 옮겨가서 하고. 그래서 박물관장이신 이종상 화백께서 중심이 되셔가지고 그림과 춤과 사진을 증거로 계속 남겨놓자 그래서 그 작업을 하고 있습니다 지금.

김 : 아마도 앞으로 한일 간에 가장 분쟁이 첨예하게 될 수 있는 것은 어떤 것일까. 물론 경제적인 것도 있고 정치적인 것도 있겠지만 문화적인 것도 있고요. 우선 국경 문제로 독도 문제가 굉장히 첨예하게 대립될 수 있다, 이렇게 말씀하시는 분들이 계시더라고요.
그렇다고 그러면 독도 문화제를 서울에서만 할 것이 아니고 독도에 가서 아주 한 100일 동안 춤을 한번 추셨으면······.

이 : 아유, 너무 고마우신 말씀이십니다.
그 독도, 이번 문화제 할 때 잠깐 들어가서 '터벌림춤'은 잠깐은 추었지만 성에 안 차죠. 모두 공유할 수가 없으니까. 그래서 가가지고 정말 해가 뜰 때 '해돋이춤'으로부터 시작해서 해질 때까지. 네 그렇게 한번 하고 싶습니다.

김 : 하루 해 가지고 되겠어요. 여러날 좀. 기록을 세우세요.
끝으로 한마디만 여쭤보겠습니다. 우리 시청자 여러분께 우리 전통문화를 계승하는 분으로서 춤이란 어떤 것이니까 앞으로 어떻게 봐주십시오, 이런 부탁을 좀 한마디 해주십시오.

이 : 춤은 우리 자신의 표현이고 나를 그대로 나타낸 겁니다. 그렇기 때문에 그 나 자신을 제대로 그 몸짓으로 움직이지 않고는 우리가 단 하루도 살아나갈 수가 없죠. 그래서 우리가 생명이 붙어 있어서 숨을 쉬는 것과 마찬가지죠. 살아있는 몸짓이 다 춤으로 생각하고 거기에 그 우리 민족 정신, 한민족이란 무엇인가 나는 무엇인가 그런 것을 생각하면서 우리 춤을 보면 되고요. 또 그러한 저력이 깔리지 않으면 앞으로 우리 세계에도 우리를 내세우지 못할 것 같습니다. 그래서 젊은이들이, 우리 사회를 짊어질 젊은이들이 관심을 많이 갖고 우리 몸짓, 우리 문화를 중심으로 이렇게 펼쳐 나가주셨으면 너무나 고맙겠습니다.

김 : 저는 오늘 이애주 교수께서 얼마나 무거운 짐을 어깨에다가 지고 가시는 분인가 이런 것을 느꼈습니다. 건강하시고요. 오늘 시간 내주셔서 고맙습니다.

이 : 네, 고맙습니다.

김 : 본인이 아주 듣기 좋아하신다는 말씀을 제가 하겠습니다. "시대의 춤꾼 이애주"

이 분은 50년을 춤에 바쳤지만 그의 춤에는 반만년의 역사와 전통이 서려 있고 우리 민족의 혼이 내재돼 있다 이렇게 말씀드립니다.

피, 그리고 살, 우리 육체…… 이런 것이 섞인 춤.

거기에다 혼을 담고 싶어하는 춤꾼, 바로 이것이 진정한 춤꾼의 모습이라고 늘 얘기하고 있고 본인이 그렇게 되려고 평생을 노력하신 분입니다.

오늘 대단히 유익한 시간을 가졌다고 얘기하겠습니다.

여러분 다음 시간까지 안녕히 계십시오. 고맙습니다.

# '민중춤꾼' 이애주, 블랙리스트 오른 까닭*

1987년 6월 항쟁 당시 박종철, 이한열 열사를 기린 '살풀이춤'으로 대중들에게 '민중 춤꾼'으로 알려져 있는 중요무형문화재 제27호 '승무' 예능 보유자인 서울대 이애주 교수를 만났다. 서슬 퍼렇던 시절, 광장에서 '바람맞이 춤'을 추는 것이 무섭지 않았냐는 질문에 "그때 나는 국민들의 열망과 함께 몸으로 말한 것뿐이다. 그림 하는 사람은 그림으로, 문학 하는 사람은 글로 이야기하듯 나는 몸으로 나의 생각을 춤추었을 뿐이다. 안 하고는 못 배길 만큼 시급한 상황이었다"라고 답한다.

공연 예술가로서 무대에 설 기회를 차단당하면서도 그 당시 주류 담론인 무용이라는 말 대신 한국 전통의 춤, 마당, 판이라는 말을 쓰기로 작정하고 밀어붙였던 20대 청년 이애주 그의 이야기를 들으며 1970년대의 그가 그럴 수 있었듯이 2010년 대를 살아가는 지금의 20대도 그저 힐링을 당하는 세대가 아닌 세상을 힐링할 수 있는 판을 만들 수 있지 않을까 생각했다.

*프레시안, [정치경제연구소의 '自由人'], 2013.1.21.

제주 4·3 희생자, 히로시마 원폭 피해자, 핵 없는 세상을 위하여, 그리고 쌍용차 해고노동자의 죽음을 추모하는 대한문 앞에서 지금도 특별한 무대 없이 현장의 아픔을 위로하고 있는 그의 춤을 2050년대의 청년들도 볼 수 있었으면 좋겠다. 아! 다만, 이런 아픈 현실들은 제외하고 말이다.

☞ 1987년 6월 항쟁 당시 박종철, 이한열 열사를 기린 '살풀이춤'으로 대중들에게 '민중 춤꾼'으로 알려져 있다. 서슬 퍼렇던 시절에 시국 열사들의 죽음을 기리는 자리에 홀로서 한풀이 춤을 춘다는 것이 보통 용기가 없으면 못했을 일인 것 같다.

그 당시는 이승만, 박정희 시대를 지나 독재가 몇십 년 이어진 상황이라 나뿐만이 아니라 국민 모두가 폭발 직전에 있었다. 1987년 1월 박종철 군이 물고문으로 죽고 이 사건이 신문에 대서특필되면서 전 국민이 경악을 금치 못했고 한마음으로 모이면서 6월 항쟁이 일어났는데 그날 바로 '바람맞이'를 추게 되었다. 사실 1960, 70, 80년대에 독재 정권이 이어지면서 그들의 표현대로 반합법적이고 비합법적인 집회와 투쟁들이 계속해서 이어 왔고 이 와중에 서울대생 박종철의 사망으로 6월

항쟁이 일어나는 도화선이 되었다. 이런 시대 상황에서 내가 할 수 있는 춤으로 몸이 그렇게 움직여진 것이다. 춤이 삶의 몸짓이 축적된 것이라면 과거의 살아온 몸짓, 지금의 사는 몸짓, 미래의 살아갈 모든 몸짓 등이 춤의 생생한 토대라고 본다. 춤은 사상과 철학이 몸놀림으로 드러난 것이다. 그때 나는 국민들의 열망과 함께 몸으로 말한 것뿐이다. 이한열 열사의 장례식 때도 그랬다. 이한열 군이 최루탄에 쓰러지고 나서 병문안을 갔더니 연세대 도서관 앞에 수천 명의 학생들과 노동자들이 모여 밤샘 집회를 하고 있었고 나에게도 발언을 좀 해달라고 하여 "나는 말도 잘 못하고 춤으로 할 수 있을 때 하겠다."고 했다. 그렇게 돼서 이한열 열사의 장례식에서 춤을 추게 된 것이다. 그림 하는 사람은 그림으로, 문학 하는 사람은 글로 이야기하듯 나는 몸으로 나의 생각을 춤추었을 뿐이다. 안 하고는 못 배길 만큼 시급한 상황이었다. 그랬기 때문에 대통령 후보격이었던 노태우 씨도 국민의 폭발적인 민주화 투쟁에 6.29 선언으로 굴복한 척한 것이 아닌가.

☞ 어떻게 해서 '바람맞이 춤'을 추게 된 것인가?

그 당시는 연습장도 없어지고 주위 사람들은 다 감옥 가고 고문받고 있을 때였다. 혼자 활동도 못하고 리듬도 다 죽어가는 것 같았고 내가 무얼 어떻게 해야 할지 침잠해 있을 때 서울대생 박종철 물고문 사건이 터졌다. '인간성을 말살시키고 죽음으로 몰고 가는 이 현상은 도대체 뭘까' 하며 저절로 몸으로 뭔가 해야겠다는 생각을 할 때였다. 마침 그때 처음 김민기·김석만·이상우 등 연우무대 후배들이 신촌에서 혜화동 이전 개관 공연을 부탁한 게 계기였다. 본격적으로 준비를 하며 고문,

탄압과 관련된 춤을 다 조사해 봤는데 고문 춤은 서양이고 어디고 세상에 없더라. (웃음) 성춘향을 어르며 추는 칼 놀림 정도밖에. 그런 생각을 하고 있을 때 연우무대에서 연락이 온 것이다. 그러자고 승낙하고 나니 기운이 막 살아나는 것 같았다. 사물놀이 원조 격인 이광수, 김덕수한테 요청을 했더니 흔쾌히 악을 맡기로 하였다. 그렇지 않아도 사물놀이 10주년을 맞으며 돌파구가 없었는데 아주 잘 됐다고 좋아하였다. 그렇게 만들어 나간 것이 〈바람맞이〉이다. 일주일간 공연을 했는데 사람들이 너무 몰려들어 표도 환불해 줄 정도였다. 돈을 받으려면 제대로 최고로 받자고 하였는데도 표가 동이 났었다.

그때 학생들은 대부분 못 들어왔다. 그 후 서울대 학생회에서 학교에서 꼭 해주셨으면 하는 간청을 하여 선뜻 하겠다고 했다. 그런데 서울대에서 하기로 한 전날 사물놀이패가 일본 공연 운운하며 못 하겠다고 하여 방까지 붙였는데 하지 못했다. 내가 지도교수로 있던 춤패 '한사위' 학생들이 나에게 선생님 공연취소로 자기네들이 얼굴을 못 들고 다니고 나는 서울대 학생들에게 약속을 안 지킨 비겁한 사람이 되어 있었다. 당시 춤패 '한사위'는 남북한 통틀어 최고의 춤패라고 소문이 났을 정도로 대단한 춤패였다. 그냥 있을 수 없어 '한사위'에게 제안을 했는데, "내가 밤을 새워 장단을 가르쳐줄 테니 할 수 있겠어?"라고 물었더니 불가능한 일이지만 그러겠다고 해서 밤을 새워 반주 음악을 가르쳤고 아주 어려운 장단은 그냥 그리듯이 했다. 기본으로 간 장단이 도당굿 장단이었는데, 도당굿 장단하면 기법적으로 정말로 까다롭고 어렵기도 하지만 음악적으로는 고도의 기법과 예술성을 갖고 있었다. 당연히 그 악과 같이하는 춤도 대단할 수밖에 없었다. '한사위' 학생들은 들어보지도 못한 장단을 비슷하게 그려가며 밤새워 연습했고, 다음날 새벽에 학교로 이동해서 포스터를 붙이며 준비했다. 공연을 하려고 대기실에 있는데 햇빛은 눈이 부셨고 밤에 잠을 못 자서 그런지 눈이 시큼시큼하며 눈물이 저절로 났다. 소도구 준비과정에서 물춤을 추기 위해 물자배기가 필요한데 학교에 있을 리 만무하고 여기저기 뒤지다가 그냥 플라스틱 쓰레기통을 잘라 광목을 씌웠고 어디 가서 가마때기 하나를 장만해서 멍석 대신 깔고 하는 그런 식이었다.

그날이 바로 6월 26일이었고, 1시에 서울대 아크로폴리스 광장에서 〈바람맞이 춤판〉이 열린 것이다. 원래는 연우무대라는 작은 실내 공간에서 춤을 췄었는데, 그날 춤을 춘 서울대 아크로폴리스 광장은 하늘 뚜껑이 열린 것 같았다. 장단이 시작되면서 눈부신 파란 창공이 보이더니 나도 모르게 하늘과 땅을 껑충 오르내리는 춤사위로 바뀌어 붕붕 뛰어올랐다. 당시의 춤판과 관객과 학생들의 기운이 하나가 되면서 전혀 예상치 못한 춤사위가 나오는 것이었다. 그러고 보니 연우무대에서 했을 때와는 전혀 다른 바람맞이가 되었다. 한 시에 시작한 그 춤이 두 시에 끝나니 바로 전국적으로 민주화 대행진이 일어나는 시각이었다. 두 시를 기점으로 서울에서 부산에서 광주에서 대도시와 방방곡곡에서 전국적으로 국민들의 거사가 일어났다. 그리고 다음 날 아침 신문에 하늘로 뛰어오른 춤 사진(한국일보 최규성 촬영)이 게재되어 모두가 충격이었고 신참이었던 그 기자는 덩달아 유명해졌다. 그 춤판에 외신기자를 포함해서 웬 기자들이 그렇게 많이 모여 찍어대는지 알 수가 없을 정도였는데, 다음 날 보니 춤춘 사람이 서울대 모 여교수라고 하며 "이 애주 교수가 민주화 대행진에 불길을 당겼다"는 기사가 쏟아져 나왔다.

그 이후 이한열 열사의 장례식에서 하나의 진혼의식으로서 춤을 추며 뜻하지 않게 전 세계적으로 알려지게 되었다. 그 후 자연스럽게 현장과 연결되어 인천 수은공장에서 명을 달리한 16살 소년 문송면, 태백탄광 성완희 열사, 거제도 조선소 이석규 열사 등 그들의 죽음을 애도하는 장례식 등 전국으로 각 지역으로 다니며 또 다른 바람맞이 의식을 치르느라 정신이 없을 정도였다.

☞ 이한열 열사 장례식 당시의 상황에 대해 조금 더 듣고 싶다.

장례식 때 춤 의식을 치르기 위해 밤을 새워 노동자 풍물패와 대학생 풍물패에게 장단을 가르쳤다. 내 춤을 반주하겠다고 연세대 강당에 전국에서 모여든 200여 명 풍물패에게 짧은 시간에 장단을 가르치느라고 한숨도 못 잤다. 나는 학생회 측에 "전 세계에서 외신기자들도 속속 모여들고 있는데 기독교식 장례는 우리 민족문화의 망신이다. 우리식의 장례식을 해야 한다."고 몇 번이고 당부했다. 며칠을 토론한 후 마지막 날 당시 학생회장이었던 우상호(민주당 국회의원)가 "선생님 뜻대로 하기로 했습니다."라고 하더라. 그러나 장례식 당일날 보니 기독교식으로 진행됐고 사회자가 장례식이 끝난 후 모 교수가 춤을 춘다는 식으로 발언을 했다. 밤새고 난 새벽에 준비하고 앉아 있는데 후배 조경만(목포대 교수)이 "누님, 사회가 춤추게 해야 합니다."라고 한 말이 생각났다. 맞는 말이었다. 또 민문연(민중 문화 운동연합) 후배이자 정책국장으로 있던 정희섭이 핏빛 물든 옷을 입고 앉아 있는 나에게 "누님, 어쩌다가 이렇게 되셨습니까?" 하더라. 이런 이야기들을 지금 생각해 보니 참 눈물겹다. 그러고 나서 민주화 운동이 전국적으로 불길처럼 올라 그 열기로 그야말로 사회가 춤춘 것이다.

☞ '바람맞이'라는 춤의 이름에 담긴 뜻이 궁금하다.

'바람'이라는 것은 움직이게 하는 것이다. 바람에 의해서 춤이 추어진다. 움직이는 자연이다. 나는 우리춤을 자연춤이라 하는데 '스스로 자自' 자에 '그러할 연然' 자라 스스로 몸짓이 나오는 거다. 모든 춤은 움직여지는 것이고 그 움직임은 바람에 의해서 움직이게 되는데 나뭇가지가 흔들리는 현상, 꽃봉오리가 마지막에 터뜨려지고 씨앗이 흩뿌려지는 등 모든 과정이 자연이고 그것을 움직이게 하는 매개체가 바람이다. 바람은 생명 그 자체로서 생명의 몸짓을 일어나게 하고 쓰러지게 하고 재탄생시키기도 한다.

바람을 맞이해서 스스로 그러하게 같이 간다는 이야기다. 예컨대 해맞이 춤을 출 때 여명이 밝아오며 해뜨는 찰라 그 밝은 빛을 맞이하게 되고 모든 만물을 따뜻하게 비춰주고 꽃피우게 한다. '맞이'라는 의미는 해가 지는 것까지도 포함된다. 지는 해를 보내고 다음 날 뜨는 해를 또 맞이하는 것이다. 바람맞이도 그렇다. 그 춤거리가 씨·물·불·꽃으로 이루어졌는데 맨 처음 '씨춤'은 바람에 의해서 흩뿌려진 씨가 싹으로 움트는 과정이다. 물춤에서는 비가 오고 적당량의 물이 있을 때 제대로 된 생명 활동을 할 수 있는데 반대로 물이 너무 넘쳐 버리면 죽음으로 갈 수밖에 없다. 이것이 물춤이다. 불도 마찬가지인데 불이 없으면 우리는 단 하루도 살 수 없지만 이것을 과도하게 잘못 사용했을 때 사람이 죽어 넘어가고 생명 활동은 끝이 나게 된다. 바로 불춤의 주제이다. 마지막 꽃춤은 물고문과 불고문으로 목숨이 스러지고 그 죽음이 거름이 되어 다시 생명의 꽃이 피어나는 상생의 과정을 빚어낸 춤이다.

☞ '맞이'가 '환대'의 뜻이 있는 건가?

춤에 '올림채'라는 춤사위가 있다. 나를 숙이고 비우면서 상대방을 모시는 것인데 '모신다'는 것은 공경으로 맞이한다는 뜻이다. 곧 올리고 모시며 하늘을 맞이하는 의미다.

☞ 그 시대 사람들의 열망을 '바람맞이 춤'을 통해 구체적으로 표현했던 것 같다. 그런 의미에서 춤은 몸의 언어이자 시대의 언어라고 한 말이 이해가 된다.

루쉰 예술론이든, 마르크스 예술론이든 그리고 좌파 이론이든 공통적으로 예술이란 정치, 경제, 사회와 하나로서 인민들의 삶과 같이하는 개념이다. 이전엔 글로만 읽고 알고 있었지 그것을 몸으로 깨닫지 못했다. 그런데 '바람맞이'를 추며, 이한열 열사의 춤을 추며, '춤은 정치이고 사회이고 모두가 하나구나'라는 생각이 들었다. 어떤 기자는 내 춤을 보며 '시국춤'이라고 했고, 어떤 기자는 사회적인 관점에서 '사회춤'이라 했고 정치의 관점에서 본 기자들은 '정치춤'이라고도 했다.

춤은 경제라고 해도 맞는 말이고, 정치라고 해도 맞는 말이다. 결국 정치, 경제, 사회, 문화가 모두 연결된 것이 예술이고 그 안의 핵심 정신이 어우러져 움직여지는 운동성이 춤이라고 본다. 1990년대 국립국악원 예악당에서 단독 춤판을 벌였을 때 서울대 민교협 교수들이 많이 오셨는데 그 중 경제학을 하시는 원로 교수님 한 분께서 막이 올라가는 순간 '춤은 경제다'라고 느꼈다고 말씀하시더라. 자본주의 사회에서 경제적 여건이 뒷받침 안 되면 막을 올릴 수 없다. 근 7, 8년 동안 나는 제대로 된 극장에서 춤판을 벌인 적이 없는데 극장을 얻을 자본도 없고, 정치력도 없고 '내가 가진 것은 오로지 춤뿐이구나'라는 생각이 든다. 그런데 요즘 같아서는 제대로 한 번 펼치고 싶다. 2012년이 춤 60년인데, 제대로 60년 춤을 정리해 내고 싶은 마음이 간절하다.

☞ 극장을 마련할 만한 후원을 얻을 수는 없는지?

없다. 공연을 해도 광고 하나 못 얻는다. 중이 제 머리 못 깎는다고 내일에는 100만 원짜리 광고 하나도 못 딴다. 올해 2월에 정년퇴임을 하니 이번 연도 상반기까지를 춤 60년으로 보고 그 안에 꼭 정리를 해야만 하는 사명감을 가지고 있다. 몸도 나이가 들면서 달라질 것 아닌가? 호흡도 그렇고 어쩌다 삐끗해서 몸이 잘못되면 영영 내 춤은 구체적 몸짓이 영상으로나마 남게 될 수 없다. 영상으로도 제대로 남겨둔 것이 없다. 춤을 출 때 함께하는 반주 가락 연주도 후대를 위해 남겨두어야 한다. 앞으로 비록 이 세상에서 안 보이더라도 반주 음악이나 영상을 꼭 남겨둬야 한다. 그 작업을 여태 못했다. 내가 하고 싶다고 할 수 있는 것이 아니었다. 조건 갖춘 극장을 얻고 비용을 다 따져 봤는데 음악, 조명, 연출, 의상을 정통으로 갖추고 음향, 영상 작업 등을 헤아려보니 억대 이상이 든다고 한다. 천만 원도 없는데 말이다. 그래서 지금껏 공연을 기획할 생각을 못했다.

그런데 올해가 중요한 해이고 앞으로 더 어려워지는 것 아닌가 하는 강박관념도 있고. 그렇기 때문에 춤 한 판 작업으로 영상 등 자료를 남기려 하는 것이다. 그리고 주변에서도 "누님, 그래도 지금 움직일 수 있을 때 남겨놔야죠. 음악도 CD로 남겨 둬서 후손들한테 전해야 됩니다."라는 얘기들을 벌써 십여 년 전부터 한다. 같이 했던 동료·후배들의 말이다. 1989년에 스승이셨던 한영숙 선생님이 타계하셨다.

그 이듬해인 1990년에 '한영숙 류 이애주 춤'을 호암아트홀에 올렸는데 그때 내 춤의 연주를 바람맞이 장단을 같이 했던 김덕수·이광수 같은 명인들과 선율악기 명인들이 붙어서 해주었다. 한 20여 명 정도의 연주단이 자발적으로 반주를 한 것이다. 그야말로 차비 정도도 제대로 못 챙겨 줬을 거다. 요즘도 지방에 심사를 가거나 학술대회 등에서 만나면 "누님, 우리 그때 했던 것 빨리 재연합시다. 우리들도 이제 기운이 좀 약해집니다."라고 말한다.

자기네들이 더 하자고 한다. 그런데 내 몸은 더 급박하다. 사실 겁이 난다. 한번은 다리가 아파 쓰러진 적이 있는데 '이러다 영 못 일어날 수 있겠구나. 이제 마지막이구나' 하는 생각이 들더라. 바로 다리를 너무 쓰고 혹사해서 생긴 직업병이라고나 할까. 지금은 회복해서 일어나 춤을 출 수는 있다. 그렇기 때문에 이만할 때 꼭 남겨야 한다는 바람을 가지고 있는 거다.

☞ 혹시 기득권들이 싫어하는 현장에서 춤을 췄던 것이 대관도 힘들어지고 후원도 받기 힘들어지게 한 것은 아닌가? 그런 상황들을 실제로 맞닥뜨릴 때 타협하고 싶지는 않았나?

타협이라는 것조차도 생각해 본 적이 없고 그냥 내 갈 길을 가는 거다. 타협이니 비타협이니 생각해 본 적도 없고 나한테는 질문 자체가 안 맞는 질문이다. 어렵지만 내가 추구하는 것을 계속하다 보면 뜻 맞는 사회와 뜻 맞는 사람들을 만나 잘 될 때가 있겠지. 오로지 자기가 생각한 그 길을 가는 거다.

☞ 경제가 어려워지면 서민들의 지갑이 가장 먼저 닫히는 것이 문화·예술 쪽이고, 정치적으로 찬바람이 불 때 제일 먼저 칼바람을 맞는 곳 또한 저항적 기운이 센 문화·예술 쪽이 아닌가 싶다. 제2의 IMF라며 힘들었던 2009년 인터뷰에서 "빈곤한 무대를 겪고 나니 춤이란 단순한 동작이 아니라, 사회·경제와 맞물리는 예술양식이라는 사실을 새삼 느꼈다."고 이야기했는데, 한 사회에서 예술인으로 산다는 것은 어떤 것을 의미하는가?

지구가 망가지고 자연재해가 겹치면서 홍수와 가뭄이 많아지고 온도도 올라가면서 환경도 파괴되는 상황에서 예술을 한다는 것은 당연히 어렵다. 왜냐, 춤이 예술이 자연 그 자체니까. 춤은 정치, 경제, 사회 조건이 맞아떨어져야 제대로 춤을 출 수 있는 건데, 그 조건이 너무나 안 맞아떨어진다. 가진 자는 너무 많이 갖고 그런 사람들이 즐기고 원하는 부류의 예술만 많이 발표된다. 나같이 본질과 본성을 추구하는 자연 춤을 추는 사람은 모든 조건에서 설 자리를 잃어버린다. 내 경우에 그렇다는 얘기다.

☞ 현대 사회가 다 그렇지만 특히 한국에서 예술을 하기 위해선 돈이 많이 필요한 것 같다. 특히 춤은 종합예술이라서 다른 것보다 더 많은 자본이 필요할 것 같은데 어떤가?

복합 예술인 춤 분야에서는 모든 조건이 융합적으로 따르지 않으면 발표조차 할 수 없다. 공간적 제약 때문에 연습조차 하기 어렵다. 춤 반주가 되는 생음악을 실제로 못하면 녹음이 된 음악이라도 있어야 하는데 녹음을 한 번 하려고 하면 몇천 대를 능가한다.

명인들을 자리에 모으려면 그 정도 비용이 드는 것이다. 예를 들어 내가 중요무형문화재이기 때문에 1년에 한 번씩 문화재〈승무〉공개 행사를 해야 하는데, 문화재청의 지원이 너무 미약해서 그걸 가지고는 한 시간은 넘어야 하는 공연 한 판을 채울 수가 없다. 승무만 3, 40분 내외로 발표하고 오신 손님들을 가라고 할 수 없으니 다른 프로그램도 만들어야 하는데 그게 다 자본이다.

며칠 전 문화재 공개 행사에서 승무를 하는데 생음악도 제대로 못 쓰고 더구나 승무 의상인 장삼에 구멍이 나서 북가락이 빠져나와 망신을 당했다. 제때 못해 입으니 그런 것인데 장삼을 한 번 새로 하려면 기백만 원이 든다. 600만 원 정도의 지원을 받는데 연주나 소리를 하시는 분들은 모르지만 춤은 그렇지가 않다.

생음악을 써야 하고, 의상을 맞춰야 하고, 조명에서부터 무대 구조까지 모든 조건이 춤에서는 달라진다. 그런데 똑같은 금액을 주고 춤 공연을 하라고 하는 것이다. 그래서 이렇게는 정말 못하겠다고 공개적으로 마이크 잡고 이야기를 했다. 정말 예술 무대를 만들 수도 없고 해서 내가 직접 사회를 보면서 춤 이야기를 해가며 공연을 진행했는데, 춤에 맞는 극장 공간을 못 잡고 간편하게 해야만 했던 중요무형문화재 전수회관 풍류극장은 춤에 맞는 조건이 전혀 아니었다.

음악 연주는 몰라도 움직이는 공간이 필요한 춤은 그렇지 않다. 무대가

옆으로만 길쭉해 춤을 추기에는 전혀 맞지 않은 모양이었다. '헥헥' 거리는 입김이 관객 앞까지 가서 민망할 정도로 확보 거리가 전혀 없었다. 생음악도 쓸 수 없어 처음에는 녹음에 맞추어 하고 북 치는 대목부터는 직접 장구와 바라를 두드리며 해설도 하는 식으로 공연을 진행했다. 재작년 행사 때에도 비슷한 발언을 했다. "이런 식으로 학예회처럼 하기 싫으니까 특수 분야에 지원을 늘리든가 2~3년 치 지원을 모아서 최소한 음악이라도 갖추고 춤을 추면 좋겠다."고 했는데 반영이 되지 않았다. 옛날 문화재 관리국 시절에는 인간문화재들의 발표를 위해 큰 극장을 잡아 각자 한 종목씩 발표하도록 했다. 그런 방식으로 하면 인간문화재들이 다른 것 신경을 덜 쓰고 자기 종목에만 매진할 수 있게 된다. 나 같은 경우에는 승무에만 매진할 수 있고 말이다.

요즘에는 공연 자료집을 만들고 장소를 얻고 모든 기획을 알아서 해야 하니 힘든 것이다. 옛날처럼 며칠 기간을 잡아 '중요무형문화재 문화유산축제'의 성격으로 전 국민 대상으로 세계의 축제로 만들어 가면 좋겠다. 지역 축제에는 지자체에서 지원을 잘해 주는 것 같은데 정작 문화의 중심이라 할 수 있는 인간문화재 공연은 학예회 수준으로 만들 수밖에 없고 창피할 정도이다. 인간문화재 종목들이 마음껏 춤도 추고 악기하고 소리도 할 수 있게 있다면 훌륭한 사업도 될 것이다. 우리 문화유산을 살리는 의미에서 입장권을 판매할 수도 있고 기업에도 후원을 요청할 수 있다. 이렇게 해서 오히려 문화재에 후원할 수 있는 판이 만들어져야 한다. 더 이상 개인적으로 마련해야 하는 허술한 무대에 서고 싶지 않다. 그러니 '춤은 경제다'라는 이야기가 자꾸 떠오르는 것이다.

좀 다른 얘기이지만 예술뿐 아니라 어느 학문 분야라도 제대로 하려면 어렵다. 서울대 경제학과 김수행 명예교수가 마르크스 경제학, 자본론을 했었는데 그 때문에 굉장히 궁지에 몰리기도 했다. 이것을 보면 예술뿐 아니라 모든 분야에서 제대로 하려고 하면 어려운 지경에 이르는 것이다.

☞ 춤이 경제라는 말이 참 가슴에 와 닿는다.

춤은 경제인데, 경제는 정치와 연결되어 있다. 춤은 정치라는 말도 결국은 정치와 경제가 연결되어 하나라는 말이다. 중요무형문화재 보유자로서 이런 점이 정말 어렵다. '중요무형문화재 보유자' 라는 것은 중앙에서 지정된 국가지정 문화재인데 시·도 단위에서 지정되는 그냥 무형문화재 종목들이 오히려 지역 차원에서 더 많이 지원을 받는다. 예컨대 각 시, 도에서는 자기 지역의 지정 무형문화재에 지원을 해주고 우리는 국가지정이고 역사도 오래지만 오히려 찬밥이다.

또한 예술원이나 학술원 회원도 우리보다 더 많은 지원을 받는다. 현대예술이 못하다는 말이 아니라, 만년의 역사를 끌어온 살아있는 국보급 종목이, 현대예술의 어버이라고 할 수 있는 종목이 어떻게 더 낮은 대우를 받을 수 있는가. 그런 것도 시정되어야 한다고 본다. 진짜 중요한 국보급 문화재들에게 좀 더 지원을 해주어 제대로 맥이 이어질 수 있도록 해주어야 한다. 그렇지 않으면 큰 틀로 볼 때 만년 이상 문화의 맥을 이어 나가기에는 너무 어려운 점이 많다. 그런 게 힘들다. 87년을 지나면서 몇 년 동안 여기저기서 정당에 들어와라, 비례대표를 해라, 뭘 만들자는 등 온갖 제의가 많았다. '만약에 했다면 이런 문제점들을 다 바꿀 수도 있었을 텐데' 라는 생각까지도 들 지경이다. 만일 그랬다면 오늘의 나는 없었을 테지만 말이다.

☞ 이제 조금 더 개인 이애주에 대해 이야기해보자. 다섯 살 때부터 춤을 추었는데, 중간에 그만두고 싶다는 생각을 한 적이 있는지?

춤 자체로는 그런 생각을 해 본 적이 없다. 그런데 70, 80년대부터 현장에서 했을 때 밖에서는 이해도 못하면서 말도 안 되는 반응들이 나올 때 또 현대 자본사회에서 뭐 하나도 특히 춤판 하나도 제대로 펼칠 수 없을 때는 고민이 많다. 춤은 종합예술이기 때문에 내 몸짓만 가지고 안 된다. 음악에 의상에 조명에 무대까지 붙어야 할 것이 더 많다. 그런 면에서 너무 힘들면 힘이 빠지고 처지게 된다. 그렇지만 반대로 극한 상황을 넘어서기만 하면 어떤 것도 따라올 수가 없다.

그래서 춤이 위대한 거로 생각한다. 편한 것, 간단한 것만 해왔다면 오늘날의 내가 있겠는가. 어렵지만 내가 극복하고 그대로 가는 것이다. 또 지나고 보면 그런 것들은 별 게 아니고 여하간 몸짓이 최고더라. 몸짓을 통한 인간의 깨달음, 삶의 깨달음, 생명의 깨달음이 궁극의 화두이다.

☞ "고 3때 무용협회 주최 콩쿠르에 나가 장구춤을 췄는데, 춤만 춘 게 아니고 본격적인 가락을 넣어서 설장구를 막 두드려 부수면서 추니까 만장일치로 특상을 받았."고 했다. 창조적 즉흥성, 그 자유는 어디에서 나오는지? 그런 창조성을 기르기 위해 가장 필요한 것은 무엇이라고 생각하나?

어렸을 때 일들을 지내놓고 보니 그것이 창조성이다. 우리 춤에는 즉흥이 있다. 춤을 추며 팔을 올릴 때 어떤 경우에는 굿거리장단에 올릴 수도 있고 어떤 때는 제일 느린 장단에서 전혀 다른 방법으로 들어 올릴 수도 있다. 출 때마다 달라진다. 한국 춤의 장점이 기운에 따라 늘였다 줄였다 자유자재로 할 수 있는 즉흥성이다. 생각의 확장, 몸짓의 확장, 판의 확장 등이 나중에 상징적으로 그렇게 표현된다.

그렇지만 그 안의 정신과 틀은 그대로다. 우리 선생님이 그렇게 자유자재로 춤을 추실 때 '저게 뭔가' 하고 따라 할 수가 없었는데, 나도 춤을 춰온 60년 과정에서 자연스럽게 해결이 되며 그렇게 되었다. 즉흥성이 고도로 가면 그 자체가 그냥 창조성으로 연결이 되는 것이다. 장단과 동작이 자유롭게 극대화되면서 창조로 나타나는 것이다.

☞ 20대 때 대학원 졸업 후 춤을 공부하기 위해 교수직을 포기했다고 들었다. 교수라는 직업은 모두가 선망하는 직업이었는데?

대학원 졸업장을 받기 전에 이미 모 대학교에 교수로 내정되어 있었다. 방콕 아세안 올림픽 때 예술단으로 2개월 돌고 오니까 그렇게 되어 있었다. 생각지도 못한 일이다. 그런데 그 무렵 한영숙 선생님이 승무 문화재로 지정되시면서 그것을 전수시킬 제자로 나를 발탁해 주셨다. 직전에 훌륭한 선생님들이 다 돌아가시자 덜컥 겁이 났을 때였다. 특히 '한영숙 선생님께 꼭 공부해야 하는데' 하고 있었는데 우리 집 형편상 독공부할 수 있는 상황이 아니었다.

첫 제자로 들어오라고 하셔서 너무나 행복했는데, 마침 그 직전에 교수로 내정돼 있었다. 첫 학기 시작 전인 2월 말에 교수 자리 연결을 하셨던 선배 교수께 못하겠다고 하니 이해를 못 하시더라. 충격을 받으시며 "네가 이런 식으로 하면 앞으로 우리 졸업생들은 아무 데도 취직 못한다."고 매우 노하시더라. 내가 입장을 바꿔놓고 생각하더라도 그렇게 이야기했겠다. 그래도 내가 "지금이 아니면 춤을 공부할 수 없게 됩니다."하고 고집을 피우니, 나를 끌고 당시 원로 교수이셨고 나의 정신적 스승이셨던 이병위 교수님께 갔다. 이 교수님께서 자초지종을 다 들으시더니 "ㅇ군, 애주 양을 공부하게 놔둠세!" 그 한마디로 끝났다. 역시 스승님이셨다. 이분 덕분에 홀가분하게 해결되었다.

집에서는 내가 교수가 됐다는 사실에 모두가 기뻐하고 있었는데 차마 그만뒀다고 말할 수가 없어서 그냥 고민만 하고 있었다. 그런데 얼마 후 한영숙 선생님께서 어머니한테 말씀을 드렸는지 그날 저녁에 난리가 났다. 그때는 엄마와 둘째 오빠네 내외와 함께 살고 있었는데, 다음 날 아침 밥상에서 "네가 인제 네 밥벌이를 해야지 또 오빠한테 손 벌리려 한다"며 뭐라 하시는데 그 말을 다 듣고 있던 오빠가 "어머니, 그냥 애주 공부시킵시다. 학자 한 명 키웁시다." 그러더라. 그것 하나로 또 된 거다. 이런 것들이 다 해결된 후에 편하게 공부를 할 수 있었다.

공부의 궁극 목적이 결국은 바르게 살면서 진짜 깨달음을 얻어 가자는 것인데, 춤의 목적도 마찬가지다. 춤을 왜 추는가, 나는 어떤 존재인가, 나는 왜 사는가라는 궁극적 물음으로 간다는 면에서 같은 것이다. 교수도 마다하고 공부하겠다고…… 참, 그러고 보니 나는 역사 이래에 없는 일을 굉장히 많이 한다. '바람맞이'라는 춤의 형식도 내용도 역사에 없다. 국민적 장례식 때 춤을 춘 것은 어느 나라의 역사에도, 춤 역사에도 없다. 내가 생각해도 딴 사람이 나를 참 이해하기 어려운 사람으로 볼 수도 있을 것 같다.

☞ 이십대 후반에 교수임용이 된 것인데 어린 나이에 앞날이 보장되는 교수자리를 포기하기가 쉽지 않았을 것 같다.

'교수고 뭐고 다 싫고, 이거 안 하면 나 죽는다, 이것을 꼭 해야 한다'는 생각밖에 없었다.

☞ 뭔가를 제대로 배워야겠다고 생각하면 뒤돌아보지 않고 뚫고 가는 타입인 것 같다.

그렇다. 내가 행한 지난 일들을 돌이켜 보면 결국은 중심을 잡고 본질을 추구하는 것에는 양보고 뭐고 생각할 겨를이 없었던 거 아닌가. 그것을 생명으로 생각하기 때문이다.

☞ 지금 모두가 당연히 쓰고 있는 '춤' '마당' '판'이라는 말을 1974년의 〈제1회 이애주 춤판〉에서 처음 공식적으로 썼다. 그때 "배운 애가 무식하게 춤이 뭐냐, 판이 뭐냐"는 비판을 많이 받았다고 들었는데, 사실 개인적으로 '무용'이라는 말이 식민지 표현이라는 것을 인터뷰 자료 조사를 하면서 처음 알았다. 이렇게 비판을 받으면서도 '춤, 마당, 판'이란 이름을 쓰기로 작정한 이유가 무엇인지?

1974년에 개인 춤 발표를 했다. 그런데 발표회 제목을 그 당시는 〈이애주 무용발표회〉라고 하여야 했는데 도저히 그렇게 쓸 수가 없어 〈이애주 춤판〉이라고 했다. 왜냐, '무용'이란 말은 일제강점기 때 들어온 식민지 용어로서 그때부터 춤이, 몸짓이 본격적으로 왜곡되고 파괴되었기 때문이다. 그래서 원래 우리가 쓰던 '춤'이란 용어를 되살려야 한다고 생각했다. 생각이 말로, 글로 나오고 앞으로 연구의 기본 토대라고 생각했다. 그러자 사람들이 "무슨 배운 사람이 상스럽게 춤이라고 하나"라며 비판하기 시작했다. 신문 사설에까지 격에 맞지 않는 용어를 쓴다고 욕을 먹었다. 배운 사람이 지식인답게 무용이라고 해야지 하며 사적으로도 비난을 많이 받았다. 그러나 나는 서구식의 사각 극장 무대와 달리 우리의 무대는 열려진 공간 개념의 마당이고 그 열려진 마당을 총칭하는 것이 판이라고 생각했다. 장소 개념만이 아닌 닫혀 있는 정신의 열림까지도 생각했다. 그래서 '춤판'이라는 말을 쓴 것이다.

그런데 어느 날 거의 매일 만나던 우리 문화패 몇 명이 서울 문리대 앞 '타박네(우리나라 카페 1호)'에서 와자지껄 토론을 벌이며 통금 시간이 가까워져 올 때인데 누가 문을 쾅쾅 두드렸다. 바로 유홍준 교수로 옆구리에 보자기로 싼 것을 끼고 있었다. 펼쳐보니 고구려 고분 벽화가 담긴 북한에서 펴낸 책이었다. 당시엔 북한 책을 가지고 있는 것만으로도 감옥 가는 행위였다. 일본에서 다시 펴낸 『고구려 고분벽화』 영인본이었는데, 첫 장을 들추자 '무용총'이라고 배운 말이 순수 우리말로 '춤무덤'이라고 되어 있었다. '삼실총'은 '세칸무덤'으로, '각저총'은 '씨름무덤'으로 되어 있더라. 상상을 초월하는 것이었고 '내 생각이 틀린 것이 아니었구나' 하고 정말 눈물이 날 지경이었다.

일제강점기 때 식민 용어로 바꿔진 우리말을 제대로 회복시키려고 하는 사람을 두고 불온한 용어를 쓰는 색깔이 이상 한 사람이라고 분류시켰고 국립극장 '블랙리스트' 10명 안에도 포함돼 있다고 들었다. 이 사람들이 극장을 빌리려고 하면 대관 절대 불가라는 식이었다. 그런데 지금은 어떤가. 우리말인 '춤'이 많이 대중화되었지 않나. 진짜 우리말을 제대로 쓸 때 사고와 행동이 바르게 된다. 서구식으로 무용이 어떻고 댄스가 어떻고 하면 행동 몸짓도 그렇게 되는 거다. 예부터 해 오던 변할 수 없는 순수 몸짓을 춤이라고 하면 된다. 그 당시 나는 무용계에서 쓰는 전체 춤 용어를 바꾸어야 한다고 생각했다. 단지 그뿐만 아니라 예술 용어, 학문 용어 전체가 바뀌어야 한다고 생각했다. 그래서 나부터 실천하자 하고 내 분야에 관해서는 용어를 본래대로 바꾸어 사용하기 시작했다. 민족문화의 복원이라는 것을 생각했고 현재 이 문화가 어떻게 중심을 갖고 나아가야 할 것인가 끊임없이 생각했다.

☞ 청년 시절 이애주를 생각하면 어떤가?

현장에 나오기 전인 학창 시절, 전통춤만 출 때는 "정말 춤 잘 추네"라는 소리를 듣던 평범한 어린 학생이었다. 그러던 내가 민주화 과정에서 현장춤으로 각종 집회에서 드러났다. 그러다 보니 각 대학의 축제에는 거의 다 초청을 받았다. 전통춤만 추던 전통춤의 춤꾼이 시대와 역사의 아픔과 연결된 첨예한 시기에 창조적인 현장춤의 춤꾼이 된 것이다. 그러면서 각 대학의 젊은이들과 노동현장의 젊은이들과 많이 어울리게 되었다. 그때는 고통의 연속이었지만 지금 생각하면 참 푸릇푸릇하니 젊었다.

☞ 이한열 열사의 장례식 중 한복을 입고 꽃을 든 사진을 보니 무척 앳되어 보였다. 지금으로 치자면 학생운동의 아이돌이었을 것 같다.

그런가? (웃음)

☞ 88년 이후에 민중개혁 춤활동을 중단했던 이유가 몸으로는 안 뛰고 입으로만 활동하는 사람들에 문제의식을 느꼈기 때문이라는 이야기가 있던데 당시의 고민에 대해서 듣고 싶다.

기본적으로 갖춰야 될 기본 토대, 기본 실력이 안 되어 있구나 하는 것을 여러 상황에서 느끼고 있었다. 좀 더 기본적인 공부를 하고 중심이 제대로 잡힌 후에 서로 만나야겠다는 생각을 했다. 나 자신부터 기본을 다시 정리하고 시작해야 된다고 생각했다.

☞ 그리고 10년간 승무에 매진해서 인간문화재가 되었다. 어떻게 보면 좀 독한 것 같기도 하다.

나는 그냥 가야 할 길을 간 것뿐인데 다른 사람들이 그렇게 안 하니까 상대적으로 내가 독해 보이는 거다. 아니 독한 것이 아니고 그냥 생각대로 해 온 것뿐이다.

☞ 제주 4.3 희생자, 히로시마 원폭 피해자, 핵없는 세상을 위하여, 그리고 2012년 10월에는 쌍용차 해고노동자의 죽음을 추모하는 대한문 앞에서 특별한 무대 없이 춤을 추었다. 계속해서 춤으로 현장의 아픔을 노

래하고 있는데, 그중에서도 쌍용자동차 현장에서 춤을 추었을 때 느낌이 궁금하다.

그거야말로 몸으로 말한 것이다. 일상적인 삶의 과정에서 내 말과 생각을 몸으로 표현한 것인데 다른 이가 봤을 때는 춤으로 보인 것이다. 부당하게 죽어간 생명, 억울한 죽음, 농성 현장 등 모든 삶의 문제에서 맺히고 잘못된 것은 풀어주고 해결되어 제대로 나아가야만 생명이 생명답게 사람이 사람답게 살 수 있다는 생각으로 즉흥 몸 의식을 드린 것이다.

☞ 망자의 혼을 불러들여 위로할 때, 특히 살풀이를 할 때는 자기를 비워내주는 작업이 필요할 것 같은데 그것이 힘들지는 않은지, 그런 비움의 작업들은 어떻게 하는지 궁금하다.

힘들다기보다는 오히려 나 자신을 다 내려놓고 비우기 때문에 홀가분해지고 편안해진다. 몸과 정신이 맑아지면서 '뭔가 해야 될 것을 해냈구나' 라는 생각이 든다. 필요 없는 것을 다 비워낼 때 뿌듯함 같은 것이 꽉 차는 거다. 비움이 곧 채움이다. 무소유라는 것이 다 버리는 것 같지만 그 텅 빈 속에 맑고 밝은 기운이 꽉 차는 게 무소유다.

☞ 전쟁을 할 때 나팔수가 있듯, 민주화 현장에서나 쌍용자동차 현장에서나 춤을 통해 사람들의 기운을 일으키는 역할을 해왔다. 그렇기에 어떤 면에선 자기가 서 있는 자리, 지향하는 삶의 방향에 대한 믿음이 더 많이 필요했을 것 같은데, 그 방향을 잘 잡기 위해 어떤 노력을 해왔나?

방향을 잘 잡겠다고 생각을 했다기보다는 늘 기초를 닦으며 그렇게 갈 수밖에 없었던 자연스러운 것을 한 것이다. 삶 자체를 제대로 살아가고 생각도 바로잡으려고 노력했다. 바른쪽에 서서 바른 몸짓을 하려고 하다 보니 자연스레 그렇게 됐다. 방향을 일부러 잡으려 한다고 되겠는가. 지나고 보니 '사람으로 걸어야 할 길을 제대로 걸어오긴 한 건가'라는 생각이 든다.

☞ 솔직하게 춤을 출 때 나의 의식과 타인의 시선을 의식하지 않는 게 어려울 것 같은데 어떻게 춤에만 집중할 수 있는지? 춤을 추다가 사람들의 기에 얼어붙어 버린 적은 없는지?

중심이 안 서 있고 경험이 없을 때 사람들 앞에 서면 얼고 떨 수도 있다. 나는 비교적 춤을 오래 추고 현장과 하나 되다 보니 오히려 남들의 시선이 상생의 기운으로 바뀐다. 타인의 기운과 내 기운이 하나가 되어 신명의 판으로 바뀔 때 그것이 바로 희열이다. 희열.

☞ 사람들의 시선을 춤을 출 때의 에너지로 삼나?

당연하다. 나 자신은 물론 그 기운이 함께 축적되면서 새 판의 장이 펼쳐진다. 그리고 춤이란 또 봐주는 사람이 있어야 흥이 난다.

☞ 기사를 발행해도 아무도 안 읽어주면 의미가 없는 것처럼 말인가?

그렇다. (웃음) 하지만 춤을 추려면 사람만 많다고 중요한 게 아니다. 일

당백이라고 수가 적어도 그것을 정말로 공감할 수 있는 사람들이 모여 서로를 인식하게 되면 상생이 되는 것이다.

☞ 그런 면에서 춤꾼과 관객의 기운이 맞는 게 중요한 것 같다.

맞다. 요새 유명한 오페라니 연주니 하면서 대기업에서 후원한다고 하여 표를 몰아서 구입해 회사원들에게 다 나눠준다고 들었다. 그런데 연주자 입장에선 분위기가 안 살고 그 기운이 모이지 않아 연주를 망친다고 하더라. 연주자는 무대에 나가면 들을 만한 사람들이 왔는지 그냥 회사에서 표를 주니까 문화 경험 한번 한다고 왔는지 단번에 알게 된다. 그러면 공연이 망하는 거다. 내가 현장에서 바람맞이를 출 때도 같은 생각을 갖고 있는 사람이 모였기 때문에 불꽃이 튕겼던 거다.

☞ 이애주에게 전통춤이란 무엇인가?

한쪽에서는 내가 추는 춤을 순수예술이 아니고 어쩌고 말들이 많았는데 나는 그렇게 생각하지 않는다. 순수의 개념이 무엇이냐가 관건인데 정치, 사회, 경제, 역사 등 모든 것이 융합된 시대의 삶, 민중의 삶에서 나오는 의지의 표현이야말로 순수예술인 것이다. 특히 전통춤에 일춤이나 탈춤, 놀이춤 등을 보면 그 시대의 사회상, 역사성이 그대로 드러나는데 예컨대 양반에게 천대받고 억압받던 민중의 몸짓, 그것을 푸는 신명의 몸짓 등이 적나라하게 표현된다. 그 당시에는 그 춤들이 또 다른 저항의 몸짓이었을 것이다. 현실적으로 살아가는 것이 어려웠지만, 그 속에서 삶의 의미를 깨 달아가면서 지금까지 왔다는 것에 참 행복하다.

☞ 말한 것처럼 전통춤에는 크게 두 가지 흐름이 있다. 하나는 왕을 즐겁게 해주기 위한 춤, 또 하나는 억압받는 민중의 한을 풀어주는 춤, 이 모두가 다 전통춤인데, 이애주의 춤은 어느 쪽에 더 가깝나?

전통춤의 99.9% 즉 거의 다가 민중의, 민중을 위한 몸짓이고 그 나머지 극소수가 왕과 양반들을 위해 추던 몸짓이다. 82년에 서울대 부임을 해서 학생들을 가르쳤는데 그 당시에는 학생운동이 거셀 수밖에 없었고 데모도 많이 하던 시절이었다. 그때 학생들에게 기본을 가르치다 보면 그 자체가 민중춤이었다. 또 한편으로는 궁중춤의 대표격인 〈춘앵전春鶯傳〉을 가르쳤다. 〈춘앵전〉과 같은 궁중춤은 삼진삼퇴와 좌우대전이라는 간이한 틀로 구성되어 있다. 제자리에서 앞까지 나아갔다가 절하고 창사로 할 말 하고 좌우회전으로 돌다가 다시 왔다 갔다하고 빙그르르 크게 돌고 본래 자리로 돌아와서 끝나는 춤이다.
그렇게 간결한 형식일 수가 없다. 그런데 어느 학생이 "선생님, 지금이 어느 시대인 데 왕조의 궁중춤을 가르치십니까?" 하더라. 궁중춤의 단순하고 간이한 틀은 극소수의 상위층들이 향유하던 춤이었고 민중춤은 억압받아 오던 대다수 서민, 민중들이 하던 것이기 때문에 그 당시 현실에서 그런 질문이 나올 수 있었다고 본다. 학생들이 그렇게 성토하듯이 질문을 하자 나는 궁중춤 속에 안 보이는 보편적인 의미를 설명하면서 "인간의 삶 자체가 이렇게 단순 명료한 것이다. 민중의 춤도 즉흥적으로 자유롭게 추지만 결국은 진퇴의 문제이고 생사의 문제로 간결하게 정리된다."라고 얘기했다. 춤 연구자로서, 교육자로서 몸짓의 역학·몸짓의 구조에 나타난 간단명료한 철학을 가르쳤다고나 할까. 최고의 춤은 가장 단순하고 쉬운 것이다. 이것이 바로 '간이簡易의 철학' 이다.

☞ 많은 청년들이 문화예술인을 장래 희망으로 삼고 있는데, 주로 순수예술보다는 아이돌 같은 대중문화예술인이 되고 싶어 한다. 그 자체를 탓할 것은 아니지만 순수예술, 그중에서도 한국 전통예술을 하는 사람들 또한 많이 나와야 우리 문화 예술이 튼튼해질 텐데 이점에 대해서 어떻게 생각하는지?

청소년들이 우리 유구한 역사의 진짜 본질이 무엇인가를 생각할 수가 없다. 정통성이 무엇인가를 공부할 수도 없는 상황이고 정말 교육이란 것은 사람을 죽이고 살리고 하는 것이다. 그러나 김연아나 손연재가 어떻게 세계적으로 각광을 받느냐 하는 것을 생각할 필요가 있다. 한민족의 유구한 역사의 혼이 알게 모르게 밑받침이 되어 무한대로 나타났기 때문이다. 남들은 짧은 동작으로 끝낼 것을 김연아는 영혼의 움직임으로 길게 늘이지 않는가.

그것을 보고 사람들이 감탄을 하는 거다. 사람 마음을 이완시켜 주고 행복하게 해주기 때문이다. 손연재도 어리지만 갑자기 두각을 나타냈다. 손연재가 체조하는 것을 보다가 다른 나라 1등 하는 선수가 하는 것을 보니 영 못 봐주겠더라.

흐름이 뚝뚝 끊기는데 손연재의 동작에는 무한한 연속적 부드러움이 나타난다. 역사의 혼, 민족의 혼이 알게 모르게 배어 있어 자연스럽게 나타나는 것이다. 강수진 같은 유명한 발레리나가 발레로 두각을 나타내는 것도 마찬가지다. 강수진은 유려한 긴 호흡으로, 영원한 선으로 늘이며 유럽 사람들의 마음을 흔들어 놓는 것이다. 이러니 제대로 체계적인 교육만 이루어진다면 어떻겠는가. 그러니 민족혼의, 민족문화의 기반 토대가 되는 예컨대 정통의 중요무형문화재를 대우해주고 잘 활용하여 모든 후손들에게 제대로 이어질 수 있게 해 줘야 한다.

내 바람은 몸으로 체득할 수 있게 하여 그 맥을 제대로 잇게 하는 것이다. 제대로 맥을 잇기 위해서는 제대로 된 교육이 있어야 하는데 지금의 대학 체제에서는 그렇게 할 수 없게 되어 있다. 서울대학교에도 춤 전공은 없다. 체육교육과라도 있어서 내가 이만큼 해 왔지만 더 이상 기대할 수가 없고 본격적 교육 기관인 춤 학교·춤 대학이 있어야 한다.

실질적 춤 자체의 교육은 물론 제대로 된 역사 교육, 민족혼 교육, 민족 철학과 사상 교육을 바탕으로 하는 전통의 몸짓을 가르치고 싶다. 그래서 정말 융합적인 우리의 몸짓을 가르치고 배울 수 있는 춤 대학이 있으면 좋겠다.

우리 민족춤을 제대로 교육하다 보면 창조적인 시대의 춤, 세계적이고도 우주적인 춤이 거기서 또 나올 것이다. 우리의 정통 몸짓을 제대로 체득하지 않고서는 어떤 것도 제대로 할 수가 없고 특히 창작에도 문제가 되기 때문이다. 대부분의 기초 교육부터 자기 민족의 정통 몸짓을 기본으로 해야 한다. 우리나라에는 그렇게 할 수 있는 기관이 없다. 내게 우리 몸짓을 제대로 교육할 수 있는 자율성을 준다면 춤 학교를 제대로 만들어서 교육하고 싶다. 우리 후손들뿐 아니라 생명의 정통 몸짓을 원하는 전 세계 사람들에게 전하고 싶다. 지금 현재의 꿈이다. 학교도 그만두는데.

☞ 우리의 정통 몸짓을 제대로 전수할 수 있는 '춤 대학'에 대한 꿈이 참 멋지다. 이 꿈을 공유하는 사람들이 있는지?

내 제자라든가 극히 일부의 동료들은 함께 공유한다. 특히 내가 속했던 민교협 교수들이 대단히 격려해 주신다. 내용은 다 가지고 있다. 기반만 갖추어지면 된다. 그러나 물적 토대가 없는 것이 문제다.

☞ 한국전통예술을 계속 이어가기 위해선 전승하고자 하는 앞선 세대와 전승받고자 하는 뒷세대의 노력이 함께 이루어져야 하는 것 같다. 그런 면에서 청년들과 나누고 싶은 이야기가 있다면?

싸이처럼 대중 예술로 한류를 일으키기도 하고 다른 부분에서도 잘들 하고 있지만 갑자기 드러나서 각광 받는 것만이 한국의 문화가 아니고 그것들을 지탱해 줄 정통의 한류 즉 기본 토대의 본질, 정통이 무엇인지를 생각해야 한다. 겉으로 드러난 청년 대중문화만 열광하지 말고 지루하고 재미없더라도 한국인의 끈기로 내재된 힘, 역동적인 힘, 그 깊이 있는 혼의 무게를 인식해야 하고 공부해야만 한다.

그 예가 유네스코 문화유산이다. 유네스코 문화유산은 전 세계에서 반드시 계승해야 할 문화유산을 지정하는 제도 아닌가. 그 제도가 바로 1964년에 시작된 우리나라의 중요무형문화재 제도를 보고 만든 것이다. 이런 판에 정작 우리나라에서는 문화재들이 허술하게 대우받고 제대로 활동도 못하고 있다. 진짜 본류의 한류가 무엇인지 깨달아야 한다. 그래서 전 세계에 영적인, 정신적인 지도까지 연결되어야 한다.

☞ 이애주에게 '자유'란?

'자유'는 '자연'과 연결되어 있다고 본다. 자연은 '스스로 자自'에 '연유할 연然' 아닌가. 스스로 그러한 것을 그대로 허용하게 할 때 그것이

'민중춤꾼' 이애주, 블랙리스트 오른 까닭

'자유'다. '자유'는 생명이고, '자유'를 하는 사람은 '자유인'이다. 나 스스로 그러한 것을 허용하고 그렇게 하다 보니 내가 60년간 추어왔던 우리 춤에 자유의 몸짓이 들어 있다는 것을 깨달았다. 내가 한국 사람이기 때문에 한국춤을 고집하는 것은 아니다. 70년대 초부터 삿포로 동계올림픽, 뮌헨 올림픽, 방콕 아시안게임 등 공산권까지 합쳐 30개국 이상을 돌아다녔다. 갈 때마다 국빈 대우를 받고 꼭 국립무용단, 국립무용학교에 가서 그들 춤도 보고 교류도 하였다. 그러면서 느꼈던 것은 우리 춤만큼 인간의 본성을 자유롭게 놓아주는 몸짓이 없다는 것이다. 우리의 몸짓은 온몸을 써서 육체와 정신이 자유로워지는 해방의 몸짓이라는 사실이다. 그러한 생각에서 나는 자유를 본다. 자유의 몸짓을 제대로 펼칠 수 있는 사람이 자유인이다. 자유인은 행동을 자연스럽게 하고 자연스러운 사상을 갖고 궁극적으로는 사람다운 생각을 하고 사람답게 살아가는 것이 자유인인 것이다. 나는 그것이 자유라고 생각한다.

(인터뷰 및 정리 : 한림국제대학원 정치경영연구소 김경미, 손어진, 김민희)

# 선대로부터 많이 배워 덕을 쌓는다*

**산**청군이 주최하고 기산국악제전 위원회(위원장 최종실)가 주관하는 기산국악제전은 민족음악의 선구자인 고故 기산 박헌봉 (1906~1976) 선생의 업적을 기리고 국악의 올바른 전승과 보급으로 전통문화 창달에 이바지하기 위한 행사이다. 올해로 11회를 맞이한 기산국악제전은 제7회 박헌봉 국악상 수상자로 선생의 유지를 받들어 전통 춤과 국악 발전과 전승에 이바지한 이애주 서울대학교 명예교수를 선정했다. 올해 수상자인 이애주 명예교수를 만나 그의 춤과 인생 이야기를 들어보았다.

☞ 기산 박헌봉 국악상을 수상하셨는데 소감이 어떠신가요?

저는 세 가지 관점에서 박헌봉 선생과의 인연을 이야기할 수 있어요. 첫째는 박헌봉 선생께서 1960년 국악예술학교(현 국립전통예술고등학교)를 세울 때 제 은사이신 한영숙 선생과 함께하셨다는 것입니다. 우리 한영숙 선생께서 춤을 담당하셨고, 김소희 선생이 소리를, 가야금병창은 박귀

---

* 김예림이 만난 예술가들 143, 월간 『춤과 사람들』 통권 224호 2017년, 10월호.

희 선생님, 판소리는 정권진 선생 등, 당대 최고의 예인들이 모이셨습니다. 그 당시 우리 것을 중요하게 생각해서 교육기관을 세울 정도로 깨어있는 분이셨어요. 둘째는 제가 1971년 서울문리대 국문과에 편입해서 만난 국문학의 거두 정병욱 교수께서 박헌봉 선생의 『창악대강』 집필을 함께하신 분으로 저에게 많은 이야기를 들려주셨습니다. 그전에는 판소리를 집대성한 『창악대강』에 대해 잘 몰랐어요. 한국 춤을 어릴 때부터 추어온 사람으로 이제 국문과에 왔으니 나도 한국 춤의 정리 작업을 해야겠다는 의지를 심어준 분입니다. 셋째는 한성준 선생님께서 스러져가는 우리 전통 몸짓을 살려야겠다고 하셨던 의지와 노력에 관한 것입니다. 박헌봉 선생께서도 국악에 대해 그런 정신으로 임하셨어요. 한성준의 후예가 아닌가 생각됩니다. 그 시대 학자들이 모두 비슷한 정신으로 우리 것을 지키고자 했는데, 그 생각의 시초는 바로 윗대인 한성준 선생이었다고 생각해요. 한성준 선생과 박헌봉 선생은 어려운 시기에 선구적 인물이셨죠. 한영숙 선생에게서 한성준 선생과의 일화를 많이 들었습니다. 한영숙 선생께서는 조부 되시는 한성준 선생님과 북간도, 동경 등 많은 곳에 공연을 다녔는데 동경에 유학생들, 북간도로 쫓겨난 동포들을 만나면 얼싸안고 울기도 그들은 조선의 혼을 지켜 달라고 많이 울고 비참한 삶을 수 없이 들었다고 합니다.

한영숙이라는 이름을 일본식으로 바꾸지 않은 것에 대해 정말 고맙다고 하며 진정한 애국자라는 소리도 많이 들으셨다고 합니다. 박헌봉 선생도 그런 정신을 가진 분입니다. 정통의 맥은 정신이건 춤이건 이어져서 살아남는 것입니다. 저도 한성준 선생님에게 직접 춤을 배우지 않았지만, 현재 그분의 춤을 추고, 잇고 있지 않습니까? 그분의 손녀를 통해 저에게 전해졌고 그다음 세대로 이어질 것입니다.

☞ 주역을 공부하셨죠?

동양학·주역의 상실인 동방문화진흥회(한국홍역학회)에 초청특강을 갔다가 이응문 회장의 권유로 주역 공부를 시작했는데, 거기에 제가 정리하려고 했던 전통춤의 원리, 고대문화의 원리, 더 나아가 미래 삶의 원리까지 다 정리돼 있더군요. 전대의 정신 그것을 하나로 정리한 것이 사서삼경 중 「역경」易經을 해설한 공자의 말씀에 다 있는 겁니다. 주역의 스물여섯 번째 산천대축괘山天大畜卦에 보면 '다식전언 왕행多識前言 往行' 하야 '이축기덕以畜其德' 한다고 했습니다.

선대부터 이어져 오고 간 말씀을 많이 배워, 그것으로 덕을 쌓는다. 춤도 바로 그겁니다. 저의 스승인 한영숙 선생님, 그 할아버지 되시는 한성준 선생님, 또 그 위의 고구려 저 북방에서 살던 우리 선조들의 몸짓이 축적돼 오늘의 '승무'라는 춤이 나온 거죠. 그러니까 주역의 한 구절, 한 구절이 저는 다 춤으로 보여요.

서울대학교 교수로 있는 30년 동안 실기와 이론 모두 연구하며 정리하고자 했던 것이 주역의 한 줄에 있는 겁니다. 머리로만 보면 보이지 않을 거예요. 어려서부터 춤을 춰온 몸짓이 이 모든 것을 이해하게 만드는 것 같아요. 그 후로는 매주 대전에 가 마지막 주역의 대가이신 대산 선생님께 공부하고 있습니다.


☞ 『주역』이 예술과 맞닿아 있다는 점이 흥미롭네요.

저는 우리 춤을 가르칠 때 '변역變易의 법칙', '불역不易의 법칙', '간이

簡易의 법칙'을 이야기하는데, 『주역』에 그것이 다 나옵니다. 변역은 '춤동작은 항상 변한다.'는 것이고, 불역은 팔과 다리가 바뀔 수 없는 것처럼 '근본은 변하지 않는다.'입니다. 간이는 '간단하고 쉽다'는 원리에요. 예를 들어 한영숙 선생님이 팔을 하나 올리는 동작을 보면 단순한 몸짓인데 역사가 묻어있고 끈끈한 기운이 보이거든요. 저렇게 쉬워 보이는 것이 내가 하려면 왜 허깨비 같은가, 생각한 적도 있어요. 반복 수련과 삶 자체가 춤의 내공으로 흘러야 한다는 것을 깨달았죠. 흉내 내려 한다고 될 수 있는 것이 아닙니다.

☞ 다섯 살에 춤을 시작하셨다고 들었습니다.

저는 그냥 춤이 좋았어요. 길을 가다가도 라디오방 앞에서 민요에 맞춰 춤을 췄다고 해요. 처음엔 동네에서 배웠고 남사당패처럼 순회공연을 다니기도 했어요. 공연 다닐 때 반주자가 지영희 선생과 그 부인 성금련 선생이셨으니 대단했죠. 그 분들의 반주에 맞춰 초립동, 민요를 춤췄어요. 그러다 7살이 되면서 국립국악원에 계신 김보남 선생을 만났습니다. 궁에서 무동 서시던 분이 있는데(궁이 해체되면서) 비원 앞으로 나오며 거기서 춤을 가르치신다는 거예요. 어린 제가 보기에 꽤 높아 보였는데 춤을 추는 모습이 마치 솜 밭을 걷는 것처럼 부드럽더군요. 그런데 그 분께서 승무를 배웠다고 하는데 나중에 보니 한영숙 선생의 승무와 비슷한 거예요.
그래서 따져 보니 김보남 선생은 궁에서 월담해 밤마다 한성준 선생님이 설립한 '조선무용음악연구소'에 춤을 배우러 다니셨고, 춤 기본과 승무를 배우며 한영숙 선생님의 선배뻘이 되는 것이었습니다. 한성준,

한영숙 선생님과의 인연이 저도 모르게 일찍부터 시작된 것 같아요.

☞ 그런데 예술 학교에 가지 않고 일반 중·고등학교를 다니셨죠?

네. 창덕여중·고를 나왔어요. 당시 임성남 선생께서 제가 다니던 창덕 중·고등학교 체육관을 빌려서 연습하셨는데, 우리가 콩쿠르를 준비하면 짬짬이 봐주시곤 했던 기억이 납니다. 이화여대 콩쿠르에 나가서 종합우승 깃발을 타오곤 했는데, 그 당시 '물방울 춤'으로 출전해 상을 받은 것이 기억나네요.

☞ 서울대학에 진학한 이유가 있었나요?

특별히 어느 대학에 가야겠다고 생각하지 않고 있었어요. 그런데 심금옥이라고 발레를 잘하고 예쁜 언니가 서울대학교에 갔는데, 그 언니가 서울대학에서도 무용을 가르친다고 하는 거예요. 그 말을 듣고 저도 지원하게 된 것입니다. 사실 뭐가 뭔지 잘 모르고 갔어요. 서울대학교 사범대학 체육교육과에서 무용을 가르친다는 것만 알고 갔죠.

☞ 송범 선생님과는 어떻게 인연을 맺으셨나요?

서울대 입시를 치르려니 상장을 받은 것이 있어야 한대요. 그래서 고3 때 대회를 나가려고 어느 유명한 선생님께 갔더니 대학입시 공부하느라 비리비리하고 춤출 것 같지도 않고, 받아주지 않았어요. 그래서 김보남 선생을 쇄 존경하고 회현동에서 학원을 하는 선생을 찾아가 장구춤을 배워 대회에 나갔고 무용협회 주최 콩쿠르에서 최우수상을 받았어요. 그게 당시 협회 회장이시던 송범 선생 눈에 띄었는지 대학에 들어간 후 저를 찾는다는 소리를 들었어요. 그래서 갔더니 송범연구소에서 한국무용 가르치는 것을 맡아달라고 하시는 거예요. 발레도 곧잘 하니 바로 국립무용단 공연에 합류시켜 주셨습니다. 학부생으로 1965년부터 함께하다가 문화공보부 주최 전국 신인예술상대회에 나가 〈바닷가에서〉라는 산조 작품으로 최우수상을 받았어요. 서울대생이 춤까지 잘한다고 하면서 각 신문에 대서특필되며 더욱 주목받게 되었고, 송범 선생님은 그 작품으로 한국춤 전문가가 되는 데 입지를 굳히셨어요.

☞ 그 후에 한영숙 선생님과 인연을 맺게 되신 건가요?

제가 상을 받으니 어머니께서 문화촌 우리 집에 선생님들을 초대해 저녁을 대접했습니다. 리틀엔젤스 지도자인 신순심 언니도 삼청동 리틀엔젤스 회관으로 그 선생님들을 초대했는데 저도 가게 됐어요. 그 자리에서 한영숙 선생이 "송범 선생! 애주 나 주슈(주시오)! 어려서부터 한국무용 한 애잖아." 하니 송범 선생께서 "그러슈!" 하시는 거에요. 한영숙 선생은 이제 막 문화재가 돼서 전수자를 뽑아야 하는 상황이었는데 저를 눈여겨보고 계셨나 봐요. 송범 선생님은 일단 좋다고 하셨지만 제자를 보내는 것이니 속으로는 서운해 하셨죠.

☞ 그 한마디에 제자가 되진 않으셨을 것 같은데요?

저도 한영숙 선생님 춤이 대단하다고 생각하고 있었어요. 그 분의 춤을 공연에서 보기도 했지만 그 당시 송범무용연구소에 저녁마다 무용가들이 모여서 한영숙 선생님께 춤도 배우면서 했거든요. 그러다 어느 날 한영숙 선생님이 중견들을 대상으로 승무 특강을 하신다는 것을 알고 무조건 달려갔죠. 끝까지 좇아 하는 사람이 저 혼자이다 보니 제가 앞줄에서 시범을 보이고 제 춤으로 녹음을 해서 쓰게 됐어요. "애주밖에 없구나" 하시더군요. 한영숙 선생의 당시 승무는 어려웠어요. 그걸 잘 따라 했기 때문에 제자로 삼고 싶으셨나 봐요.

☞ 국립무용단 단원이 될 수도, 인천에서 교수가 될 수도 있었는데 한영숙 선생의 제자를 택하셨군요.

당시 국립무용단은 뮌헨 올림픽, 방콕 아시안게임, 삿뽀로 동계올림픽 등 국가 홍보 단체로 몇 달씩 공연을 다녔는데, 뮌헨올림픽 때 이태리에서의 기자회견이 저에게 결정적 자극이 되었어요. '왜 너희 것을 하지 않고 발레 형식을 빌려 추는가?' 라고 묻기도 하고 어떤 여자 평론가는 'So Terrible!' 이라는 말까지 하더군요. 돌아와서 모든 활동을 접고 한영숙 선생님께 우리 춤을 집중적으로 연마하기 시작했어요. 돌이켜 생각하면 뮌헨올림픽 민속예술단(현 국립무용단) 순회에 잘 참가했다는 생각이 듭니다. 그 일을 경험하지 못했다면 지금의 저와는 다르게 되었겠죠.

☞ 한영숙 선생님을 스승으로 오랫동안 모셨는데 어떤 기억들을 갖고 계신가요?

그 분은 자연의 몸짓을 가진 분입니다. 팔 하나 올릴 뿐인데 왜 그 기운이 다를까? 그거 하나 터득하려고 몇십 년을 배우는 거죠. 초반에는 승무 첫 전수자로 들어가서 배우는데 정말 복잡하고 어려운 거예요. '이 세상 안에 한영숙 선생님만큼 추는 사람은 없구나.' 그 점을 떠올리며 신뢰하고 배웠죠. 말년에 그분과 저는 눈으로 대화를 했던 것 같습니다. 긴말이 필요 없었어요. 제 생각을 다 아셨기 때문에 선생님이 하실 인터뷰나 대담에 항상 저를 대신 부르셨습니다. 말년에는 청담동 댁에 가서 선생님이 아침에 기침하시면 제가 이부자리 정리, 걸레질을 하고 안방에서 춤을 췄어요.

☞ 우리가 모르는 한영숙 선생님의 모습도 있을까요?

그분께서 제게는 그런 모습을 보이지 않으셨는데 지인들 말씀으로는 아주 입담이 좋으시고 재미있는 분이라고 해요. 그런데 춤만 추시면 그렇게 이성적일 수가 없는 거예요. 할아버지에게 춤의 본질만 배우신 거죠. 군더더기 없이 간단한 것을 하는 것인데 또 그게 어려운 것입니다. 선생님께 갈 때면 처음에는 질문거리를 잔뜩 가져가는데 선생님을 뵙는 순간, 이 질문들이 부질없구나 하고 춤을 우선 추게 돼요. 연습을 하면 할수록 질문이 해소되고 선생님도 그걸 느끼고 계셨어요. 말년에는 다른 제자가 선생님 춤동작을 다르게 추는데도 그냥 두셨던 것이 이해가 가지 않기도 했는데 그냥 두라고 하시더라고요. 그에게 기대할 수 있는 것은 여기까지다라고 하신 것 같아요. 한영숙 선생님은 제자가 많아 서로 다르게 춤을 기억하기도 하죠. 저 혼자만 해도 60년대 말에 배운 승무와 70년대, 80년대 배운 승무가 다 달라요. 마지막 것이 연습하기는 제일 좋습니다. 단순화되고 느려진 것이 수련하기 좋은 형식이에요. 공간사랑에서 구히서 씨가 기획한 공연 〈전통예술의 밤〉에 1983년 출연하면서 춤춘 음악을 선생님께서 전수곡으로 쓰시면서 그렇게 된 것이죠. 그때 '한영숙 류 이애주 춤'이라는 제목으로 '~류'라는 말을 처음 썼어요. 그때 제가 '승무', '살풀이', '태평무'를 추겠다고 했더니 "너 아직 태평무는 안 돼." 하시더라고요. 그래서 "선생님 태평무 음악은 그 맥을 누가 잇나요? 이번에 허락해주세요" 하며 오체투지의 마음으로 며칠을 졸랐죠. 허락을 받고 마포 사물놀이회관에 가서 김용배·이광수·김덕수·최종실에게 선생님께서 장단을 가르치고 '태평무' 음악을 살려냈어요. 그때 선생님께서 '승무' 리허설 연주를 녹음해오라 하셔서 드렸는데, 그 음원이 전수 음악으로 쓰였어요. 선생님께서 "왜 이렇게 느려! 힘들다." 하셨지만 저는 그것이 맞다고 생각했어요.

☞ '승무', '살풀이', '태평무' 등을 어떤 작품이라고 생각하시나요?

춤에는 거짓말이 없어요. '승무'를 보면 철학적이면서도 과학적이고 이성적이면서도 삶의 희로애락이 담겨있는 것이 정말 춤의 원형입니다. 이런 춤을 만든 옛 분들을 쫓아갈 수 없으니 섣불리 창작을 하겠다는 말이 안 나와요. 한성준 선생님께서 조선조 때 만드신 '본살풀이'를 봐도 짧으면서 있을 것은 다 있는 정말 딱 떨어지는 춤입니다. 한영숙 선생님의 좋은 점은 이런 춤들을 변형 없이 그대로 가르치신 것입니다. 그래서 더욱 존경스럽습니다. 앞서 '다식전언'이라고 했듯이 그대로 맥을 이어준 것이라 생각합니다.

'태평무'에 대한 얘기가 있는데 선생님께 '태평무'를 가르쳐 달라고 했는데 나중에 보니 지금의 '태평무'와는 다른 것이었습니다. 바로 1930

년대 한성준 선생님이 추셨던 '태평춤'을 가르쳐주셨어요. 원래 한성준 선생께서 "내가 도당굿을 가지고 춤을 추는데 이제부터 이것을 '태평춤'이라 하겠다." 하셨고 그것이 '태평무'의 뿌리가 된 것이거든요. 한영숙 선생님은 그것을 '태평무'라 생각하고 어릴 때 배우신 것 그대로 가르쳐주셨는데, 덕분에 아무도 배우지 못한 '태평춤'을 온전히 배울 수 있었습니다.

☞ 이한열 열사 추모식에서의 춤으로 이슈가 되셨는데 정치적 시각이 불편하지는 않으셨나요?

글쎄요. 제가 춘 춤은 승무에 쓰여있는 대로 고구려 정신에서 나온 춤사위였습니다. 저는 아무 말 하지 않았어요. 춤꾼이 역사적인 순간을 춤으로 맞닥뜨리면 그렇게 표현될 수밖에 없었다고 생각해요. 기자들이 정치춤, 사회춤이라고 쓰면서 이슈가 된 것이죠. 몸으로, 춤으로 나도 모르게 그렇게 나온 것인데 후회하지 않습니다. 사실 우리춤에는 고구려의 역동적인 강건함이 분명히 있었는데 어느 시기부터 기생춤들로 변해 있는 것을 느꼈어요. 저는 승무를 공부하면서 그걸 찾은 것입니다. 1987년을 지나면서 한국 사회의 혼란 속에서 역사의 첨예한 시기에 춤꾼이 할 수 있는 것은 춤이었고, 우리춤에 잊혀졌던 저항성, 역동성, 강건성 등이 그렇게 표출되었던 것 같습니다.

☞ 춤 발표 공연하는데 어려운 점은 없으십니까?

복합 예술인 춤 분야에서는 모든 조건이 융합적으로 따르지 않으면 발표조차 할 수 없습니다. 공간적 제약 때문에 연습조차 어렵죠. 춤 반주가 되는 생음악을 실제로 못 하면 녹음이 된 음악이라도 있어야 하는데, 명인들을 모아 제대로 녹음을 하려고 하면 몇천만 원을 능가합니다. 제가 중요 무형문화재이기 때문에 1년에 한 번씩 문화재 〈승무〉 공개 행사를 해야 하는데, 문화재청의 지원이 너무 미약해서 그걸 가지고는 한 시간 공연 한 판을 채울 수가 없어요. 승무만 추고 관객들을 가라고 할 수 없으니 다른 프로그램도 만들어야 하는데 그게 다 자본이죠. 600만 원 정도의 지원을 받는 것으로는 가능하지 않아요. 그래서 이렇게는 정말 못하겠다고 공개적으로 마이크 잡고 이야기를 한 적도 있습니다."

☞ 무형문화재는 지정만큼이나 관리도 중요하죠. 어떤 의견을 갖고 계신가요?

요즘에는 문화재 개인이 공연 자료집을 만들고 장소를 얻고 모든 기획을 알아서 해야 하니 힘듭니다. 옛날처럼 며칠 기간을 잡아 〈국가무형문화재 문화 유산축제〉라는 것으로 전 국민뿐만 아니라 전 세계를 대상으로 축제를 만들면 좋겠어요. 지역 축제는 늘어난 것 같은데, 정작 문화의 중심이라 할 수 있는 인간문화재 공연은 학예회 수준으로 만들 수밖에 없으니 창피할 정도입니다. 인간문화재 종목들이 마음껏 춤도 추고 연주하고 소리도 할 수 있다면 훌륭한 사업이 될 겁니다. 우리 문화유산을 살리는 의미에서 입장권을 판매할 수도 있고 기업에도 후원을 요청할 수 있어요. 이렇게 해서 오히려 문화재에 후원할 수 있는 판이 만들어져야 합니다. 더 이상 개인적으로 마련해야 하는 허술한 무대에 서고 싶지 않아요. 그러니 자본 없이는 아무것도 할 수 없는 이 시대에

'춤은 경제다' 라는 이야기가 떠오르는 것입니다.
☞ 교육자로서 선생님은 어떤 점을 강조하시나요?

인간 됨됨이가 먼저 되어야 한다는 것입니다. 나 자신도 항상 자성하는 것이지만 인간 됨됨이가 되어야 춤도 된다는 것을 늘 강조해요. 인간의 기본 조건은 생명인데 생명은 움츠렸다 펴지는(굽히고 피는) 것입니다. 정신의 굽히고 피는 것은 자신을 구부려서 비우는 '예禮'이고, '예'가 수련된 춤이 '禮의 몸짓' 입니다. 단순한 동작이지만 저는 숙여서 비우는 것부터 가르쳐요. 정중지도를 연습하는 것이 반복되면 그것이 수련이고, 그 수련이 곧 수행이 되는 것입니다. 명상을 따로 할 필요가 없어요. 명상, 참선, 메디테이션 등 서양의 수련 방법이 아니라 우리 몸짓에 기본으로 깔린 것입니다. 저는 한성준, 한영숙 선생의 춤에서 찾고 있습니다.

☞ 모든 분에게 드리는 질문입니다. 춤은 선생님 인생에서 무엇인가요?

삶이죠. 춤은 삶의 몸짓입니다. 살아가는 과정 자체가 춤이에요. 살아가는 몸짓들과 춤은 절대 무관할 수 없어요. 너무 뻔한 이야기인가요? 제게는 살아가는 움직임 자체가 춤이라 길게 설명할 것이 없네요. 요즘 느끼는 것은 자연스러운 삶, 그 속에서 조화가 되고 균형을 맞춰야 좋은 춤이 나올 수 있다는 생각을 합니다.

제4장

# 춤은 우주 생명의 몸짓

우주자연의 몸짓 - 춤

신들린 춤사진과 하나된 생명의 춤

홍역사상의 원류를 찾아서

소나무와 하나 되고 싶다

> '터벌림' 이란 스승 한영숙 선생님께 이어받은
> '태평무' 가운데 '터벌림' 춤에서 나온 말이다.
> 그 뜻은 말 그대로 사방·팔방으로 터를 벌리며 뻗어나가는 것으로
> 몸과 마음은 물론 거기에서 이어지는 정신세계의 우주적 확산까지도 의미한다.
> 사방으로 번개바람 요동치고 천둥채로 천지가 진동하며 휘몰아치니
> 그야말로 터벌림의 절정이다.
> 바로 우주의 터벌림이다.

# 우주 자연의 몸짓 - 춤
## - 몸짓의 근원을 찾아서 -

지금 여기 우리의 존재는 무엇인가
아주 먼 옛날 태초에 역사가 존재하는
초창기로 거슬러 올라가 보도록 한다.
동식물이 살고 인간이 살고 있는 이 지구,
별과 해와 달이 살고 있는 커다란 하나의 우주는
어떻게 생겨났을까?
근원으로 올라가면
음양이 갈라지기 이전의 혼돈의 시기에서
태극 음양이 갈라지고 하늘땅이 생기면서이다.
하늘땅 천지가 만나 하나가 되면서 천지만물이 생긴다.
사람이 생겨난다.
바로 천지인이 하나가 되는 민족의 삼재사상이다.
승무僧舞의 첫 사위로 천지인 춤이다.

천지만물 사람이 생기면서부터 부단히 움직이게 되고

움직여 질 수밖에 없는 것이 살아있음의 증표이다.
어느 무엇이든 살아 숨 쉬는 것은
잠시도 가만있지 못하고 움직거리게 되는데,
바로 살아 숨 쉬는 생명력의 드러남이다.
생명의 몸짓이다.

일찍이 조선조에 악가무를 정립한 춤의 시조 한성준은
"사람이 태어나면서부터 춤은 잇섯다"*라고 하며
하다 못해 그물을 당기는 것도 춤이라고 하였다.
이 의미는 생명이 태어나면서부터 몸짓을 하게 되는데
그 몸짓이 춤이라는 것이다.
크게 보면 이 세상 누구나
태어나면서부터 몸짓을 하게 되고
그것이 큰 의미의 춤이라는 것이다.

이 세상 누구나 춤을 춘다,
해와 달은 해춤 달춤을 추고, 별은 별춤을 춘다.
젖먹이 아이도 팔·다리를 흔들며 춤을 춘다.
동·식물 간에도 춤추지 않는 것이 없으니
나뭇가지도 한 달 한 달(1月 1月) 2월 춤을 추고,
나뭇잎도 사푼 사푼[4分 4分] 8분 춤을 춘다.
600년 살이 백송의 한 호흡 쉬어가는 느린 춤

---

*조선일보, 1939. 10. 8. 4면

유부도의 도요새의 군무,
사람의 제춤 오리떼의 현란한 군무
제주 용눈이 오름의 바람춤
다랑쉬오름의 진혼춤
자연의 몸짓이다.
이렇게 자연 발생적으로 춤을 추는 것은
바람이 그렇게 추게 한다.
주역 바람괘에 춤추는 이야기가 나온다.
양으로 나아가고 음으로 물러나며,
음으로 굽히고 양으로 펼치며,
발[陰]을 구르고 손[陽]을 흔드는 수무족도 手舞足蹈,
다시 오행으로 발전한
음, 아, 어, 이, 우 영가무도 詠歌舞蹈
수화목금토 水火木金土의 오행춤이다.
우주자연의 몸짓인 동시에 춤이다.

# 신들린 춤사진과 하나된 생명의 춤*
## - 우리땅 터벌림 -

　진짜 춤이란 무지랭이건 명무이건 간에 고달픈 삶을 살아온 모든 사람 누구나가 할 수 있는 자연스런 몸짓, 자연의 춤이다. 사실은 내가 어려서부터 추어왔던 우리 전통춤도, 1980년대 역사의 현장에서 추었던 거리춤도, 4·3의 해원상생 진혼춤도 모두 자연 속에서 자연의 법도대로 추어진 춤들이었다.

　1990년대 중반을 지나며 지금이야말로 춤의 제 바탕, 노동의 예술적 연장으로서의 일춤으로 돌아가고 그리하여 자연과 하나되는 경지로 발전시킬 때라는 생각이 들었다. 그렇기 때문에 서서히 몸의 중심을 바로 잡고 그 기운을 '사방치기'로 넓혀보자는 마음으로 시작한 주제가 '우리땅 터벌림'이었다. '터벌림' 이란 스승 한영숙 선생님께 이어받은 '태평무' 가운데 '터벌림 춤'에서 나온 말이다. 그 뜻은 말 그대로 사방·팔방으로 터를 벌리며 뻗어나가는 것으로 몸과 마음은 물론 거기에서 이어지는 정신세계의 우주

---
*김영수,「예술과사진」, 2012.5.

적 확산까지도 의미한다. 사방으로 번개바람 요동치고 천둥채로 천지가 진동하며 휘몰아치니 그야말로 터벌림의 절정이다. 바로 우주의 터벌림이다.

그럴 즈음 김영수 선배를 이따금 보게 되면,

"이 교수 사진 좀 찍자."
"뭘 찍어요?"
"그냥 바닷가에서 해안선따라 걸어 다니면 돼."
"해 봅시다, 좋겠네요."

그로부터 일 이년이 지난 어느 날 김 선배한테서 백령도에 가자는 연락이 왔다. 우연의 일치였다. 태평무에 나오는 '사방치기' 춤에서 동서남북 사방의 극점으로 독도·백령도·한라산·백두산을 상정하고 있었던 터이다. 나는 아무 생각 말고 가야겠다는 마음으로 백령도로 떠나게 되었다. 이렇게 하여 우리의 12년 작업이 시작되었다.

첫 번째로 강요된 분단으로 노여운 눈물이 얼룩진 곳, 백령도 해안가 철조망을 따라 걷고 또 걸었다. 자연이 빚은 우뚝 솟은 바위와 벗하며 북녘의 장산곶을 하염없이 바라보았다. 어느새 심청이 빠졌다던 인당수를 향해 들어가고 있었다. 뭍으로 나오며 웅크린 몸을 펴면서 큰 한 발을 떼었다. 그렇게 하여 첫 몸짓의 사진이 나오게 되었다.

두 번째는 울릉도로 발길을 돌렸다. 먼저 포항에서 울릉도로 가는 갑판 위에서 맞는 바람은 어기차게 견디어 온 울릉도의 삶과 고고한 독도의 역사성을 일러주는 듯하였다. 울릉도로 들어가자 쑥부쟁이 다발이 친근하게 맞아주었다. 태고적 그대로 남아있는 흙과 바위, 풀과 나무, 태양빛을 머금고 일렁이는 바다 물결. 바로 원초적 숨결 그대로였다.

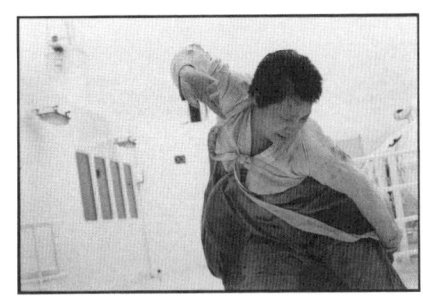

세 번째로 드디어 독도에 한발을 내딛으며 설레는 한걸음 한걸음으로 높은 봉우리로 올라가 활짝 열린 하늘 땅에서 해맞이 의식을 치루었다. 동해의 태양을 온 몸으로 받아들이며 경건하게 땅과 물과 바람과 하나가 되었다.

네 번째로 향한 곳은 오름의 땅 제주도였다. 부드러우면서 봉긋한 오름에 거세게 밀어 닥치는 바람은 온몸을 숨죽이고 움츠려 들게 하였다. 급기야 용눈이오름의 광풍은 하늘로 승천케하듯 말아올리며 떨쳐 나가게 하니 남쪽 끝 사방치기의 위력이었다.

한숨 돌리고 성산 일출봉에서 순수하고도 강렬한 햇빛을 만끽하며 뭍으로 내려왔다. 암초 바닥 사이사이에 널려있는 해초를 집어올리고, 이름모를 들

　꽃을 날리기도 하며 어느덧 나는 돌 바위와 나란히 성산바위가 되었다.
　오름을 오르내리기를 한참 안개에 휩싸인 한라산에 다다랐다. 시누대 몇 가지 꺾어 판씻김을 하고 진달래 한 다발로 한라산의 원혼을 쓸어 안으며 진달래꽃춤을 흐드러지게 추었다. 산세도 감동하셨는지 몸이 유체이탈하듯 붕 뜨며 한라산 마루로 날아가듯 몸을 던졌다. 백록담은 억겁으로 입을 닫았고 바람찬 신성한 기운을 온몸으로 받으며 마라도로 건너갔다.

　다섯 번째 여정인 우리나라 가장 끝 섬 마라도는 순결 그 자체였다. 편안하게 우리를 맞아주었고 신었던 고무신까지 벗어 들고 오랜만의 흙내음에 저절로 몸이 숙여진다. 승무 타령과정 첫

사위인 일의 몸짓으로 땅뙈기를 일구다가 갑자기 땅을 헤집고 일어나 온몸을 뒤채이고 펄렁이며 나가니춤을 춘다. 저 멀리 등대를 푯대 삼아 어디론가 내달으며 쌓였던 모든 찌꺼기를 던져 버리고 훌훌 떠나버린다.

여섯 번째로 서, 동, 남을 돌아 북으로 향했다. 백두대간의 우두머리 백두산은 장엄하게 위용을 드러내며 그 곳에 있었다. 고구려의 웅대한 넋과 몸사위를 찾아다니면서 집안을 거쳐 백두산을 일곱 여덟 번 오르내렸으나 그렇게 바람 한점 없고 화창한 백두산 천지는 본 적이 없었다. 반짝이는 천지 맑은 물에 내 안기듯 저절로 입가에 미소가 번졌다.

일곱 번째로 백두산을 내려와 우하량 지역 광개토태왕릉터에 올랐다. 오랜 동안 찢기고 짓밟혀온 광개토태왕의 영혼과 왜곡된 역사의 현장. 어지러이 널려진 돌더미 위에서 정성을 다해 한바탕 춤을 올렸다.

여덟 번째 어느덧 단동 압록강변에 다다라 북녘을 바라본다. 통한의 역사가 뼈 속 깊이 들어와 저절로 몸이 틀어지기 시작하더니 온몸이 절규한다.

아, 다시 되돌아 서기 몇 번인가. 압록강 철교에 이르러 흰 명주 수건으로 세 번, 그리고 또 세 번 뜨거운 눈물을 감추었나니.

아홉 번째로 사방치기가 팔방으로 넓혀지고 피땀으로 일구어온 땅 한 바퀴를 돌아 백두대간의 줄기 태백산으로 감아든다. 안개비 뿌리고 가라앉은 찬바람을 안은 채 천제단에 올라 역사의 빛바랜 커다란 태극기를 상처많은 두 팔로 마음껏 펼쳤다. 마침내 거센 바람 거슬러 우주의 '마름춤'으로 하늘을 우러르니 내 육신도 마음도 함께 날아간다. 아, 끝없이 펼쳐지는 억센 넋이여.

열 번째 천신만고 끝에 마니산 참성단에 올랐다. 저 멀리 북녘의 산하와 남녘의 강물이 강화바다에서 하나로 이어진다.

매듭을 짓는 벅찬 마음으로 사방재배하고 태극으로 발걸음을 떼자 삼태극으로 바람이 일며 날아오른다. 끝도 없고 처음도 없이 다시 감돌아들어 아주 작은 씨앗 극점으로 되돌아온다. 마침내 시방세계에 들다. 아, 태극이여 무극이여……아, 아, 평화 · 해방 · 영원한 생명이여.

바로 12년 전 그대로 돌아와 있다. 함께 했던 김영수 선배도 나와 마찬가지로 춤추며, 아니 나보다 더 신들려 마구 찍어 댔다. 신을 다해서 끝까지 투혼하였다. 이 춤사진 작업은 선배가 몇 번이고 되뇌었듯이 이애주를 통해서 민중문화운동 반세기를 정리하는 본인의 마지막 작업이 될 것이라고 하였다. 그리고는 더 이상 모습을 드러내지 않았다. 아, 세상 어느 끝자락에서 사진기는 돌고 있겠지.

이 모든 정성 일심을 김영수님 영전에 바치며

2012년 4월 이애주 올림

# 홍역사상洪易思想의 원류原流를 찾아서*
- 백두산, 만주지역 -

올해의 홍역학 순례 중국 탐방은 2014년 7월 27일부터 7월 31일까지 4박 5일간 진행되었다. 서울 본회와 대전지회, 대구지회 회원들 100여 명이 백두산 순례를 다녀왔다.

작년(2013년 10월 10~14일)에는 복희의 용마부도龍馬負圖와 삼황三皇의 사당(복희, 여원, 신농)과 주역의 발생지인 기산岐山 일대의 문왕, 무왕능과 유리옥, 은대殷代 유적지, 소강절 선생의 태극서원과 안락원 등 홍역학洪易學 성지를 순례했다. 서울과 대구, 전주에서 참여한 회원이 모두 26명이었다. 또한 그 전해인 2012년에는 공자께서 태어나신 곡부일대와 맹자의 사당을 모신 맹묘, 맹자의 묘를 모신 맹림, 맹자의 자손들이 살던 곳인 맹부 등 극태제 일대를 다녔으며 공자, 맹자의 유적을 중심으로 탐방하였다.

작년 재작년 두 번에 걸쳐 복희, 문황, 여와, 신농, 무왕, 공자, 소강절, 맹자 등 홍역학의 자취를 찾아다닌 것이어서 올해의 세 번째 탐방은 갑오년

---

*「홍역학 순례 중국 탐방」 자료집을 참조하였다.

을 맞아 우리 민족의 근원지면서 홍역학과 사통팔달로 이어져 있는 백두산을 중심으로 계획하게 되었다. 참여 인원도 많이 늘어난 것이 아무래도 지난 6월 문경 신명행사에서 대산 선생님의 신명기운이 널리 퍼져 각 지역의 회원들이 한마음으로 모인 듯하다.

인천공항에서 비행기에 탑승을 하고 한 시간 이상 이륙을 못했는데 왼쪽 날개에 문제가 생겨 점검한 후에 창공을 날 수 있었다. 나중에 들어보니 청고 회장님이 떠나기 전날 자시에 글을 읽고 괘를 뽑았는데 명이明夷괘 육이 六二가 나왔다고 하였다. 육이는 "명이에 왼쪽 다리를 상함이니 써 구원하는 말이 건장하면 길하리라明夷 夷于左股 用拯馬壯 吉"하였는데, 바로 그날 비행기 왼쪽 날개의 이상이 발견되어 고치고 나서야 잘 뜰 수 있었다. 이렇게 다 맞아 떨어지는 것이 놀라웠다.

연길공항에 내리니 유난히 맑게 갠 청명한 날씨였다. 우리민요 〈도라지〉가 홍겹게 흘러나왔는데 꾀꼬리 같은 북한식 높은음의 선율이 우리 일행을 반겨주는 듯했다. 새벽에 모이느라 잠을 설친 피로가 일순간에 사라졌고, 우리를 환영하며 보듬어주는 듯했다. 서울본회 측 안내원이 하는 말이 어제까지 비가 왔는데 오늘 활짝 개었다고 한다. 여러 차례 연길공항에 왔었지만 이번처럼 상쾌하고 기분좋은 경우는 드물었다.

도문시에 가까운 두만강변에 도착했다. 강변에 있는 공원에는 우리에게도 낯익은 음악이 확성기에서 크게 흘러나왔고, 이십여 명 안쪽의 부녀자들과 몇 명의 남자들이 홍거운 우리식의 막춤인지 즉흥춤인지를 추고 있었다. 바로 조선족 아줌마, 아저씨들이었다. 홍에 못 이겨 우리 일행 쪽에서도 나를 중앙으로 몰아냈고 몇 사람이 나가서 그들과 마주하며 춤을 추었다. 그리고 내가 선두에 서서 이끌며 태극으로 돌아 맺으면서 풀어가기를 여러 차례 하였다. 잠깐 땀을 닦으며 쉬고 있자 어떤 조선족 분이 음악을 트는 전축과 확성기를 남쪽에서 관광 온 분들이 희사하셨다고 하며 고마워했다. 다시 나가 분위기를 올렸고 그분들은 그칠 줄 모르고 계속 추었다.

두만강을 사이에 두고 바로 눈앞에 북녘의 마을과 산이 마주하였다. 우리 일행들 중 여러 명은 유람선을 타고 북녘을 바라보았고, 또 한 무리는 발을 담그고 저기만치 잡힐 듯 있는 북녘을 호흡하며 상념에 젖었다. 두만강 연안의 연변 땅에는 지금 80만을 훨씬 넘기는 조선족이 살고 있는데 그들에게는 수난의 강, 설움의 강이었으나 오늘은 역사의 강, 어머니의 강으로 되어 우리 모두를 깊은 감회에 잠기게 했다.

아쉬움을 남기고 일행은 1시간 30여 분쯤 달려 용정에 위치한 윤동주 시인이 다니던 대성중학교에 도착했다. 정문을 들어서니 바로 교사 앞에 윤동주기념비가 서 있었고 여전히 조선족들이 많이 다니고 있었다. 곧바로

윤동주기념관으로 들어가게 되었는데 그 규모가 확장되어 25년 전에 왔을 때와는 사뭇 달라졌다. 안내원이 일일이 방마다 설명을 해주었고, 몇 개의 방을 지나다 보니 윤동주 시인과 함께 찍은 나의 은사 고故 정병욱 교수의 사진이 크게 걸려 있었다. 정병욱 교수는 내가 서울 문리대 국문학과 편입 시절에 선생님 방에 있으면서 나에게 많은 영향을 주신 분이다. 오랜만에 친구였던 윤동주 시인과 함께 계신 것을 다시 뵈니 반갑고 반가웠다.

도문철교를 지나 일광산 청진암에서 수월 선사를 접했다. 수행을 닦으니

몸에서 빛이 나면서 몸에서 강렬한 빛줄기가 터져 나왔다고 한다. 나중에는 잠을 안 자도 되는 경지에까지 갔으며 화계사에서 열반했을 때는 산짐승과 날짐승이 떼를 지어 울었다고 한다.

윤동주 생가가 있던 명동으로 갔는데 조선족이 제일 많이 사는 용정의 서울인 셈이다. 해란강 해란교를 지나 연길로 조금 나오니 저 멀리 낮게 보이는 비암산이 눈에 들어왔다. 그리 높지 않은 산꼭대기에는 정자가 있고 일송정 한그루가 있는데 이번에는 일정상 올라가지는 못했다. 원래 그곳은 항일투사들의 근거지로서 작전회의를 하던 곳인데, 일본군이 나중에 그것을 알고 일송정을 사격 연습용 과녁으로 사용하거나 나무에 구멍을 뚫어 후춧가루를 넣고 쇠못을 박아 고사시켰다 한다.

그 후 용정시 사회단체들이 소나무 복원을 위해 몇 차례 나무를 심었지만 누군가에 의해 잘리거나 말라 죽었고 지난 2003년 20여 년생 3미터 크기의 소나무를 심어 현재 해란강을 바라보며 단단히 뿌리를 내렸다고 한다. 우리는 잠시나마 회상에 젖으며 누가 선창을 한 것도 아니었는데 자연스럽게 마음에서 우러나와 일송정 노래를 함께 불렀다.

숙소에 도착하여 짐을 풀고 격조있는 대회장에 일행들이 모두 원형으로 둘러앉았는데 나그네들에게는 그 자체만으로도 웅장하였다. 마침 경원력庚元歷으로 살피니 오늘이 모이고 쌓여서 가득한 취역萃易이 아닌가. 먼저 청고 회장님 독송이 시작되었다.

선사재상先師在上하사 오소우천於昭于天하시니
역수구경易雖舊經이나 기명유신其命維新이로다
유역불현有易不顯가 제명불시帝命不時가
선사척강先師陟降이 재제좌우在帝左右시니라

선사께서 위(상천)에 처하시어
오호라! 하늘에 밝게 계시니
역이 비록 오래된 글이나 그 명함(천명)이 오직 새롭도다
역이 (어찌 세상에) 드러나지 않으랴!
상제의 명이 이때가 아니겠는가!
선사께서 (하늘과 땅에) 오르내리심이
상제의 좌우에 계시니라

시경에 나오는 문왕을 예찬한 시인데 대산 선생님께서 문왕대신 야산선사로 대치하여 문왕의 주역을 이으신 스승의 업적을 기린 글이라고 한다. 이어서 회원 모두 동참하여 경문을 송하였다. 그리고 지회별로 소개를 하며 서로를 알아갔다. 정말 취역聚易의 의미답게 물질과 정신, 회원 모두의 삶이 취합소통 되며 하나가 되었다. 나는 마지막에 모든 회원들의 기운과 오늘의 순례과정을 되새기며 자연스럽게 즉흥 아리랑으로 창하였다.

아리랑 아리랑 아라리요 아리랑 고개를 넘어간다
어머니 아버지 어서가요 북간도 벌판이 좋답니다

아~ 눈물로 고향땅을 떠나옵니다. 북만주 벌판에서 내가 웁니다
아~ 피흘리는 조국이여 산천이요. 털벅털벅털벅 헤매입니다

쓰라린 가슴을 움켜쥐고 백두산 고개를 넘어간다
북간도라 타향살이 서럽기도 하건마는
삭풍에 칼을 갈아 망국왜적 도륙치세

해야 해야 빨간 해야 이천만민 핏덩이 해야

일장기 노니다가 피눈물을 쏟을지니

새야 새야 파랑새야 녹두밭에 앉지 마라

녹두꽃이 떨어지면 청포장수 울고 간다

이튿날 대종교 삼종사 묘역을 참배했다. 그곳에는 나철·김교헌·서일 등 대종교의 교주를 지낸 상징적 인물들이 모셔져 있었고 그들 모두 항일운동을 하던 독립투사들이었다.

민족종교 대종교의 창시자인 홍암 나철 대종사(1863-1916)는 대종교의 초대 교주이자 독립운동가였다. 일본의 침략이 심해지자 승정원 관직을 사임하고 호남 출신의 지사들을 모아 1904년 '유신회'라는 비밀단체를 조직하여 구국운동을 하였다.

제2대 교주인 무원 김교헌 종사(1868-1923)는 동래부사로 재직할 때 통감부의 비호 아래 집행된 일본인들의 경제 침략에 맞서서 이권운동을 정치하다가 추방되기도 하였다. 또한 규장각 부제학을 지내기도 하였으며 교세확장을 통한 독립운동의 강화를 꾀하는 한편 동포들에 대한 독립정신 교육에 전념하였다.

서일(1881-1921)은 민족종교로 항일단체적 성격을 띠는 대종교에 입교하여 포교에 힘썼으며 만주로 들어오는 망명의병을 중심으로 독립군단인 '중광단' 重光團을 조직하여 항일의식을 고취시켰다. 연변에서 회룡으로 이동하는 가운데 안내원의 자상한 설명을 통하여 연변지역(현재 조선족 자치지구)이 독립투사들의 근거지였음을 더욱 분명히 알 수 있었다.

지금까지 윤동주기념관, 일송정, 삼종사 묘역을 돌며 우리 안내원은 그들의 항일정신과 독립투사들의 활동들에 대해 많은 이야기를 하였다. 또한 안내원의 할아버지께서 직접 겪었던 항일 무용담도 들려주었다. 뒷마무리에 조선족들은 교육열도 높고 공부도 많이 하여 박사도 많이 배출되었으며, 그런 점에서 중국 행정당국에서도 조선족을 인정한다고 하였다.

나는 다음과 같은 생각이 들었다. 연변에 사는 조선족들이 그렇게 공부를 많이 하여 인정을 받고 있는데 바로 선대들이 민족 독립을 위해 항일투쟁 선봉에 섰던 후예들로서 지금 세대들은 어떤 생각을 갖고 있는지, 그 정신을 이어받아 어떤 삶을 살고 있는지 등에 대하여 궁금증이 일어났다. 중국에 있는 소수 민족의 입장에서 다른 소수 민족들은 현재 민족독립을 위해 애쓰고 있는 것을 신문지상이나 외신 뉴스를 통해 익히 알고 있다. 망명 위구르 단체인 카다르 의장의 말을 빌자면 얼마 전 7월 말에도 신장 사치현에서 유혈 충돌이 일어나 위구르인 2,000여 명이 학살당했다고 한다. 2009년 우루무치 유혈사태 당시 숨진 200명과는 비교할 수도 없는, 국가가 자행한 명백한 학살행위로서 신장 위구르 지구에서 발생한 사상최악의 유혈충돌이라고 한다. 티벳 서장 자치구에서도 여기저기서 독립을 위해 일어나고 있고 안타깝게도 티벳 승려들의 분신이 이어지고 있는 것을 우리는 잘 안다. 이 모든 것이 한족 우대와 소수 민족 차별정책 탓에 이곳저곳에서 소수민족들의 독립투쟁이 날로 거세지고 있음을 보여준다.

그렇다면 안내원의 말처럼 이곳에서 과거에 조선민족의 독립을 위해 평생 애쓰고 목숨을 바쳤던 선대의 항일활동을 잘 알고 있을 터인데 현재 조선족의 입장과 생각은 어떤지 질문하였다. 안내원의 대답요지는 다음과 같았다. 항일투쟁 때 '청산리대첩'은 역사에서 가장 적은 인원으로 일본군을 제일 많이 물리친 전투로, 그것을 기려 중국정부에서도 전적비를 세워줬다고 한다. 바로 그런 이유로 중국이 조선족을 무서워하기도 하고 현재 조선족 축소말살 징책을 펴는 것이 아닌가 생각한다고 했다. 화룡시가 예전에는 조선족이 주류였으나 지금 조선족은 다 떠나고 한족이 주류라고 한다. 그래서 내가 다시 받아 조선족이 다 떠난다는 것은 민족정신이 희박해지고 민족의 뿌리를 생각지 않는 너무 소극적인 삶을 사는 것이 아닌가하며 지금의 상황을 다시 물었다. 안내원의 답은 중국정부에서 어떻게 나오는가에 따라서 관망하고 생각해 보겠다는 입장이었다. 나는 참 답답함을 느꼈다. 항일운동 때는 대상이 일본이었다면 지금은 대상이 바뀐 것 아니겠는가. 우리 민족의 역사를 눈 깜짝 않고 중국화 해버리는 천인공노할 그들의 행태 때문이다. 이 모든 것은 우리 정부가 국가적 차원에서 아무 대책 없이 말 한마디 못하고 당하고 있는 것이 문제이고, 현재로서는 직접적인 영향이 없는 것 같으나 미래에 닥쳐올 나라 역사와 민족 운명에 무뎌져 있는 것이 더 무서운 일이라고 생각된다. 일제강점기 때 선조들의 피어린 투쟁 정신이 지금의 조선족들에게는 나약하게 죽어버린 것이 아닌가. 예를 들어 안내원만 보더라도 여행객들에게 조상 자랑만 하고 있지 민족에 대한 조상들의 투쟁정신은 전혀 이어지고 있는 것 같지 않았다. 티벳이나 신장 위구르족들은 끝까지 민족 터전을 지키기 위하여 중국에 대항하면서 짓밟히는 민족을 살려내고 있는데 우리 조선족들은 중국정부 눈치나 보며 소극적 삶을 살고 있는 것이 바로 눈앞에 현실로 나타나고 있음에 앞날이 어떻게 될지 우려되기도 한다.

우리 일행은 연변에서 백두산으로 향했다. 1990년에 처음 왔을 때의 광경이 생각났다. 하얀 회벽에 초가집 지붕이 쭉 늘어서 있었다. 그 당시 안내원의 말로는 하얀 벽에 초가집 지붕은 모두 조선족들 집이라고 하며, 누가 강요하지도 않았는데 우리 조선족들은 다 알아서 그렇게 짓고 산다고 하였다. 이번에 오니 벽은 그런대로 희게 남아있는데 초가지붕은 간데없고 모두 빨간 슬레이트 지붕으로 바뀌어 버렸다. 마치 우리나라 60년, 70년대 박정희식 새마을사업으로 초가지붕을 부수고 퍼런 칠의 지붕으로 바뀌었던 흉측한 광경이 떠올랐다. 화룡시에 인재가 제일 많이 나고 박사도 많이 받고 공부 많이 했다면서 결과적으로는 중국에 일조하는 일만 하는 격으로 되어버린 조선족 후예들이 걱정되기도 하는데 그것은 곧 우리의 일이기도 하기 때문이다.

이도백화(안도현)에서 점심을 먹었는데 백두산이 가까워서인지 가지볶음이라든지 각종 나물이 유독 우리 입맛에 맞았다. 이십 몇 년 전 처음 왔을 때 안내원의 말이 생각난다. 백두산 가는 길에 온돌구조의 집은 모두 조선족 집이고 이 지역부터 콸콸 나오는 물은 유일하게 그냥 먹어도 된다고 하였다. 바로 그곳부터 조선땅임이 분명하였다. 백두산 입구에 미인송 군락을 지나 백두산 밑으로 이동했다. 백두산은 먼 옛날 우리 선민들이 모여 살며 광명, 신성한 산악이라는 의미로 '밝달' 또는 '밝뫼', '한 밝달(뫼)' 등으로 부르다가 후에 백두산으로 정착된 민족의 고귀한 정신적 의미를 담고 있다.

그러나 지금은 말이 좋아 백두산이지 우리가 오르는 백두산은 더 이상 민족의 백두산이 아니었다. 저들이 부르는 대로 창바이산, 중국의 장백산이었다. 어떻든 여러 차례 백두산을 올라 천지를 관했지만 그때마다 나의 감정은 복잡 미묘하기도 하였다. 우리 터를 우리 터로 못 부르고 남의 터에 서서 저편 반대쪽에 북녘의 백두산을 바라볼 뿐이었다. 백두산은 어느새 중국 한족의 관광 명소가 되어버렸고 사람 인파에 떠밀려 천문봉에 오를 뿐이었다. 그렇게 해서라도 천지를 볼 수 있다면, 통일되기 전에는 다른 도리가 없기도 하였다. 우리가 오른 날은 눈부시게 화창한 날씨로 바람도 적당히 불어 천지의 파란 물빛이 우리를 빨아들이는 듯 했다. 백두산에서 단체로 어떤 행위를 하는 것이 금지된 터라 각자 알아서 행동하였다. 청고 회장님은 한적한 쪽으로 이동하여 경문을 읽고 천지를 관하고 있음이 분명하였다. 우리 일행의 제를 지내고 있으리라. 나도 가촌 부회장과 앉아 경문을 읊고 모두를 위한 제례의 춤으로 마무리지었다.

백두산 천지를 마음에 담고 내려와 소천지로 향하였다. 원시림이 치솟은 가운데 자리한 소천지는 지금은 연담으로 부른다. '원시림가에 물안개 피어오르는 거울같이 맑은 늪'이다. 아주 작은 소천지의 평균깊이는 1미터 정도이고 둘레는 1킬로미터 남짓한 원지圓池인데 호수면은 해발이 1270미터인 원형으로서 늪의 폭은 약 180미터에 이른다. 호수 중간 심연이 겨울에도 얼지 않고 샘물이 솟아나오고, 원지 동쪽에서 흘러나오는 물이 바로 두만강의 발원지가 된다.

셋째 날(7월29일) 연변 조선족 자치주의 북서쪽에 있는 길림성 돈화시로 이동하였는데 우리의 역사인 발해가 천년 문화를 꽃피우던 곳이다. 현재는 조선족이 8.2%밖에 안 된다고 한다.

성산자산성으로 이동하여 발해 무덤군을 거치며 동모산을 둘러보았다. 그 다음 육정산 위에 있는 정각사正覺寺로 갔다. 아시아에서 제일 크다고 하는데 정말 거대한 구조물이 돈으로 발라 놓은 듯하였다. 그 다음 근처의 청조사로 이동하였는데 그곳은 바로 발해의 옛 발원지이다. 이곳 또한 예외없이 높은 층계를 만들어 올라가게 한 다음 넓은 광장이 펼쳐졌고, 그 꼭대기에 청조사가 있다. 우리 입장에서는 곤궁해진 격이다. 어제는 승역升易으로 마침 백두산에 오르는 날이었는데, 오늘은 곤궁하다는 곤역困易의 날이다.

청조사나 정각사나 규모만 커서 들어가는 입구부터 쓸모없이 넓은 광장과 마냥 올라가야 하는 계단들. 누구를 위해 그렇게 힘들게 계단을 밟아 올라가야 하는 것인지, 높고 거대하게만 부풀리는데 그 끝은 어디일지 상상이 안 간다.

흑룡강성 목단강시로 네 시간 이상 걸려 발해궁성터인 상경용천부 동경성으로 갔다. 이곳도 마찬가지로 엄청나게 조작된 것이 한눈에 보였다. 발해가 제일 황당한 느낌이 든다. 이곳은 내가 세 번째 오는 곳인데 처음 왔을 때는 궁성터 성벽 귀퉁이 한쪽이 허물어지기도 하고 옛 모습을 그대로 간직하고 있었다.

바로 이십여 년 전인데 글자가 들어 있는 발해의 옛 기왓장 조각도 여러 개 주웠었다. 그 다음 두 번째 왔을 때는 철망을 쳐놓고 까다롭게 하면서 들어갔던 기억이 난다. 그래도 그때는 궁성터를 돌아 동네 마을로 수레를 타고 돌기도 하며 발해를 고스란히 느꼈다. 이번에는 손을 많이 대어 인위적으로 주변을 구획해 놓았고 빈터에는 애꿎은 백일홍만 많이 심어 놓았다. 잡초가 문제라 오래가는 백일홍을 심어놓은 듯하다. 양귀비도 눈에 띄었다. 물론 꽃양귀비이다. 불현듯 생각나는 전설 속의 노래가 있다.

슬픈 여음 전설처럼 지니고
양귀비가 다시 피어납니다.
양귀비의 꽃은 님을 병들게 하고
양귀비 뜰창 앞에 지던 날
님은 날 버리고 가셨더랍니다.
양귀비가 피면 내 마음에 함박눈이 내립니다.
별처럼 함박눈이 내립니다.


불현듯 이 노래에서 내 님은 무엇일까 생각한다. 전설 속의 내 님은 무엇을 뜻하는 것일까. 발해 옛터에 오니 발해와 연결이 된다. 발해는 슬프다. 처음 발해 땅을 밟았을 때가 다시 생각난다. 아무도 돌보지 않는 발해 현장을 다니는 내내 비가 세차게 내렸다. 그것도 아주 슬프게. 그 당시 동모산성을 물어물어 찾았을 때는 철망이 처져 있었다. 그 심각성을 알고 다음날 새벽 동트기 전부터 준비를 하여 억수 같은 장대비를 맞으며 신발 벗어들고 그리 높지 않은 동모산을 올랐다. 내려와 정해공주 묘를 찾았을 때도 마찬가지였다. 조작되어지는 역사의 주인공은 슬펐으리라. 아무도 찾지 않는 땅. 잊혀진 왕국, 버려진 땅, 택수곤澤水困괘의 뜻과 딱 맞아떨어지나, 못에 물이 다 빠지고 없어졌으므로 모든 생물이 곤궁해지는 격이다. 우리가 역사 속에서나 발해라는 명칭을 듣고 대조영 운운할 때 중국은 이미 한국인들의 접근을 막고 있었다. 그 당시 중국에서도 발해는 아무도 챙기지 않는 버려진 땅이었었다. 한국학자와 북한학자들이 가끔 드나들고 연구논문이 나오는 것을 보고 구체적으로 중국 역사로 만들기 위한 역사의 날조가 시작되고 있었다. 어쨌든 발해는 서럽고 슬프다. 나도 슬프다.

그동안 근간 몇 십 년을 살펴보아도 한국의 역사학자나 역사의식을 가진 사람들이 중국 어느 지역을 드나들면 그것은 여지없이 공안에 보고되고 역사의 날조가 시작되었다는 것을 쉽게 알 수 있다. 우리 쪽이나 북한쪽에서 해놓은 연구에다 그대로 이름만 바꾸어 역사를 통째로 중국 자신의 역사로 만들어버린 점이다.

이번에 여행안내원에게 넘겨짚어서 물어보았다. 여행단들 모두 공안 쪽에 보고하냐고 물어보았더니 그렇다고 한다. 모든 명단과 개별 평가, 종합 분석을 하여 보고한다고 한다. 그것을 토대로 하여 중국의 공안, 전문가, 학자들이 들러붙어 그림을 그리기 시작하고 총력을 기울여 역사의 왜곡 날조와 상스러운 신성 유적 유물이 하나둘 생기기 시작하는 것이다. 좀 다른 경우이긴 하지만 마치 우리나라 지방자치단체들에게 그 지역을 맡겨 놓았더니 유형문화재, 무형문화재가 날조되기도 하면서 물량 불리기에 나서는 것과 마찬가지로 연결이 된다. 정말로 우리 자신부터 성찰하고 반성해야 될 일이 한두 가지가 아니다.

넷째 날(7월 30일) 새벽에 눈 뜨니 네 시가 아직 안 되었다. 뿌옇게 동이 트고 도시의 윤곽이 시야에 들어왔다. 고층건물들이 눈에 띄기는 했으나 쭉쭉 뻗은 발해의 기운을 그나마 느낄 수 있었다. 네 시간 남짓 소요되는 흑룡강성 하얼빈으로 이동하였다. 왜 흑룡강이라 하나 하였더니 물도 검정색으로 흐르고 토지도 검은색으로, 흑룡강 흑토지라 하였다. 하얼빈 가운데는 송화강이 흐르고 있었다.

해림시 한중우의 공원에 있는 김좌진장군기념관에 갔다. 당시에 독립운동과 활동상황들을 진열해놓았다. 영상기계를 다루는 전문가가 없는 듯했고 더운 실내에서 기다리기만 하다가 끝내 영상을 못 보고 나왔다. 전체 관리가 잘 안 되는 듯하였다.

하얼빈에 속하는 아성구로 가서 금상경 역사박물관을 둘러보고, 금나라 개국황제인 금태조 무덤에 갔다. 금나라 전에 발해국 성토가 금나라와 같은 영토를 갖고 있었다고 한다. 어떻게 천 년 전에 한 지역에서 두 나라가 서로 이어받고 발전되었나 생각케 한다.

저녁을 먹고 숙소에 접해 있는 러시아 거리를 산책했다. 여행 마지막 날 밤으로 모두들 나와 밤거리를 즐겼고 사통팔달의 길에 있는 야외 맥주집에서 정역井易의 날답게 샘솟듯 솟는 샘물을 마시듯 무한정 맥주를 마셨다. 우리 일행들은 몇몇씩 모여 앉아 회포를 풀며 사통팔달로 마음과 마음이 통했다. 어느덧 시간이 흐르자 여기저기서 우리 민족만이 할 수 있는 노래 소리가 이어졌고 급기야는 목청 높이 합창을 하며 그동안 쌓였던 피로도 한꺼번에 날려 보냈다.

여행 마지막 날(7월 31일)도 아침부터 부지런히 움직였다. 먼저 하얼빈역에 있는 안중근의사 박물관에 가서 안중근의거의 현장을 보았다. 총을 쏜 지점과 이토 히로부미가 쓰러진 지점이 표시되어 있었다. 생생한 역사의 현장을 느낄 수 있었다. 어제는 수풍정, 오늘은 '과녁 혁革'의 날, 안중근의사가 이토 히로부미를 과녁으로 맞힌 것과 맞아떨어진다. 과녁을 맞춘다는 것은 자기를, 우리 자신을 바로잡는 것이기도 하다.

마지막으로 731부대 기념관으로 향했다. 참 기묘한 것이 오늘이 마침 7월 31일로 연결하면 731이 아닌가. 우연인지 필연인지 여합부절如合附節로 합치하는 것이 여러 가지를 생각하게 한다. 일본인 이시이 시로가 정부 차원에서 파견되어 사람을 가지고 실험한 마루타, 생화학무기, 생체실험 등이 행해진 끔찍한 현장이었다. 뭐라 말이 안 나온다. 아무 생각이 없다. 말로만 듣던 731부대 그 건축물만 보아도 '몸이 으스스' 움츠려드는 듯 기분이 나빴고 그 당시 억울하게 죽어간 민족의 영혼들을 마음으로나마 천도하였다. 하늘이 알아서 단죄를 내려줄 것이 아닌가 하며 반대로는 '자천우지自天祐之 길무불리吉无不利'를 생각한다.

경주庚呪를 낙서구궁에 붙여 송한다.

태을무상옥청황太乙无上玉淸皇
나무관세음보살南无觀世音菩薩
건원형이정수화목금토황극부 乾元亨利貞水火木金土皇極敷
태을원부여제성역경太乙元符與諸星歷庚

이번 순례길 과정은 모든 것이 묘하게도 여합부절로 맞아떨어졌다. 취역일에 취합해서, 승역일에 백두산 오르고, 곤역일에 옛 발해땅 밟으며 곤궁해졌고, 정역일에 사통팔달로 샘솟듯 통하였고, 혁괘일에 과녁을 맞췄으니 말이다. 청고회장님 말씀으로는 예전에 대산 선생님이 행하시던 신명행사 때에는 항상 행사내용에 맞춘 신묘한 상황들이 절로 벌어졌다고 한다. 진실무망으로 항구하게 나아갈 것을 마음속으로 다짐하며 마무리를 짓는다.

마지막에 만난 소년티를 못 벗은 어린 안내원이 헤어지며 목청높여 외친 말이다.

천산만산 우리 조선 강산,
천년만년 우리 민족의 정.

# 소나무와 하나 되고 싶다*

자연에서 태어난 몸
그 몸으로 자연의 춤을 춘다.
소나무춤은 그렇게 빚어졌다.

　80년대 중반으로 거슬러 올라가 민주화 투쟁으로 온 나라가 들끓던 시절, 처음 사람들 앞에 나타난 소나무춤은 '바람맞이'를 추면서였다. 바람맞이 전체를 상징적으로 표현한 솔가지춤, 첫 마당 '씨춤'에서였다. 모진 폭풍과 역사의 소용돌이 속에서 휘어졌다 바로 서고 쓰러졌다 마침내 다시 일어나 판 전체를 휘몰아치며 중심으로 우뚝 선 소나무.
　사실은 그 이전부터 비합법·반합법 집회 때나 각 대학에서 한 가지 꺾어들고 추었던 춤이 소나무춤이었다. '바람맞이 소나무춤'이었던 셈이다.
　항상 우리 곁에 있으며 우리를 보호하고 힘을 주는 존재, 드디어는 놀라운 힘을 발휘하게 한 솔가지 하나. 바람맞이는 그렇게 솔과 함께 태어났고 마

---

* 「소나무와 하나되고 싶다」 솔바람통신. 2005년

백송나무 춤

침내 전국으로 세계로 솔바람은 거대한 힘으로 퍼져 나갔다.

90년대 중반쯤 정말 상기된 마음으로 경건하게 예를 드린 소나무춤은 울진 소광리 숲에서였다. 500여 년 동안 뿌리내리고 하늘로 뻗어 올라 떡 버티고 서 있는 황장목 군락의 소나무 한 그루, 그 빼어난 위용은 천지인의 상징적 존재였다. 나는 그 앞에 앉으면서 자연스럽게 단군 이전부터 민족의 소리춤 수행법인 영가무도詠歌舞蹈가 나왔고, 그렇게 하여 소나무와의 원초적 만남이 시작되었다. 그야말로 소나무와 소리춤이 하나 되는 신성한 의식이었다.

## 한마음 소나무춤

그 후 2000년 들어 세 번째로 추게 된 소나무춤이 소나무 사랑모임 답사여행 때였다. 대관령 소나무 숲에 둘러쌓여 일행 모두가 원으로 앉아 함께 하는 소나무춤이었다.

깊은 숨으로 들어가며 가다듬고 내면을 바라보면서 솔바람 소리를 관조했다. 이윽고 저 깊숙한 오장에서부터 터져 나오는 오행소리, '음-아-어-이-우---' 영가무도 중 '영詠' 대목이었다. 그 다음에 땅을 두드리며 장단을 내고 흥이 감돌아 '가歌'의 노랫소리로 넘어간다. 그 다음은 저절로 몸이 움직이고 흥이 오르며 '무舞'가 시작된다.

마침내 양팔은 솔가지가 되어 너울거리고 휘돌아 감고 뿌리며 '도蹈'로 넘어간다. 정신없이 온몸을 치고 두드리고 신명을 다하면서 몸을 놓고 쓰러진다. 다시 숨을 가다듬고 정좌하여 선정으로 들어가 마침내 한 그루 소나무가 된다. 한 그루 한 그루가 모여 소나무 숲을 이룬다.

이렇게 하여 소나무춤은 계속되고 있다.

소나무는 불가사의한 존재다. 멀리서 바라만 보아도 마음을 가라앉히고 때로는 가슴을 두근거리게 하고 어머니 품처럼 편안함을 느끼게 한다. 누가 뭐래도 소나무는 우리가 모시는 민족의 신목이고 뭐라 표현할 수 없는 우리의 마음이다.

소나무를 닮고 싶다.
소나무처럼 살고 싶다.
아니, 소나무와 하나 되고 싶다.

## 제5장
# 땅끝에서 천명까지

이애주 춤판 〈땅끝〉
나눔굿
도라지꽃
바람맞이
천명
한성준 춤 기념 예술제
한영숙 춤, 역사 그리고 창조
이애주 전통춤

> 춤은 '안무'에 의해서 만들어지는 것이 아니라
> 이 세상의 '진실된 일'들이 우리들로 하여금 온몸을 움직여 춤을 추게 한다.
> 오늘 여기에 준비하는 한판춤 〈바람맞이〉는 바로 이러한 깨달음에 따라
> 우리춤의 참모습을 오늘 속에 끌어내 보려는 시도의 첫걸음이다.
> 그 바람은 온몸을 내던지려고 나서는 사람들의 간절한 바람이다.
> 그렇기 때문에 한판춤 〈바람맞이〉는
> 우리 모두의 필연적인 자기 몸부림임을 자부한다.

## 이애주 춤판 〈땅끝〉

중요무형문화재 승무·학무
예능보유자 한영숙 전수공연

# 이애주 춤판

1974. 6.22~23
낮 3 : 30  밤 7 : 30
중앙국립극장 소극장 (장충동)

# 춤판을 벌리며[*]

오늘의 이 땅에서 춤을 춘다는 것이 어떤 의미가 있는 것인가. 춤을 추지 않을 수 없는 데에 춤꾼의 절규가 있는 것이다. 오히려 작은 몸짓이나마 전력투구하는 길만이 현실을 뚫고 나갈 수 있는 창조적 생명력을 획득할 수 있는 길인 것이다.

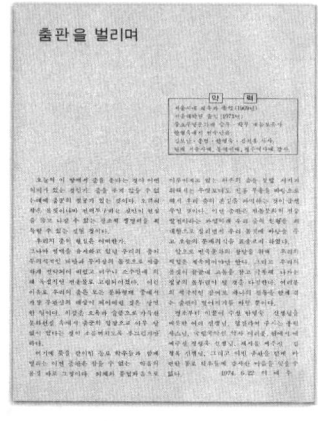

우리의 춤의 현실은 어떠한가. 그나마 명맥을 유지하고 있던 우리의 춤이 무의식적인 태만과 무사상의 몸짓으로 저급하게 전락되어 버렸고 더구나 소수인에 의해 독점적인 전유물로 고립되었다. 이런 이유로 우리의 춤은 모든 문화 형태 중에서 가장 무관심의 대상이 되어버린 것은 당연한 일이다. 이 같은 오욕과 슬픔으로 가득 찬 문화현실 속에서 춤꾼의 입장으로 아무 탈 없이 있다는 것이 소름 끼치도록 부끄럽기만 하다.

여기에 뜻을 같이한 동료 학우들과 함께 벌이는 이번 춤판은 참을 수 없는 아픔의 몸짓 바로 그것이다. 퇴폐와 불협화음으로 이루어지고 있는 현존의 춤을 정립시키기 위해서는 무엇보다도 전통 무용을 바탕으로 해서 우리 춤의 본질을 파악하는 것이 급선무인 것이다. 이번 춤판은 전통문화의 전승 발전이라는 과업 아래 우리 춤의 원형을 최대한으로 살리면서 우리 몸짓에 바탕을 두고 오늘의 문제의식을 표출코자 하였다. 앞으로 민족문화의 창달을 위해 우리의 작업은 계속되어야만 한다. 그리고 우리의 몸짓이 끝끝내 고통을 참고 극복해 나가는 절규의 몸부림이 될 것을 다짐한다. 여러분의 적극적인 참여로 하나의 진통을 함께 겪는 춤판이 벌어지기를 바랄 뿐이다.

평소부터 이끌어 주신 한영숙 선생님을 비롯한 여러 선생님, 협찬하여 주시는 봉원사 스님, 국립국악원 악사 여러분, 뒤에서 애써주신 정병욱 선생님, 제자를 써주신 김정록 선생님, 그리고 이번 춤판을 함께 마련한 동료 학우들께 감사한 마음을 잊을 수 없다.

1974. 6.22 이애주

[*]이애주 춤판 〈땅끝〉, 1974.6.22.~23, 중앙국립극장 소극장

# 땅끝(창작무용)

꽃이 피려 한다.
먹구름이 하늘을 가리고 음산한 바람 속
물결치는 어느 섬 '땅끝'의 한때.
꽃은 피려고 몸부림한다.
몸부림,
무엇이 이 몸부림을 억누르고 있는가.
무엇이 꽃을 죽게 하는가.
죽은 꽃에서 흐르는 피가 굳어 굳어
차디찬 돌이 되게 하는 것이 누구냐,
광풍과 암흑으로 꽃을 질식시키고
메마른 자들로 하여금 살찐 자를
예배케 하는 것은 한낱 잡귀 망령이었다.
온갖 허위의 의식으로
메마른 자들을 들씌운 쇠갈퀴 멍에였다.
잡귀 망령이라면 쫓아낼 수 있다.
우리의 몸속에 흐르는 붉은 피로
쫓아낼 수 있다.
죽은 꽃 살아 피어오르게 하는
우리의 몸짓 속의 뜨거운 율동으로
밝은 날은 올 수 있다.
우리의 몸짓에 내재하고 있는
본연의 생명적 율동성을
최대한의 기저로 하여
오늘의 시대 체험적인 예술의지를
미적 가치의 세계로 구상화하여 보았다.

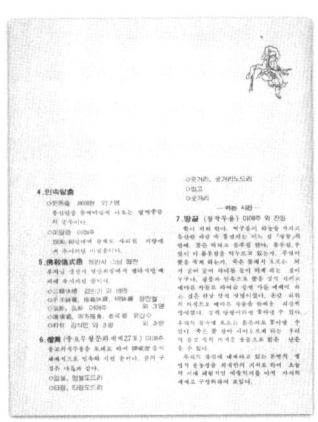

## 〈땅끝〉 공연에 대한 이애주의 회상*

이시영의 시를 읽다가
문득 1974년 6월 20일 국립극장 소극장(전 달오름극장) 무대로 돌아갔다.

〈이애주 춤판〉 1부 마지막 전통춤 '미얄춤'이 끝나고 들어오며 쓰러지면서
나는 의식을 잃었다.
시간이 흘렀나, 내 주위에서 춤꾼, 뒷일꾼 할 것 없이
모두가 흐느끼는 속에서 나는 다시 몽롱하게 정신이 살아났다.
다시 몸을 추스르고
2부 〈땅끝〉 첫 장면이 시작되었다.

이종구 작곡 구음이 시작되었다.

음~음~음~ 음~ 음    음~~~ 음~~~   음~~~~~~

기근에 말라가는 농작물과 갈라지는 땅을 표현한 처절한 장면이었다.
나중에 영상물로 보니
모두 다 쓰러져 흐느끼고 살려 내려던 그 소리, 그 마음,
그대로 연장선상의 실제 상황 같았다.
땅이 갈라지는 듯한 소리로 중간쯤 누군가
정말 울부짖고 있었다.
종구형 목소리였다. 너무 생경하였다.
억누를 수 없는 존재 자체의 울부짖음이었다.

*이애주의 일기에서 2004.04.09.

## 이애주 춤판 〈땅끝〉에 관한 인터뷰[*]

제가 1974년에 첫 발표회를 열었는데 〈이애주 춤판〉이라고 했어요. 그게 엄청나게 비난을 받았어요. 당시만 해도 '무용舞踊'이라는 단어를 써야지, '춤'이란 말은 못 배운 사람들이나 쓰는 상스러운 말로 치부되던 시절이었지요. 게다가 저는 '판'이라는 말까지 붙였잖아요. '무용'이라는 게 일제강점기에 들어온 말인데, 그 말만 들어온 게 아니라 그때부터 우리 춤의 몸짓이 왜곡되고 파괴되기 시작했어요. 저는 우리 몸짓을 바로잡고 싶어서 '춤'이라는 말을 썼지요. 그러니까 당시 〈이애주 무용발표회〉라고 해야 했는데 도저히 그렇게 쓸 수가 없어 〈이애주 춤판〉이라고 한 거죠. 그러자 사람들이 "무슨 배운 사람이 상스럽게 '춤'이라고 하나?"라며 비판하기 시작했어요. 신문 사설에까지 격에 맞지 않는 용어를 쓴다고 욕을 먹었어요. 배운 사람이 지식인답게 '무용'이라고 해야지 하면서 사적으로도 비난을 많이 받았죠.

그러나 나는 서구식의 사각 극장 무대와 달리 우리의 무대는 열린 공간 개념의 마당이고, 그 열린 마당을 총칭하는 것이 '판'이라고 생각했지요. 장소 개념만이 아닌 닫혀 있는 정신의 열림까지도 생각한 거죠. 그래서 '춤판'이라는 말을 쓴 건데, 이 '판'이라는 글자를 불온하게 보는 사람들이 많았어요. 지금 보면 참 뒤떨어진 생각들인데, 무대를 넓힌 게 마당이고 마당을 우주적으로 넓힌 게 판이죠. 이제는 그 말 당연히 쓰잖아요. 내가 몇십 년 전에 툭툭 치고 간 게 이제는 자리를 잡아서 정말로 후회가 없어요.

작품 내용은 공연 1부에서 전통춤을 췄고 2부에서는 〈땅끝〉이라는 창작춤을 올렸어요. 공연 1부에서는 그동안 내가 배우고 익힌 우리 춤사위와 가락을 전부 토해냈고, 2부에서는 그 춤사위들을 가지고 창작춤 〈땅끝〉을 공연한 거죠. 남해 외딴섬, 외부와의 통로가 차단된 외딴섬을 장악한 섬주의 폭압을 배경으로 해서 70년대 당시의 상황을 비유적으로 풍자한 작품인데, 처녀를 강제로 공출하려는 섬 주인을 상대로 소작인들이 벌이는 소작쟁의를 축으로 젊은이들의 투쟁과 사랑을 담은 내용이었지요. 내가 춤으로 하고 싶은 이야기는 그때 이미 다 해버린 것 같아요. 〈이애주 춤판〉은 우리 문화의 민족성, 또 당대의 민주주의에 대한 고민을 다 담은 춤판이었죠.

[*]경향신문, 프레시안, 한겨레신문 발췌

**특별 출연**
한영숙 (중요무형문화재 승무·
　　　　학무 예능보유자)
김천홍 (중요무형문화재 종묘
제례악·처용무 예능보유자)
박송암 (중요무형문화재 범패
　　　　예능보유자)
김구해 (중요무형문화재 범패
　　　　예능보유자)
김태섭 (국립국악원 재직)

**춤꾼**
이애주
정재만 (경희대학원졸)
채희완 (서울대학원 미학과)
장만철 (서울문리대 고고학과 4)
김민기 (서울미대 회화과 4)
류경희 (서울사대 체육과 4)
김석만 (서울문리대 지리학과 4)
박정국 (서울문리대 철학과 4)
문명옥 (서울사대 체육과 4)
정숙채 (서울사대 체육과 4)
박계순 (서울사대 체육과 4)
박진희 (서울사대 체육과 4)
김유덕 (서울사대 체육과 4)
윤영애 (서울사대 체육과 4)
장영희 (서울사대 체육과 3)
유갑수 (서울사대 체육과 3)
김경선 (서울사대 체육과 3)
최옥수 (서울사대 체육과 3)
곽관주 (서강문과대 사학과 2)

못 나온 사람
임진택 (서울문리대 외교학과 6, 긴급조치로 수감중)
못 본 사람
김지하 (긴급조치로 사형선고)

정용자 (서강이공대 생물학과 2)
윤승희 (청주여사대 무용과 2)
이승욱 (연대공대 토목과 2)
이춘길 (서울문리대 심리학과 2)
이미경 (청주여사대 무용과 1)
이정식 (서강대 독문과 1)
정병호 (연대 철학과 1)

**잽이**
정재국 (국립국악원 재직)
김중섭 (　　〃　　)
사재성 (　　〃　　)
김중식 (　　〃　　)
김영동 (서울음대 국악과 4)
이종구 (서울음대 작곡과 4)
이명희 (서울대학원 국악과 1)
이경희 (서울음대 국악과 1)

**뒷일**
홍석화 (서울치대 1)
김아영 (서울대학원 회화과)
김재찬 (서울치대 2)
정혁조 (서울사대 국어과 3)
박현경 (이대 사회사업과 4)
정영숙 (　　　　　　　)
이훈상 (서강대 사학과 2)
문창룡 (연대 도서관학과 3)
이순희 (동덕여대 체육과 3)
이인수 (서울미대 회화과 3)
홍성원 (이대 사회사업과 3)
정 단 (서울사대 체육과 2)

# 나눔굿

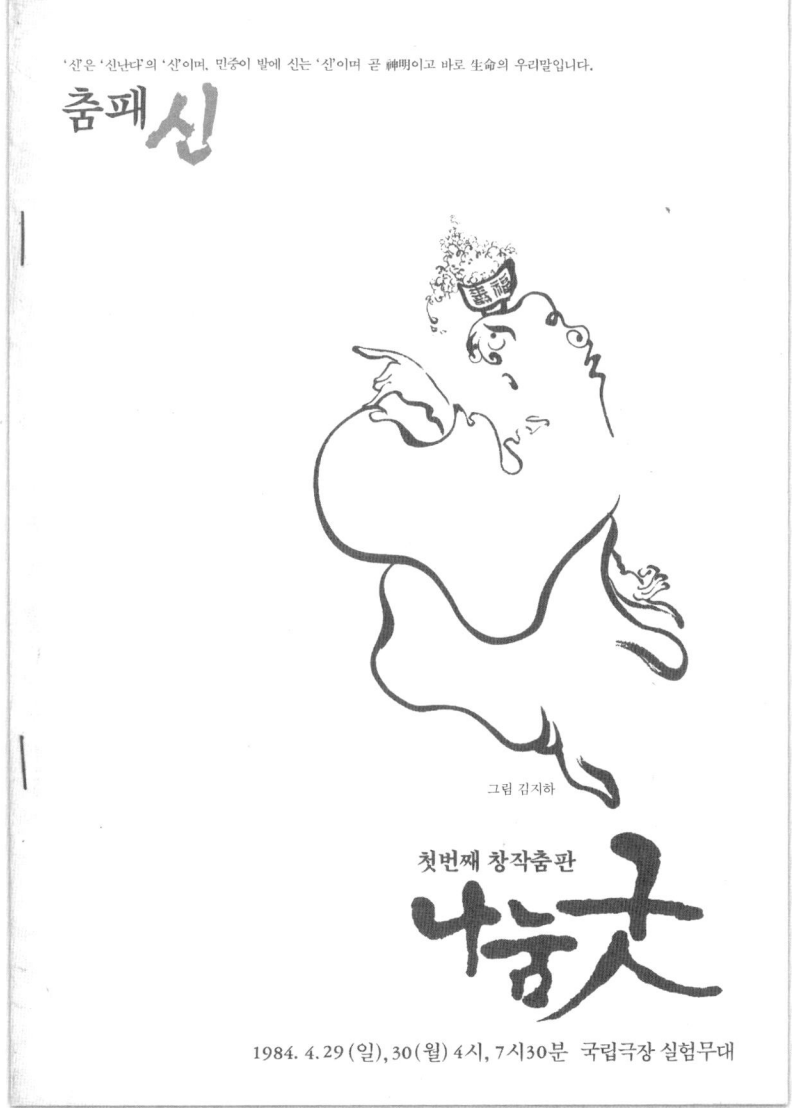

'신'은 '신난다'의 '신'이며, 민중이 발에 신는 '신'이며 곧 神뼉이고 바로 生命의 우리말입니다.

춤패 신

그림 김지하

첫번째 창작춤판
나눔굿

1984. 4. 29 (일), 30 (월) 4시, 7시30분 국립극장 실험무대

# 나눔굿 첫번째 춤판을 벌이며*

굿판에 오셔서 밥과 떡과 술을 나누어 먹읍시다. 춤패 신**

〈나눔굿〉은 불교의식의 하나인 식당작법食堂作法을 현대적으로 해석하여 재구성한 창작 춤판입니다.

● 판열음

솥뚜껑, 밥뚜껑, 주걱, 국자, 냄비, 깡통, 등 온갖 식기를 두드려 풍물을 잡은 가운데 거대한 밥그릇이 모셔지고 한바탕 터벌림을 한다.
난장 튼 속에, 벌어진 연꽃 위 부처 현신하듯 그릇 속에서 밥이 나와 밥춤을 추고.

첫째 마당 작법作法

가운데 괘불을 모시고 연등과 초, 향을 올려 그윽한 속에 짓소리, 훗소리, 범패에 맞추어 바라춤, 나비춤, 타주 등 전통 불교의례가 펼쳐진다.
8각의 기둥 위에 밥그릇이 놓여지자 정견正見, 정사유正思惟, 정어正語, 정업正業, 정명正命, 정정진正精進, 정념正念, 정정正定 등 팔정도八正道가 아뢰어지고 이에 빗기어 세속 8정도가 엇물린다.

둘째 마당 아수라 밥판

거대한 밥그릇이 연등처럼 허공에 걸리면 세속 8정도의 이모저모가 풍경처럼 바람처럼 스쳐간다. 밥그릇을 향한 아귀다툼이 아수라 밥판으로 치닫고는 마지막 먹이의 사슬이 피라미드 형상을 이루었다가 이윽고 허물어진다.

셋째 마당 밥그릇 살풀이

찌들고 눌린 몸이 던져져 한 묶음 회오리되자 번개 속 불꽃인 듯 진흙창 속 연꽃인 듯 문득 밥그릇이 강림한다. 고해 속 깨달음이 밥그릇 나눔으로 드러나고, 생명의 단

*춤패 신 창작춤판 〈나눔굿〉 1984.6.23.
**'신'은 신난다의 '신'이며, 민중의 발에 신는 '신'이며 곧 神明이고 바로 生命의 우리말이다.

초이자 만유인 밥, 이 밥에 얽혀 설킨 살이 밥그릇춤, 밥주걱춤, 밥뚜껑바라춤으로 풀려난다.
갖은 밥그릇 풍물 속에 밥그릇살풀이가 밥그릇 신명 춤으로 출렁이고.

● 대중공양
  떨거지를 앞세우고 모인 사람 모두가 어우러져 열린 판 속으로 삼삼오오 열을 지어 탑돌이 하듯 진풀이 하듯
"나누어 먹세, 나누어 먹세, 나누어 먹으면 하나 되리"
밥노래와 함께 밥춤을 추면서 밥을 나누어 공양한다.
한 자리한 잡귀 잡신도 풀어먹이고 어울려 나누어 먹음이 바로 깨달음인 것을,
몸 속에 모신 밥이 부처인 것을,
모신 밥의 활동이 일이요,
예불인 것을, 바로 그것 이 춤임을!

## 〈나눔굿〉에 관한 이애주의 생각

밥과 춤, 춤과 굿, 굿과 신명, 신명과 밥…….
이 말들은 뜻은 다를지언정 사실은 다 하나로 통하고 있다고 할 수 있다. '먹는 것이 사는 것이고, 나누어 먹는 것이 살리는 것이며, 다시 그것이 사는 것'이라는 지점을 발견해야 한다.

우리는 밥을 먹음으로써 우리 안에 하늘을 모시고 부처를 섬기는 것인데, 밥을 나눔으로써 우리는 밥으로부터의 집착에서 벗어나 하늘과 하나, 중생과 하나가 될 수 있다. 밥을 나누어 먹는 것이야말로 온천지가 모두 하늘을 모시고 부처를 섬기는 생명개벽의 세상이다.

나누어 먹어서 하나가 되자는 우리의 노래, 이 외침, 민초들의 집단적인 함성을 어떻게 생각하는가? 나누어 먹는 것이야말로 바로 생명의 하나됨을 확보하는 경건한 의식儀式이다. 그 나눔의식을 춤과 소리로서 공양하고자 하는 것이 〈나눔굿〉 춤판이다.

춤은 동시에 풀면서 맺는다. 밥이 없으면 한이 생기고, 맺힌 한은 풀어야 하므로, 한은 마침내 삶으로서, 생명의 자기 보존으로서 춤을 낳는다. 따라서 춤은 살림의 시작, 저항의 출발점이기도 하다.

중생의 한 맺힌 고갯짓 하나에도 온 우주가 따라 움직인다. 밥나눔의 극치를 나타내는 경건한 공양의식, 그것이 '나눔굿'이다. '생명춤'이다.

- 1984년 6월

# 도라지꽃

춤은 우리들 가슴속에 맺힌 한과 신명을 우렁차게 드러내는 원초적인 행동양식입니다.

**춤패 신** 제2회 창작춤판

## 단오 대동굿
## 도라지꽃

장소 : 서울 놀이 마당
일시 : 1985년 6월 23 (일), 24 (월)
후원 : 서울놀이마당

## 도라지꽃, 그 나래를 펴며

깊은 산, 높은 곳, 높파람이 골짝을 가르는 곳에 핀 도라지꽃이 더 싱싱한 것은 그 꽃이 고산식물이라서가 아니라 민중의 분노, 그 순결이 그 어떤 침략과 짓밟힘도 뿌리치고 누리에 맑은 빛으로 되살아난 까닭입니다. 그리하여 일제에 희생된 정신대를 도라지꽃이라 하였거니와 그네들의 천추에 맺힌 원한을 다시 쳐온 오늘의 왜놈에 의하여 짓밟히는 민중의 노여운 항거로 되살려 풀어 봅시다.

우리의 춤이 늘 주어진 판을 깨며 시작되는 몸짓이듯이 우선 작살판으로 판을 열고 평화마당, 침략과 저항 그리고 민중에 의한 민족해방 그 염원의 세계 를 몸으로 빚어가는 이 한판에 함께 뛰어들어 주시기를 고대합니다.

### 단오 대동굿

첫째마당 **그림판**에서는 화가 오윤, 김용태, 문영태, 강요배, 홍선웅, 김봉준, 홍성담 등의 〈도라지꽃〉을 주제로 한 큰 그림들의 발표가 있으며, 80년대 민중 미술의 확고한 형식으로 뿌리 내린 판화운동의 주요 작가들을 총망라, 저렴한 가격으로 판매되고 있습니다.

둘째마당 **풍물판**에서는 농악의 진풀이, 발놀림, 기본 춤 등을 같이 익히고 어울려 노는 신명나는 판입니다. 셋째마당 **어울림판**에서는 민요 동요 배우기, 북춤, 봉산탈춤, 양주별산대 놀이 기본춤, 강강수월래 등의 강습과 참여하신 여러분들과 흐드러지게 어울리는 판입니다.

## 도라지꽃 작품해설

역사상 가장 처절 잔혹한 여성 수난사였던 정신대 이야기를 주조로 하여 과거와 현재를 재조명하면서 궁극적으로는 올바른 여성해방, 참다운 인간 해방의 미래를 예감케 하려는 춤, 그림, 노래, 문학이 총체적으로 모두 함께 어울린 새로운 양식의 공연 춤판.

- **판열음**
  거둘 수 없는 한을 남기고 죽어간 원혼들이 세수대야, 요강, 밥뚜껑, 주전자, 깡통 등 우리네 일상집기를 들고 무작위로 마구 치면서 도깨비로 등장해서 정신대, 징병, 징용 끌려갔다 죽은 영령, 악제와 억압에 쓰러져간 수많은 영령들 앞에 경건한 의식을 지낸다.

- **첫째마당** : 새야 새야 파랑새야
  일제하 이땅의 민중들이 들과 바다에서 봉건적 질곡에 빠졌으나 평화스럽게 일하며 각자의 생을 영위하는 모습을 너울춤, 일춤으로 나타낸다.

- **둘째마당** : 식민지에서 우리들의 누이는
  일본 제국주의에 의해 남성들은 징용 및 징병으로 끌려가고 꽃다운 처녀들은 정신대로 끌려가는 것을 징용춤, 징병춤, 정신대춤으로 엮어 보여주며, 오늘날 이땅의 누이들도 양공주, 기생관광 등에 의해 또다시 역사의 질곡에 빠져든다.

- **세째마당** : 세상
  모든 억압과 굴레를 깨치고 염원의 세계를 향한 부활춤 속에서 해방된 땅, 민족의 민중적 생명력을 일으켜 모든 질곡을 타파하고 통일의 노래를 몸으로 얽어내는 세상춤을 춘다.

- **맺음굿**
  풍물 가락에 맞춰 우리 모두가 하나로 어우러져 이땅의 비나리를 온몸으로 풀어제끼며 흐드러지게 어울리는 판.

## 카메라 산책

◇지난 23일 서울놀이마당에서 열린 「도라지꽃」의 첫째 마당. 풍물패의 장단에 맞춰 일(勞動) 춤을 추고 있다.

# 日帝에 밟힌 "挺身隊 恨" 춤과 노래로 달랬다

### 춤패 「신」이 펼친 「도라지 꽃」

노래와 그림, 춤이 한 마당에 나와 흥겨운 판을 벌였다.

춤패 「신」이 단오를 맞아 23, 24일 이틀간 서울 잠실 석촌호숫가 「서울놀이마당」서 펼친 대동굿 춤판 「도라지꽃」은 낮 2시에 시작돼 밤10시를 넘기며 뜨거운 열기로 이어졌다.

23일 오후 2시 요란한 풍물소리속에 시작된 그림판은 놀이마당 주변에 커다란 「그림」들을 빨랫줄에 빨래 널 듯 내걸면서 시작됐다. 누구나 쉽게 접하고 즐길 수 있는 「민중의 그림」을 표방하고 있는 젊은 화가들이 판화와 큰그림(1.5m×3m)을 내놓은 것.

강요배, 오윤氏 등과 「시대정신」 「현실과 발언」동인들이 참가한 이 그림전시회는 공연내용을 설명하기 위한 것도 있었고 판화는 1장에 3천원씩 팔

◇「도라지꽃」의 판열음 놀이. 「신」의 남자 단원들이 북을 치며 노동요를 불렀다.

◇첫번째 마당 「새야 새야 파랑새야」에서 평화로운 삶과 일을 표현한 「꽃춤」을 추는 춤패「신」. 정신대로 끌려나가기 전이라 모두 치마를 제대로 입고 있다.

였다.

 가까운 아파트 단지에서 구경 나온 가족들, 셋씩 넷씩 그룹을 지은 젊은 이들이 민요와 농악장단을 함께 부른 풍물마당이 끝나고 어둑어둑 어스름이 깔리자 본격적인 춤판 「도라지꽃」이 3부순서로 이어졌다.

「도라지꽃」이란 일제말 정신대에 끌려나갔던 여성들을 일컫던 당시의 은어. 농촌에서 산골에서, 아무런 세상 물정 모르고 순박하게 살던 「도라지꽃」 같은 조선처녀들이 공장에 취직시켜주고 간호원으로 일하게 해준다는 속임에 넘어가 만주에서, 또 남양군도에서 이름없이 스러져간 한(恨)을 위로하는 도깨비 굿으로 판이 열렸다.

 첫째 마당 「새야 새야 파랑새야」는 조선 땅에서 평화롭게 일하며 살아가는 여성들의 모습을 그리고 있다. 호미질, 풀뽑기 등 「평화」를 그리는 일춤이 끝나갈 때쯤 거친 日軍의 군화소리가 평화를 깨뜨리는 불협화음을 던진다.

 둘째 마당 「식민지에서 우리들의 누이는」에서 춤패 「신」은 다양한 여성들의 춤을 보여줘 갈채를 받았다. 일본군에 끌려가 짓밟히는 「정신대 춤」, 억압에 항거하는 건강한 믿음의 「유관순 춤」에 이어 최근의 여대생폭행사건, 해고된 여공들의 고통을 그린 「종이인형 춤」이 과거와 현재를 이었다. 춤패「신」 대표 李愛珠씨가 보여준 「여자 비나리」 독무도 힘찬 약동과 섬세한 몸놀림으로 눈길을 모은 춤.

 춤패 「신」이 올해초부터 기획, 3월부터 본격적인 연습을 해왔던 이번 공연에는 20여명의 「신」단원이 참여, 공동창작으로 판을 꾸몄다. 노래단 「새벽」이 맡은 음악과 민요연주도 신선한 감각을 담은 시도였다. 지난해 4월 창단됐던 「신」은 앞으로도 「역사와 삶을 담은 춤」을 보여주겠다고 열의를 보이고 있다.

〈朴善二문화부기자〉

〈주간조선〉, 1985. 7. 7

김지하 시인이 〈도라지꽃〉 공연에 부친 시(미발표 작). 1985년.

## 始시

김지하

한국적인 슬픔이란 것이 있지.
조선백성적인 슬픔이란 것이 있다.
학살당한 남편의 시체를 부여잡고 통곡을 하는
거창 아낙네의 얼굴에서,
광주학살의 그 화염방사기에 그을린 시꺼먼 주검과
관과 태극기와 막을 수 없는
함성의 물결
그 사이로 무너져내리는
조선 어머니들의 흐느낌 속에서……

어디 그뿐인가.
우리들 모두의 가슴 속에는
유리창에 부빈 얼굴처럼
입술과 코가
양볼과 눈매가
분간 못할 정도로 한데 일그러져
형체를 알 수 없는 어떤 짓밟힘의
두 눈 흡뜬 거역의 표정을 이루는
얼굴이
못 박혀 있다.

베트남 참전 미군병사의 시체 속에는 없는
소련혁명 전사자 명단 속에는 없는
양놈들 인민사원 그 광기어린 자살소동
무수히 널브러진 떼죽음 속에는 없는
오로지 억압받는 약소민족들 속에만 있는
조선백성 학살당한 표정이 우리에게는 있다.

아, 팔레스타인 난민들이나
아시아 아프리카 라틴아메리카
그리고 한반도에서
슬픔조차 분단당한
우리는 순박한 백성인가,
슬픔을 통해
구원으로 가는 백성인가, 우리는……

우리들의 주검은 표정도,
영원으로 굳어져버린 최후의 몸짓도,
색깔도
냄새도
분위기도
운명도 다르다. 그리고
우리들의 비극 속에는
식민지 여성수난사가 있다.

정신대 그 고름마저 썩는
부끄러움마저 썩어문드러지는 치부에서
대검이 배를 쑤신 임산부,
바닥에 내팽겨쳐진 태아를 부여안고
피비린내 젖은 목소리로
내아기 내아기 외치며 죽어갔던
그 임산부의 주검까지……
어디 그것 뿐인가
……
그러나 우리가 겪는 식민지 여성수난사는
이런 모든 것들을 하나로 뭉뚱거릴 정도로
거대하고, 치열하게 너그럽다.
식민지에서도 여성해방이 오고
식민지에서 여성해방은 온다.
죽음으로 투쟁으로
죽음과 투쟁을 통해서……

백기완 선생이 〈도라지꽃〉 공연에 부친 비나리. 1985.6.

## 〈도라지꽃〉을 위한 비나리

백기완

나는 어제도 일본제국주의 군대
그 미친 xxx들한테 당했고 오늘도 당했다. 애당초
식민지 조선 가난한 딸이라는 이유로 이곳에 끌려왔고
그래서 남정네들처럼 밭매고 걷우듯
일만 거들면 살아 남는 줄로 알았다.

그러나 이것은 기상천외의 혼례도 아니고
막 바로 성놀음으로 사람을 죽이는
그 잔학함이 도대체 이럴 수가 있을까
몸서리치는 나날 어떤 때는 수십명이 줄을 서서
또 어떤 때는 낮도 밤도 없이 한 여자를
스산한 병사 맨바닥에 자빠뜨려 놓고

네놈들이 개보다 못한 짐승들이지,
사람이고서야 어찌 이럴수가...
이를 악물고 뿌리치면 매가 들어오고
온몸으로 거역하면 묶어놓고 달려드는 xxx들

남의 집 귀한 처녀들을 이렇게 짓밟아야
적군을 섬멸할 사기가 오른다니
도대체 네놈들의 전쟁이야말로
짐승들보다 못한 도살전쟁이지. 그어찌 사람의 짓이랴...

사립문소리에도 혹시 님이실까 두근대며
푸른 오월처럼 부풀던 가슴
그래서 창에 어린 둥근 달도 차마 엿보지 못하던

이 신비의 살결은 어느덧 갈기갈기 찢어지고
아. 누더기처럼 해져버린 몸둥아리
이제는 그 맑던 눈물마저 피멍이 들었구나.

하지만 이대로 죽을 순 없다
정조는 빼앗겼어도 생명의 순정마저 마저 죽을 순 없다고
도망치던 음전이가 총을 맞고 쓰러지던
이곳 제국주의 전쟁터 남양의 어느 섬

나는 밤새 하얗게 울어 버렸다. 그 피울음을 삼키고도
말이 없는 야자수 숲속이 두려워서가 아니라

비록 참혹하게 뭉게진 앞자락일망정
그 해진 것을 끝까지 보듬는 건
조선 여자만이 할 수 있는
아무도 손댈 수 없는 순결의 몸짓인데
그 여린 등에다 총을 마구 쏘는 패륜 포악을
이 두 눈으로 보고서도 어쩌지 못하는
식민지 백성이 서러워서 울었고
우리들을 이렇게 덧없이 빼앗긴
부모님네가 원망스러워 울기도 했다.

그러나 그렇게 당하면서도
이를 악물고 버티어 보자던 옥녀가
고향의 들녘처럼 그 맑던 옥녀가
한놈한테 당하고 또 당하고 또 당하다가
마침내 숨을 걷우던 오늘 새벽은

원망하던 식민지 조국, 그 원망도 잊어버리고
한 여자의 원한은 오뉴월에도 서리를 내린다더니
나는 온몸이 비수처럼 부들부들 떨려오는 나를 보았다.

그렇다 네놈들이 모든 걸 앗아갔어도 이 치떨리는 분노,
그 분노의 비수만큼은 채 어쩌지 못했나니

이제 무엇을 두려워하랴
기껏해야 한 여인과 맞선 일본제국주의 앞에서
내 상처를 내가 물어뜯는 자학일랑 버리고
오늘 밤엔 바로 이 비수로 결판을 낼테다
바로 이 손으로 작살을 내리라.
한놈도 좋고 백놈도 좋고 만명인들

그렇다. 오라 제국주의 들개들아
열일곱 식민지 처녀의 독한 결심이
과연 어떻게 침략자를 물리쳤는가

댕기풀어 휘젓는 이 몸짓을 보고도, 이 희한한 싸움을 보고도
남국의 바다는 멍청히 제 몸만 부수고 별빛도 졸고 있을 뿐
아무도 증언하지 않아도 좋다
겁탈하는 자는 마침내 작살을 냈다는 것을
내 손으로 입증하고야 말지니

아. 고향 어머니 울지 마세요
지금도 하얏트, 도큐호텔 서울 한복판에서
겁탈당하는 현대판 정신대를 아시나요
다시 쳐 온 xxx들을 보셨나요

아무도 거들지 않아도 좋습니다.
당해 본 여자만이 아는 수모, 침략의 밑두리.
그 마수를 내 손으로 작살을 내고야 말텝니다
쇠가 없은들 발을 구르고
징이 없은들 가슴을 치고
북이 없은들 머리를 받고
장고가 없은들 어깨짓 허공을 때려서라도
나는 이미 머리를 풀었습니다
이제부터 때릴 겁니다
해방의 종소리 온몸으로 때리고야 말 겁니다
어머니! 울지마세요.

## 조선 여성들의 못다 핀 꽃이 활짝 필 날은*

이애주

"1996년이에요. 우연히 신문에 실린 이 그림을 보았죠. 눈물이 핑 돌더군요. 제가 1985년에 〈도라지꽃〉이란 제목으로 일본군 위안부 문제를 춤으로 표현한 공연을 했었는데 꼭 10년 만에 예술작품으로 다시 만난 거지요. 우리 춤의 본성은 진혼에 있다고 할 수 있어요. 그 진혼의 의미가 이 그림 하나로 눈물겹게 다가옵니다. 조선 여성의 수난사가 이 그림 하나로 상징되고 있다고 해도 과언이 아닙니다."

"이 그림은 단순한 미술작품이 아니에요. 고통스런 삶에서 형성된 정한의 정서가 마음에서 터져나와 그려진 거에요. 말 그대로 진정한 의미의 작품이지요. 언젠가 이 그림을 앞에 모셔놓고 춤을 출 생각입니다. 돌아가신 위안부 할머니들의 넋을 기리는 진혼, 조선 여성의 수난, 당당함 그 모든 것들을 이 그림과 함께 표현해 보고 싶어요. 가끔씩 이 그림 속에 처녀가 나 자신이라는 생각을 합니다."

김순덕, 〈끌려감〉, 캔버스에 아크릴, 154x114.5cm, 1995

*김현숙, 『아름다운 사람들과 나눈 그림이야기』 1985. 6.

김순덕, 〈끌려감〉, 캔버스에 아크릴, 154x114.5cm, 1995

# 바람맞이

# 춤은 만들어지는 것이 아니고 추어지는 것이다

### 한판춤 〈바람맞이〉를 열며*

'진실된 일'을 통해서 사람의 몸도 마음도 질서 지워진다. 그것은 가장 인간다운 삶의 한 방식이다. 아니 인간다운 삶 자체이다. 춤은 '진실된 일함'을 통해서 건 강해질 수 있다. 일은 우리들을 둘러싸고 있는 상황들의 모순을 극복하고 인간 의 올바른 삶을 확장시키고 심화시키려는 제반 몸짓이다. 그 몸짓이 자연스럽게 표현 되는 것이 바로 춤이라고 한다면 춤은 '진실된 일'을 통해서만이 건강해질 수 있는 것이다. 우리춤과 외래적인 것을 '안무'나 '창작'이라는 이름 아래 마구잡이로 접목하고 있는 기현상들은 민중적 표현의 추상화와 민족적 형식의 허상화를 더욱 가중시켜 본디 우리 춤판이 갖고 있는 도도한 낙관적 결의를 잃어버리고 공허한 몸짓과 손발 놀림으로 공간을 구획하는 '형식적인 선'으로만 남아 떠돌고 있다. '진실된 일함'이 개입되지 않는 춤은 일과 놀이의 순환을 끊고 놀이만을 강요하여 우리 몸을 허수아비로 만들어 자기 덫에 빠질 수밖에 없다. 그러한 '억지춤'은 또다시 우리 생활을 가위눌리게 하고 마비시키는 문화로 결국 이용되고 만다. 그렇다. 춤은 '안무'에 의해서 만들어지는 것이 아니라 이 세상의 '진실된 일'들이 우리들로 하여금 온몸을 움직여 춤을 추게 한다. 춤은 '놀이' 속에서만 떠돌고 있을 것이 아니라 우리 시대의 가장 첨예한 일과 함께 통일되어 '일의 춤'으로 끊임없이 생성되어야 한다.

오늘 여기에 준비하는 한판 춤 〈바람맞이〉는 바로 이러한 깨달음에 따라 우리춤의 참 모습을 오늘 속에 끌어내 보려는 시도의 첫걸음이 될 것이다. 즉 이번 춤판은 의도적인 '안무'가 아니라 그동안의 춤 학습과 여러 '상황판' '즉흥판' 등에서 추어졌던 '일의 춤'들이 쌓여 한 틀거리가 자연적으로 생겨나면서 자리를 잡게 되었다. 그 내용들 역시 일하는 이들의 목표와 염원의 실현 양식으로서 모색되었다.

우리 춤의 춤사위와 춤의 구조를 압축시키면 살풀이가 된다. 〈바람맞이〉란 바로 이 살풀이를 가리킨다. 사람의 몸이 균형을 잃어 병이 들면 우리는 이것을 바람 맞았다고

*연우무대 창단 10년 특별기획공연 여는 글, 1987. 6. 9.-15. 연우소극장

한다. 바깥바람을 견디지 못하여 쓰러진 민족의 분단이 그러하고 그 아픔이 개개인에게 각양각색으로 치명적으로 집중되는 사실이 그렇다. 그러나 우리 내부에서 끊임없이 부는 자기 복원의 바람이 대기의 바람과 일치하게 되면 우리는 반드시 삶의 균형을 찾아 스스로 일어선다. 이때 대기의 바람은 추상적인 바람이 아니라 세상의 바람, 역사의 바람이다. 그렇다. 그 바람은 온몸을 내던지려고 나서는 사람의 간절한 바람이기도 하다. 그렇기 때문에 한판춤 〈바람맞이〉는 이를 준비하는 몇 사람의 것이 아니다. 이것은 우리 모두의 필연적인 자기 몸부림임을 자부한다. 스스럼없이 있는 그대로 우리 속에서 일고 있는 자기 복원력으로 그야말로 자기회복의 바람맞이를 나서는 것이니 다같이 함께 추어 주기를 바란다.

# 〈바람맞이〉 풀이

### 첫째 판 씨춤

씨야, 이제
어둠이 너의 세계다.
너의 장소 너의 출발이다.
이제부터 너와 너의 모든 것들이
현현함으로 시작이다.

천지가 화합한다. 천지의 움직임에 사람의 힘을 가해서 대립물의 통일성으로 만 물을 낳게 하고 가는 것은 돌아오고 돌아온 것은 자신 스스로 썩어 새로운 생명을 찾는다. 맨 먼저 여는 판을 '불림판' 이라 하는데 불림이란 원래 자기 몸속에서 뒤틀린 것이 한꺼번에 온몸으로 터져 나오지 않고서는 배기지 못하는 최초의 충동 즉 주어진 판을 깨고 자기 판을 여는 깨지고 열리는 소리의 한 묶음이다. 이 판은 누구나 출 수 있는 춤거리를 열어 그 춤사위들이 본래 춤을 보는 이들의 것임을 확인시켜 보는 이가 춤꾼이 되게 한다.

### 둘째 판 물춤

내몸, 물과 같아
주검으로 흘러
황혼녘 검은산 휘어돌아
아, 죽음의 시작이 보이네
흐르는 물이야
내 몸 그 속에 잠겨
죽음의 끄트머리부터
말아가기 시작하네

죽음의 세력은 자기의 영토 안에 무수한 삶의 씨앗들이 날아다니는 것을 보고 언젠가 그 씨앗들이 뿌리내려 죽음의 질서가 허물어져 내릴 것을 두려워한다. 우리들의 빈 가슴에도 죽음의 물이 차오른다. 죽음의 세력은 퍼부어지는 이 물에서 어떤 삶도 뿌리를 내리지 못하리라는 것을 확신한다. 그러나 만신창이가 된 육신, 그 빈가슴 속에서 생명의 씨앗은 그 물을 머금어 부풀어 오른다. 물은 본디 삶의 세계에 속한 것, 죽음의 세력에 이용되어 죽음을 낳기도 하지만 물의 근원적인 지향점은 삶의 세계이다. 죽음의 세력이 보지 않는 틈에, 그들이 승리를 확신하는 바로 그 순간에 물은 씨앗을 싹틔울 준비를 갖춘다.

**세째 판 불춤**

지금 영천 마루엔
죽음의 꽃그림자
화사하게 드리우고
불은 산이 되어 우리를 기다린다.
불은 바위가 되어 우리를 기다린다.
불은 꽃잎이 되어 우리를 기다린다.

불은 천둥과 번개로부터 시작한다. 온몸을 뜨겁게 불사르는 이 열기도 본디 삶의 질서에 속하던 것. 일시적으로, 그리고 표면적으로는 죽임의 세력에 봉사하지만, 그리하여 우리를 죽이는 하수인이 되지만, 결국은 우리 가슴속에 뿌리내린 씨앗을 키우는 따스한 햇볕이 된다. 죽음의 세력은 앞서 물의 모반도 모르지만 이제 일어나는 이 불의 모반도 모른다. 상극하는 물과 불은 작은 씨앗을 키우는데 상생하는 새로운 질서를 이룬다.

**네째 판 꽃춤**

살 속에서 뼛속에서
가슴속에서
꽃이여 피여
피여 꽃이여
꽃속에 피가 흐른다.
핏속에 꽃이 보인다.
꽃속에 육신이 보인다.
핏속에 영혼이 보인다.
꽃이다. 피다.
피다. 꽃이다.
그것이다.

〈바람맞이〉로 일어난다.

그것은 죽음을 밑거름으로 해서 시방세계를 다 덮을 만한 곱고 환한 꽃들로 피어난다. 죽었던 삶이 다시 피어남이기도 하지만 우리의 염원의 세계를 이룩해 간다는 보다 적극적인 의미이다. 따라서 한판춤 〈바람맞이〉는 세찬 바람에 의하여 쓰러졌던 것들이 그 바람을 극복하고, 참다운 삶의 바람과 우리들 자신을 일치시켜 다시 살아나고 적극적으로 죽음의 살을 공략하여 해방되면서 제 생김생김대로 생명을 얻는다. 그리고 비로서 물은 위에서 아래로 제대로 흐르며 나무는 나무, 잡풀은 잡풀, 돌맹이 하나하나까지도 하늘과 땅을 이어주는 기둥으로 바로 설 것이다.

## 「이애주 한판춤 그림책」에 부쳐

백기완

춤, 우리춤이란 어떤 것일까.
그것은 억눌림과 죽엄을 차고 일어남이요.
맞은 살 감긴 사슬을 제낌이요.
어지러운 삶 반역의 역사를 갈라침이요.
마침내 삶의 염원, 민중의 염원을 빚어내는
실천과 예술이 하나되는
그 가장 어기찬 경지라고 할 것이다.

그러나 오늘 숱한 우리춤은 침략적 외래문화
외래춤과 잘못 접목되어
그 올바른 전통이 깨져있어
우리춤의 진정한 민중성의 회복과
오늘의 발전이 시급하거니와
그러나 그것도 춤의 기능적 회복만으론 될 수가 없다.
춤거리를 오늘의 민중적 쟁점으로 삼아
판을 삶의 마당에서 열어야 한다.
그래야 춤사위도 춤새(형식)도 다시 살아나나니
바로 이애주 한판춤 〈바람맞이〉는
그 힘찬 첫걸음이었다.

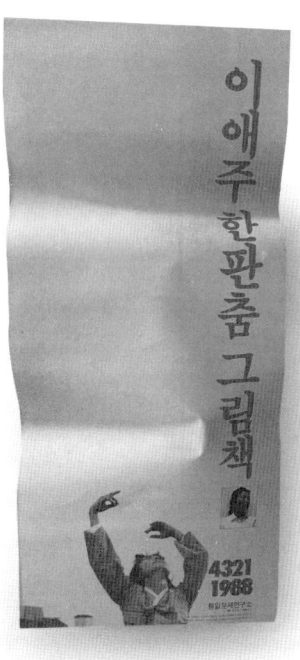

보라!
이애주는 고문으로 죽은 자의 원혼이 되어
이 반역의 판을 깨고야 말았으니
이로써 새날이 밝았구나
보라!
그대로가 춤인 저 춤꾼 춤사위가 해방을,
해방이 춤을 빚는 저 불넝어리를!

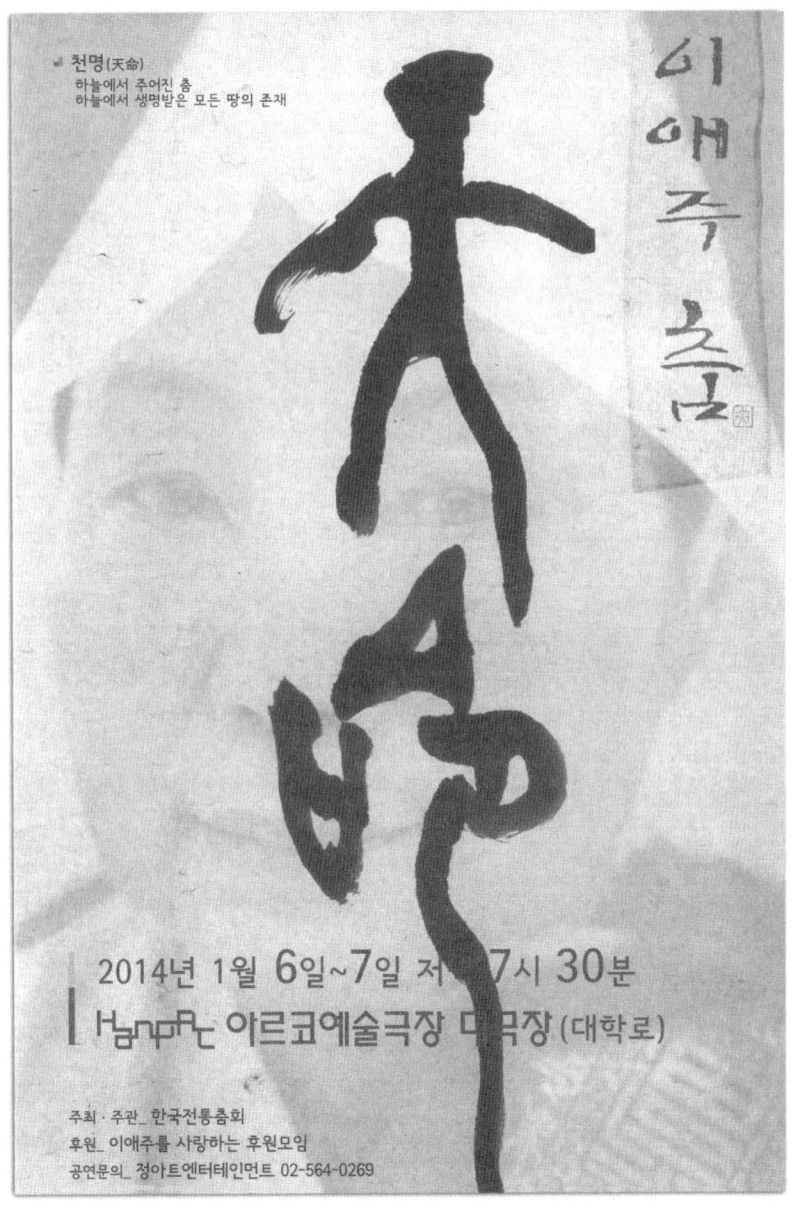

## 모시는 글

잘 오셨습니다.
잠시라도 무거운 짐 내려놓고 쉬십시오,
그저 느린 숨으로 쉬십시오.
저도 함께 쉽니다.

내려 놓으렵니다.
모두 내려놓고 자연이 됩니다.
땅과 하나되고 하늘과 바람과 하나되어
깊은 숨을 쉽니다.

무념 무상의 상태로
쉬엄쉬엄 느릿느릿 가겠습니다.
다시 한 걸음 한 걸음
걸어나가겠습니다.

을시구乙矢口 절시구節矢口 지야자知也者 절시구!
하면서...

# 이애주 춤 천명天命[*]

춤꾼 이애주
다섯 살에 첫 발짝을 떼고,
1969년 벽사의 문하에서 법무를 사사한다.

1987년 광장으로 맨발로 나아간 〈바람맞이 춤〉
숭고한 존엄을 펼친 신명神命이었다.

1999 ~ 2012년까지의 열두 해
맨발로 〈우리땅 터벌림〉을 펼쳤다.
광개토대왕릉비에서 단동철교를 건너 참성단까지
국토의 신령한 곳에 발자국을 놓으며
하늘과 땅과 물과 바람과 춤췄다.

2014년 다시 판에 나선다.
천명지위성天命之謂性
『중용中庸』의 첫 구절 첫 글자를 빌어
천명天命이라 이름한다.

본래 그 자리에 여여하게 있는 근원을 향해
떠나는 춤의 여정이다.

* '천명'이란 '하늘에서 주어진 춤', '하늘에서 생명받은 모든 땅의 존재' 뜻을 품고 있다.

참으로 고맙고 고마운 시간이었습니다.
염려해주시고, 두루 마음 쏟아주신 덕분에
〈이애주춤 천명〉을 무탈하게 잘 마쳤습니다.
무엇보다도 꼭 한번 매듭짓고 가길 원했던 춤판,
덕분에 잘 마무리 지었습니다.

긴 세월동안 벼르고 별러 올린 춤 한상이었으나
제 날짜에 올릴 수 있을까하는 걱정을 앞세울 정도로
앞이 보이지 않는 시간들을 지나왔습니다.
그 와중에도 흔들림없이 작업에 매진 할 수 있었던 건
오로지 여러분들이 보내주신 진정한 격려 때문입니다.
뜨겁게 전해주신 이 엄청난 사랑을 어떻게 갚으며
살아야 할지, 마치고 나니 도리어 마음이 무겁습니다.

추운 날씨, 공연장 가득 아낌없이 보내주신 큰 갈채
여러분의 그 눈빛, 가슴 깊이 새겨두겠습니다.
앞으로도 변함없이 부족한 점 일깨워주시고,
손잡고 용기 북돋아 주시길 부탁올립니다.

천명이란 결국 덕있게, 바르게 살아야 할 도리일 겁니다.
본래 그 자리에서 천명에 부합하는 자세로 살아가겠습니다.
변함없는 성원으로 지켜봐 주시길 기대합니다.
이제 다시 초심으로 돌아가 여여하게 정진하겠습니다.

2014년 갑오년 역동적이고 강인한 말처럼
건강하게 활력넘치는 한해 만드시길 두손모아 빕니다.

2014년 1월 15일
이애주 드림

# 韓成俊
## 한성준

**부민관 공연을 끝내고서(한성준 선생)**

무용가이자 고수(鼓手). 충남 홍성 출신(1874-1941). 8세 때 외조부에게 북치는 것을 배우다 박순조(朴順祚)의 문하에 들어가 사사받았다. 17세 때 구왕궁아악부의 명고수가 되어 5년 동안 15차례의 창방을 하였다. 한국무용을 집대성하여 궁중무용인 처용무, 춘앵무, 포구락(抛毬樂), 선유락(船遊樂), 일무(佾舞) 등을 정재(呈才)로 정립했다. 한국무용인 검무, 승무, 살풀이춤, 태평무, 학무 등을 무대화하였다. 1941년 모던일본사가 주는 예술상을 수상했으며 1966년 부민관(府民館)에서 제1회 무용발표회를 가졌다.

# 韓英淑
## 한영숙

1971년 입문당시, 현 승무 보유자 이애주 교수가 벽사 한영숙 선생님으로부터 승무 전수를 받고 있다.

# 李愛珠
## 이애주

# 첫 분향*

이애주

스승의 스승이신 한·성·준 선생님
큰 스승이신 한성준 선생님이시여

당신의 손녀이며 저의 스승인 한영숙님께서
늘상 부르시던 그 정겨운 호칭 '할아버지'
저도 한 번 그렇게 불러 보겠습니다.
'할아버지'
'한성준 할아버지'

언제부터인가
제 마음 안에 자리 잡고
춤과 역사와 정신을 이어주는
춤과 소리의 상징 '한·성·준'

전통 예술의 대부이며 민족 문화의 중심이신
우리의 한성준 선생님
불초 이애주
이제야
할아버지께 고합니다.

당신과 나의 존재
그 끈을 이어주신
당신의 손녀 한영숙과 할아버지와 나
지금 이 순간
당신께 입적합니다.

나의 큰 스승
우리 모두의 상징

한성준 선생님이시여.

*〈한성준 춤의 재조명-이애주 춤〉, 국립민속박물관 '우리 민속 한마당' 1997. 1. 25.

## 한영숙 선생님 탄생 백주년의 빛*

이애주

우리의 위대한 춤꾼 한영숙 선생님
춤의 대모이신 우리 모두의 참 스승

봄빛 따스한 100년 전 이 세상에 오시어
우리에게 춤의 어머니로 자리매김하고 계십니다.
항상 함께해 주시니 참으로 행복합니다.

선생님의 탄생은 그대로 춤의 역사가 되고
그 역사의 몸짓은 아름다운 춤으로 빚어집니다.
무형의 몸짓, 그 정통성은 지금 우리에게 이어지어
영원한 춤으로 우리 모두의 역사가 됩니다.
선생님의 위대한 춤 유산은 한 맥으로 뿌리내리고
눈부신 꽃으로 피고 지어 근본 토대를 이루고 있습니다.
지금 부족한 점 많지만 그 맥을 계속 일구어 나갈 것입니다.

오늘 춤 한 상을 정성스럽게 차리어 선생님 영전에 올립니다.
지금 세계적으로 우환이 겹쳐 준비된 중 일부만 올리게 됐습니다.
문화 예술을 이끌고 계시는 여러 지도 어른들께서 힘을 보태주시고
축하객들도 격려해주시며 모두 함께하고 있습니다.

밝은 봄빛으로 오시어 흐뭇하게 바라보시는 선생님을 뵙니다.
이 빛을 모두에게 내려주시니 훈훈하게 한 마음이 됩니다.
하나가 되어 영원히 함께 할 것입니다.
영원히 무궁토록

*한영숙 선생 탄생 100주년 기념 춤축제, 한영숙 춤, 역사 그리고 창조, 2020

## 이애주 전통춤

1998. 12. 8(화) ~ 9 (수)
오후 7시
국립국악원 예악당

## 스승의 영전에 정성 담은 춤을 올립니다

이애주

춤이 무엇인지 생각합니다.
오늘 제가 추는 춤이 어떤 의미인지 다시금 생각하게 됩니다.
춤은 우리 대대로 살아온 우리 역사의 숨결이자 오천년 몸짓의 알맹이이며 그 상징체입니다. 그러한 춤을 한영숙 선생님께 물려받은 지 어언 30여 년이 되어갑니다.

제가 무형문화재 승무의 예능 보유자가 되기까지에는 한영숙 선생님의 조부이시며 지난 9월 '이 달의 문화인물'로 지정되셨던 큰 스승 한성준 선생님이 계십니다. 그분은 우리춤의 뿌리이며 심장이실 뿐만 아니라 장단·소리 등을 집대성해 놓으신 근대 전통예술계의 대부이십니다.

또한 제가 어린 시절 춤의 잔뼈가 굵기까지에는 한성준 선생님께 승무를 이어받았던 김보남 선생님의 도움이 무엇보다 컸습니다.
당대의 춤꾼이셨던 그 분은 제춤의 바탕을 깔아 주신 분이기도 합니다.
철들며 '절세의 명무' 한영숙 선생님을 스승으로 모시게 되었고 거기에서 굳건한 토대를 만들며 활짝 춤으로 피어날 수 있었습니다.

춤의 중심맥이라 할 수 있는 한성준 선생님을 정점으로 하여 김보남·한영숙으로 이어지는 춤의 계보를 제가 잇고 있다는 것은 춤추는 사람으로서 최상의 조건을 부여받은 것이 아닌가 생각됩니다.
그 외에도 저에게 가르침과 영향을 주신 많은 선생님들이 계십니다. 그러한 면에서도 저는 축복 받은 사람이라 봅니다.
앞으로 제가 할 일은 선생님들께서 전해주신 춤을 제대로 지켜나가고 더욱 발전시키는 일일 것입니다.
항상 부족한 점을 메우며 우리춤을 바로 세워 나갈 것을 모든 분들께 약속드립니다. 저를 아껴 주시고 성원해 주시는 여러분들께 경의를 표하고 부디 오셔서 자리를 빛내주시길 바랍니다.

영원히 무궁토록

제6장

# 이애주가 생각하는 우리춤

오늘날, 전통춤의 역할과 사명
인문학으로 풀어보는 우리춤 이야기

> 우리가 산다는 것은 결국은 제대로 첫걸음을 시작하여
> 자기 길을 묵묵히 걸어가는 끝없는 춤이다.
> 걷는다는 것 그 본래 의미는 우리 삶으로 본다면
> 자기가 가야 할 길을 가는 실천적 삶을 뜻한다.
> 하염없이 걸어가는 길 그 길은 바로 생의 길이다.
> 영원 무변성을 갖고 있는 춤처럼 무한의 역사를 걸어가는 것이다.

# 오늘날, 전통춤의 역할과 사명*

본 발표의 주제는 '오늘날, 전통춤의 역할과 사명'이다. 이 주제에서 전통춤을 큰 틀에서 보면 전통예술의 범주이다. 어떻게 보면 본 주제의 핵심어는 전통춤, 전통예술, 정통성이라고 본다. 전통춤에 대한 논지를 펼치기 위해서는 전통예술이란 무엇이고, 춤이란 무엇인지에 대하여 명확한 개념이 세워져야 전통춤의 시대적 역할과 사명이 자연스럽게 논의될 것이다. 다음에(지금부터 이 점을) 살펴보도록 하겠다.

## 1. 오늘날 문화상황과 전통예술의 인식

전통춤을 제대로 인식하기 위해서는 전통춤과 함께 숨 쉬고 있는 전통예술, 그 모든 것을 아우르고 있는 문화예술 전반, 역사와 함께 흐르는 문명의

---

*이 글은 2020년 7월 한국예술종합학교 전통예술원 무용과 중장기 발전을 위한 학술토론회 기조연설로 발표한 원고를 정리한 글이나.

현 상황 등에 대하여 열린 관점으로 폭넓게 바라볼 때 우리 자신의 모습과 더불어 전통춤은 좀 더 명확해질 수 있다. 오늘날 문명의 흐름에서, 문화예술의 상황에서 전통춤, 전통예술이 어떠한 상황에 처해 있나 에 대하여 큰 틀에서 바라보아야만 한다는 것이다.

지금 세계는 문명전환의 위기에 처해 있다. 세계의 많은 사람들이 공감하고 있고 수많은 사례들이 있지만 다음에(지금부터) 한국의 몇몇 예를 들어 보기로 하겠다.

## 1) 조선춤 조선예술에 대한 바른 역사인식

1800년대 후반 민족의 정통성 관점에서 우리춤을 정립한 한성준은 1938년에 '조선음악연구회'를 설립하면서 다음과 같은 말을 남겼다.

> "쇠하여 가는 조선 악가무歌舞樂를 볼 때마다 점점 침체하여 가는 조선예술계를 슬퍼한다....우리들이 너무나 우리들의 고전을 경솔히 하는 좋지 못한 경향이 있기 때문...어떻게 하면 죽어가는 조선무용을 살릴지 가슴이 답답할 따름이다."[1)]

이와 같이 한성준은 조선춤, 조선예술에 대해 쇠하여가고 죽어가는 조선 악가무歌舞樂을 보고 슬퍼하면서 아픔을 통감한다고 언급하고 있다. 여기에서 보여지듯이 그는 정확한 통찰력과 바른 역사인식을 갖고 조선춤, 조선예술을 꿰뚫어 보고 있음을 알 수 있다.

어느 경우에서든 자신이 처하고 있는 역사를 모르면 자신의 근본을 모르는 것과 같다. 누구든 무엇을 하든 나라(자기 나라) 역사를 바로 알지 못하면 어떤 생각과 표현도 제대로 할 수가 없다. 이러한 역사관은 저절로 생기는 것이 아니라 제대로 살면서 부단히 자기혁신을 이루어 나갈 때 자연스럽게 생기는 것이다. 예컨대 역사에 대한 안목이 없을 때 춤에서는 우리 몸짓을 제대로 하고 있는지 아니면 남의 나라 것을 왜곡되게 따라하면서 우리춤이라고 하는지 그 실상에 대한 인식조차 할 수 없게 된다. 춤 연구야말로 그 기초가 되는 역사관이 바로 서야 시작될 수 있으며 그러한 토대 위에서 올바른 가치관이 정립되고 올바른 역사인식을 할 수 있다.[2]

## 2) 생명의 문화, 생명의 춤

30여 년 전 『녹색평론』을 처음으로 발간한 김종철 교수는 창간호[3]에서 다음과 같은 창간사를 실었다. "우리에게 희망은 있는가"라는 문제로 시작하여 심각한 생태위기 속에서 과학기술 만능주의와 전통적인 진보사상의 한계를 지적하며, 산업문명을 넘어설 수 있는 '생명의 문화'를 재건해야 한다고 역설하였다. 그는 이어서 『녹색평론』 발간의 이유를 미약한 정도로나마 우리 자신의 책임감을 표현하고, 비슷한 심정을 느끼고 있는 결코 적지 않을 동시대인들과의 정신적 교류를 희망하면서, 민감한 마음을 지닌 영혼들과 이 어려운 상황을 극복해나가기 위해 이야기를 나누어보고 싶은 희망 때문이라고 밝히고 있다.

이 내용이야말로 전통춤을 추고 전통예술을 연구하는 사람들과 결코 무관한 일이 아님을 알 수 있다. '생명의 문화'는 바로 '생명의 춤'으로 대입될 수 있다. 생명문화의 재건이란 다름 아닌 생명춤의 재건으로 곧 살아 있는 춤, 살아 있는 전통춤으로의 회복을 의미하는 것이다. 이러한 생명, 생태의 문제를 자신의 일, 춤의 일로 알고 직시할 때 비로소 춤을 추고 연구하는 일에 근원적으로 다가설 수 있다고 본다.

한성준은 조선 춤을 이야기하면서 "사람이 생겨나면서부터 춤은 잇섯다"[4]라고 하였는데 이 한 마디는 생명의 관점에서 매우 중요한 의미를 갖는다고 본다. 사람이 생겨났다는 것은 사람의 생명이 시작되는 것을 뜻하는데, 태어날 때부터 움직이는 인간의 몸동작 자체를 춤으로 보면서 그 본질을 생명으로 보고 있는 점이다. 한성준이 조선조 말에 정립한 승무도 그 구성 자체가 생명의 웅크림부터 시작되고 있다. 이 점에 대해서는 다음 기회에 거론하기로 하겠다. 필자도 「춤이란 무엇인가」라는 글에서 "사람의 본질이 생명성, 생명력에 있다면 춤의 본질도 바로 생명성, 생명력에 있다.[5] 고 논한 바 있는데 궁극적으로 사람이 춤을 춘다는 것은 생명 본성의 표현으로서 춤의 본질론에 해당한다.[6]

### 3) 바른 말에 바른 몸짓이

학문 연구의 결과물은 대부분 말과 글로 드러나는데 우리말 학자 이오덕은 문화와 함께 가는 우리말과 우리글 그리고 문화현상에 대하여 다음과 같이 언급하고 있다.

"제 목숨덩이를 스스로 내버리고 짓밟는 이 엄청난 짓을 저지르고 있으면서도 우리는 거의 모두 그 사실을 깨닫지 못하는 괴상한 겨레가 되어가고 있으니 참으로 어이가 없다. ……이렇게 해서 오랜 세월이 흐르는 동안에 우리말과 우리글은 조금씩 조금씩 외국글과 외국말에 그 자리를 빼앗겨 시들어 죽고 어지럽게 되었습니다. 그렇게 병들고 죽어간 우리말과 함께 우리 겨레의 얼도 병들어 죽게 되었습니다. 이것이 바로 우리가 걸어온 빛나간 길입니다. 비뚤어신 역사입니다.

근·현대를 지나오며 한국문화는 세계 각종 문화의 무분별한 도입과 영향으로 외래문화의 성향에 젖어 있어 고유의 정체성을 상실하고 있습니다. 겉모습은 한국 사람인데 생각하고 행동하는 것은 너무 많이 변해 있어 본래 모습이 어떠했었는지 모를 지경입니다."7)

위의 내용은 우리말과 우리글 자체가 우리 목숨과 같이 소중한 것임을 강조하면서 잘못된 우리말 우리글에 대하여 한탄하고 있다. 병들고 죽어간 우리말과 함께 우리 겨레의 얼도 병들어 죽게 되었으며 우리가 걸어온 빗나간 길이라 역설하고 있다. 곧 우리말을 바로 쓰면 죽어가는 생명도 살릴 수 있으니 우리말과 우리글을 바로 써야 한다는 요지이다.

또한 한국문화는 근·현대를 지나오며 세계 각종 문화의 무분별한 도입과 영향으로 외래문화의 성향에 젖어 있어 고유의 정체성을 상실하고 있다고 보았다. 이와 같이 말과 글의 경우처럼 바른 말에 바른 몸짓, 바른 행동이 함께 가는 것은 당연한 진리라고 본다. 여기에서 바른 몸짓, 바른 행동이 곧 춤인 것이다.

특히 전통춤, 전통예술을 공부하는 사람들이 숙지할 대목으로 한국문화는 세계 각종 문화의 무분별한 도입과 영향으로 외래문화에 젖어 있어 고유의 정체성을 상실하고 있다는 언급이다. 이 내용은 우리 자신을 바로 보고 성찰해야만 하는 중요한 대목이라고 본다. 비단 전통 쪽 분야만이 아닌 모든 예술분야, 학문분야에 해당된다고 본다.

위의 사례들은 전통춤을 추고 전통예술을 연구하는 사람들은 꼭 명심하고 원칙으로 삼아야 할 귀중한 언급이라고 본다. 마치 점점 위기에 처하고 몰락 직전으로 치닫고 있는 우리 자신의 자화상을 보고 있는 듯하다. 더구나 세계를 공포로 몰아넣고 있는 코로나(코로나 19)라는 질병과 가늠할 수도 없는 새로운 역병들에 의해 세계 사람들은 죽음에 내몰리고 길들여지고 있다. 그러나 더 무서운 것은 눈앞에 다가온 기후 재앙이다. 이러한 문제점들은 21세기 인간의 생존을 담보하고 있는 것이 기정사실이다. 이러한 현상은 실제로 문화 수용의 형태를 바꾸어 버린다. 예컨대 학교 교육이나 예술 공연도 무관중 인터넷 원격조정 식으로 바꿔버려 서로 호흡할 수 있는 현장의 생생함을 거의 죽여 버리고 있다.

이와 같이 '문명의 전환' 위기에 선 현실에서 전통예술과 춤을 행하고 연구하는 사람들은 무엇을 어떻게 해야 하는가라는 질문에 당면하게 된다. 필자는 문명의 문제와 전통춤, 전통예술의 문제는 물론이요, 개인 자신의 문제까지도 서로 다른 것이 아니라 밀접하게 맞닿아 있는 한몸이라고 본다. 이렇게 위기에 처한 문명 전환의 시기에 무엇을 전공하고 어디에 위치하든 우리가 몸담고 있는 급변하는 사회와 함께 문명 위기에 처해 있는 것은 피할 수 없는 당연한 일로 받아들여진다. 이러한 문명의 문제는 21세기 인간의 생존문제와 근원적으로 맞닿아 있다. 이러한 몰락의 위기를 함께 공유하고 적극적으로 타개하기 위한 방안을 강구하여 함께 살아가기 위한 공생공락共生共樂의 삶을 몸으로 행하는 것이 바로 전통예술이고 전통춤인 것이다. 우리는 이기적으로 살아온 삶을 버리고 서로 의지하고 도우면서 소통하고 행복한 삶을 살아가는 공동체의 공생공락의 몸짓이 바로 춤인 것이다.

이 시점에서 전통예술의 의미를 다시 생각하게 되는 이유는 전통예술이란 존재가 전체의 핵심을 아우르는 중심점에 있기 때문이라고 생각한다. 전통예술은 시대를 관통하여 역사를 살아온 사람들의 삶이 문화적으로 축적되어 드러난 정신인 동시에 삶의 상징적 결정체라고 생각한다. 구체적으로 보면 전통예술이란 민족이 존재하기 시작한 역사 초창기부터 지금까지 민족의 삶과 함께 생성되어온 전통적인 문화·예술을 말한다. 바로 전통예술은 과거, 현재, 미래의 삼세를 이어오며 현존하는 민족의 존재 그 자체라 할 수 있다. 다시 말하면 전통예술은 민족의 혼이며 숨결이자 역사적으로 끈질기게 이어져온 구체적이고도 필수적인 전통문화의 실체이다.

여기에서 전통이 무엇인지 그 의미를 짚어 볼 필요가 있다. 참다운 전통이란 민족과 역사의 관점에서 바르게 이어져온 민족성 역사성을 그대로 간직한 정통적인 전통을 의미한다. 여기에서 '정통'이란 의미가 매우 중요하게 다가온다. 바로 전통은 진정한 정통성을 중심 맥으로 하여야 함을 뜻한다. 그 정통성이 삶 자체에서 승화되어 나오는 정통의 문화적 실체가 바로 참다운 전통예술이라 할 수 있을 것이다.

이와 같이 문화·예술에서 정통성이란 전통예술의 토대가 되는 본성이며 실질적 핵심이 된다. 전통예술이란 어휘를 더 정확하게 구사한다면 '정통예술'이라고 내세워도 전혀 지나치지 않고 오히려 정통의 중요성을 부각시킨다는 의미에서 중요한 의미를 둘 수 있다.

이러한 논의에서 볼 때 우리의 현실은 어떠한지 반문해본다. 전통예술이나 전통문화 등에 우리의 전통은 정통성을 기본으로 갖추고 있는지 자문해본다. 또한 정통성 있는 전통의 토대가 확립되어 있는지 등의 물음을 갖게 된다.

## 2. 전통춤의 정통성

### 1) 춤의 본질

　사람은 자연 속에서 나고 살아가고 있다. 여기에서 자연自然의 의미를 생각해 보면 자연은 스스로 그러하게 사시四時가 운행하여 춘하추동의 변화가 일어난다. 그러한 춘하추동 사계절의 변화에 의해 동식물도 자라나고 생명의 희로애락을 춤춘다. 인간의 몸짓이야말로 춘하추동의 변화처럼 수시변역隨時變易하여 살아 있는 춤으로 나타난다. 그것은 곧 사시의 운행과 같이 인간의 몸짓인 춤도 함께하는 것으로 춘하추동의 오고 감과 함께 춤이 하나가 되는 이치이다. 바로 춤은 자연의 변화처럼 스스로 그러하게 몸이 움직여진 것이다.
　앞서 한성준이 "사람이 태어나면서부터 춤이 잇섯다"라고 언급하였는데 이 의미는 춤이란 태어날 때부터 자연스럽게 저절로 추어졌다는 뜻이다. 예컨대 유아들은 신나는 음악이 나올 때 저절로 오금질을 하며 몸을 들썩인다. 어른들도 마찬가지로 흥겨운 음악이 나오면 신명이 나서 막춤을 추고 몸을 흔들어댄다. 이것을 춤 아니라고 할 사람은 없다. 분명 춤이다. 순수한 발로에서 자연적으로 움직여진 것이다. 춤의 본질은 바로 자연에서 자연적으로 움직여진 순수한 것이라고 생각한다. 사실 역으로 보면 춤을 추는 이유도 삶의 본질을 찾아가는 여정에 다름 아니라고 본다. 그것은 바로 인간위주의 이기성을 버릴 때 자연과 친해질 수 있고 자연과 하나가 되어 자연성을 되찾을 수 있다. 이와 같이 자연성을 되찾을 때 본래모습이었던 자연으로의 회귀가 가능해진다.

자연이 생기게 된 근원은 천지인天地人의 만남이다. 자연의 근원인 천지가 내포하고 있는 핵심을 원형이정元亨利貞으로 볼 수 있는데 원형이정은 앞서 살핀 사시가 운행하여 사계로 나타난 봄 여름 가을 겨울을 말하는 것이다. 곧 원형이정 안에는 춘하추동이 있는 것이다. 이러한 천지만물에서 중요한 것은 사시·춘하추동 사계의 변화·그것의 네 가지 본성인 원형이정 등이 가지고 있는 넷[四]의 의미이다. 공간적으로 볼 때 네 기둥이 자리잡으면 동서남북의 사방이 정해진다. 주역 건乾 괘 첫 문장에 보면 '건원형이정乾元亨利貞'이라고 하였는데 이 문구는 그대로 춤의 속성이라 할 수 있고 그 모든 것을 설명해 준다. 사계 사방 등에서 四의 의미는 전통춤에서 굿거리춤 굿거리장단을 얘기하고, 기승전결을 의미한다. 굿거리장단은 4박이지만 한 박을 3분박하여 12박도 된다. 한 박을 3분박하는 이유는 한 박을 최대한으로 늘리려는 민족의 마음이다. 그 마음이 태극이고 태극선으로 나타난다. 넷의 의미가 승무에서는 사계로 나누어지면서 염불, 타령, 굿거리, 법고 등 네 과장을 뜻한다.

악樂도 네 박이 기본이고 무舞도 네 박을 기본으로 한다. 바로 춤의 기본인 굿거리춤과 장단이 바로 그러하다. 천지가 원형이정이 있는 것처럼 춤도 그와 같이 변해서 원형이정, 춘하추동 넷의 구조로 굿거리춤 굿거리장단이 생기는 것이다.

자연만물 중에서 천지의 핵심이 원형이정이라면 춤을 추는 주체인 인간의 인생사도 넷의 구조인 희로애락으로 그 핵심을 설명할 수 있다.

## 2) 삼세를 잇는 삶의 몸짓

원시 고대시대로 거슬러 올라가면 그 당시의 몸놀림을 지금처럼 예술이라고 한 적도 없고 춤이라 한 적도 없다. 예술이나 춤이란 개념조차도 존재하지 않았다. 후대로 내려오면 비로소 그 행위들을 고대예술, 예술이라 운운한다. 엄밀하게 보면 원시 고대인들은 하늘로부터 받은 목숨을 지탱하기 위해 몸을 놀리지 않으면 안 되었었다. 원초사회에서는 생명을 이어가기 위해 행할 수밖에 없었던 행위 곧 살기 위한 몸놀림과 하늘에 의지하여 바라고 비는 천제가 주종을 이루었을 것이다. 원시 고대의 모든 삶의 몸짓 자체가 오늘날의 개념으로 보면 예술행위이며 춤이라 하는 것이다. 이러한 점에서 우리가 보통 일컫는 예술행위를 근원적으로 따져 들어가면 원초시대에 살아남기 위해 움직여질 수밖에 없었던 일상적이고도 필수적인 삶의 몸짓이었던 것을 알 수 있다. 바로 삶에서 자연스럽게 나오는 살아 있는 몸짓이었으며 근원적인 행위였던 것이다.

다시 정리해 보면 진정한 춤이란 역사를 거슬러 각 시대를 거치며 중심을 잡고 이어져온 묵묵히 살아가는 사람의 몸놀림이었으며 지금도 살아있는 몸짓으로 영원히 존재한다고 볼 수 있다. 구체적으로는 역사에 걸쳐 대대로 내려온 순간순간의 움직임이 하나로 형상화된 직관적이며 상징적 몸짓이라고 할 수 있다. 따라서 역사의 관점으로 보면 춤은 과거의 살아온 몸짓인 동시에 현재의 몸짓이며 또한 다가올 미래를 열어가는 미래의 몸짓이기도 하다.

### 3) 정통성 있는 전통춤

춤에서 정통성 있는 전통춤은 어떠한 상황인가, 또한 정통성의 맥이 제대로 이어진 나라의 몸짓, 나라의 춤은 있는 것인가, '공생공락' 할 수 있는 춤은 있는 것인가라는 물음을 갖게 된다.

전통예술 안에는 춤·그림·문학·시화·음식·건축 등 여러 부문예술이 있지만 그 중에서도 전통춤은 단연 전통예술의 핵심이자 꽃이라 할 수 있다. 한 생명체가 생기면서 제일 먼저 일어나는 현상이 움직임 즉 몸놀림이기 때문이다. 그 이유는 어느 부분의 예술이라도 몸놀림 없이는 존재할 수 없기 때문이다. 여러 예술 중에서 춤이야말로 제일 먼저 존재하는 근원적인 예술인 셈이다.

　전통춤의 정통성을 살펴보기 위하여 앞서 논의한 '전통예술의 정통성'에 대해 다시 한번 살펴보기로 하겠다. 전통예술이란 민족이 존재하기 시작한 역사 초창기부터 지금까지 민족의 삶과 함께 생성되어온 전통적인 문화와 예술을 말하고, 과거·현재·미래의 삼세를 이어오는 민족의 혼이며 숨결이자 구체적인 전통문화의 실체라고 정리한 바 있다. 여기에서 전통춤이란 존재가 어떠한 것인지 자연스럽게 연결된다. 바로 민족의 삶과 함께 생성되어오고, 과거·현재·미래의 삼세를 이어온 민족의 숨결이자 혼으로 정통성 있는 몸짓을 전통춤이라 한다. 바로 민족 역사의 정통성을 근본으로 하여 상징화된 춤이 전통춤이다.

## 3. 정통춤의 끝없는 수행修行과 깨달음

### 1) '본립이도생本立而道生'의 정통춤

　춤은 몸을 놀리지 않고는 불가능한 일이다. 춤은 말이 없는 묵언默言의 불립문자不立文字다. 온몸을 놀려 몸으로 사유하고, 몸으로 말을 하며, 몸으로 사기를 실현하고 세상을 실현하는 몸철학哲學이다. 춤은 온몸으로 하는 몸

말이고, 몸 사유思惟이고, 몸철학이다.

얼마나 온몸을 놀려 춤을 춰야 몸사유와 몸철학에까지 이르겠는가. 그러니 그 방법과 길은 의외로 단순하고 쉽다고 본다. '본립이도생本立而道生' 8)으로 근본을 잘 세워 놓으면 길이 스스로 생긴다는 뜻이다. 정통춤을 지속적으로 익히면서 기본을 제대로 출 수 있게 하고 그것을 반복 수행하다 보면 나아갈 길이 보인다는 의미이다.

그러나 처음에는 어느 것이 정통춤인지 분별하기가 쉽지 않을 것이다. 춤을 오랜 기간 연마하여 스스로 춤을 통해 가치관 세계관이 달라질 정도가 되면서 문리文理도 트일 때쯤 '正'의 의미가 춤 안으로 들어오면서 바른 춤이 어떤 것인지 정확한 안목을 갖게 된다.

이 모든 것이 쉽지는 않겠지만 앞선 사람의 도움을 받아 여러 경로로 알아보고 심사숙고하여 정확한 판단을 내린 후 성실하게 다가서야 한다.

첫걸음을 떼는 몸놀림부터 시작하는 것이다. 말이 첫걸음이지 첫걸음을 떼기 위한 과정에 모든 것이 들어 있다고 보아도 과언이 아니다. 그러기 위해서는 숨을 천천히 내쉬고 들이쉬며 자신을 비우고 내려놓는 것부터 훈련이 되어야 한다. 바로 그것에 의해 춤에서 첫 번째 하체운동인 무릎이 굽혀지고 펴지는 것이다. 느린 숨으로 무게중심을 낮추고 반복하다 보면 한발이 들려지고 마침내 한 걸음씩 딛어 나가는 것이다.

## 2) 전통춤 수련의 올바른 단계

무엇보다도 춤 수련은 바른 춤, 바른 몸짓인 정통춤을 택해야 한다. 당연히 혼자 할 수 있는 일이 아니다. 당연히 혼자 할 수 있는 일이 아니다. 이것이 제일 중요하다. 결론적으로 말하면 제대로 된 스승을 만나야 한다. 그렇지 않은 경우 바르지 못한 춤사위를 계속하게 되어 몸이 잘못 길들여지면 나중에는 바꿀 수도 없게 된다. 첫걸음 첫사위부터 제대로 하는 것이 제일 중요하다.

춤에서 수련은 어떻게 하는 것일까. 특히 초심자는 어떤 마음의 자세를 갖고 시작해야 하는지에 대해 생각해 보기로 하겠다. 춤을 오래 춰서 객관적으로 어느 정도 인정받으면서 본인 스스로 춤을 통해 가치관 세계관이 달라지고 문리가 트인다는 말은 문자로는 설명이 어렵겠지만 최소한이라도 설명해 보도록 하겠다.

① 바른 삶에서 바른 춤이

춤을 처음 시작하려는 사람은 마음가짐의 자세가 중요하다. 춤을 추고 싶은 의지가 제대로 있는지, 왜 춤을 추려고 하는지 스스로 세심한 점검이 필요하다고 본다. 깊은 생각과 성찰을 거친 후에 춤을 추지 않고는 못 배길 정도의 판단이 서게 될 때 순수한 마음으로 초심자의 마음으로 다가서야 한다.

춤추는 주체가 바른 삶을 살아갈 때 그 삶이 바탕이 되어 바른 춤을 추게 된다. 바르게 살면 세상이 바로 보이고 자기중심이 생기게 된다. 중심이 생기면 비로소 자기를 일으켜 세우는 주체적인 기둥을 세울 수 있다고 본다

② 몸에서 몸으로 본받음

첫 단계로 춤 수련은 무엇을 가지고 어떤 식으로 할 것인가를 깊게 생각해야 한다. 어떤 춤을 추기 전에 제일 처음 해야 할 일은 기초를 잘 닦는 일이다. 우선은 배워야 기초를 닦을 수 있다. 배운다는 말은 본받는다는 뜻이다. 춤을 배운다는 것은 몸에서 몸으로 본本을 받는 일이다. 바로 '본립이도생本立而道生'으로 기본을 잘 세워 본을 받으면 길이 스스로 생긴다는 뜻이다.

그러나 본을 받기 위해서는 어떻게 해야 되는가. 다시 말하면 처음 춤을 시작하는 사람에게는 디딜 언덕이 있어야 된다고 본다. 춤은 몸으로 하는 것으로 춤을 가르치거나 배운다는 것은 가르치는 사람의 몸놀림을 그대로 따라 하는 것이다. 처음 춤을 시작하는 사람에게는 보고 배울 누군가가 필요한 것이다. 믿고 따라 할 수 있는 누군가를 만나 바른 춤을 전수傳受받는 일이다. 『논어집주論語集註』9)에 보면 전수에 대한 설명을 다음과 같이 하고 있다.

"傳謂受之於師 習謂熟之於己"
傳은 스승에게 傳受받은 것이요, 習은 자기 몸에 익숙히 함을 말한다.
⋯⋯⋯⋯⋯⋯⋯⋯
省其身 有則改之 無則加勉 基自治誠切 如此 可謂得爲學之本矣
날마다 자신을 반성하여 이런 잘못이 있으면 고치고 없으면 더욱 힘써서 자신을 다스림에 정성스럽고 간절함이 이와 같으셨으니 학문學問하는 근본을 얻었다.

이것은 무척 어려운 일 가운데 하나다. 삼대가 덕을 쌓아야 역경·주역 공부를 할 수 있다는 말이 생각난다. 춤을 학습하는 것도 같은 경우라 본다. '본립이도생'이란 문구처럼 근본이 확립되어 기본의 초석이 잘 깔리고 나서야 바른 춤을 출 수 있다는 뜻이다.

③ 끝없는 수련 - 삭히고 삭혀 곰삭아야

무엇 하나를 해 내려면 긴 호흡이 필요하다. 배워서 익히는 것을 '학습學習'이라 한다. 익힌다는 '習'의 의미를 『논어집주』에 다음과 같이 풀이하고 있다.

習은 鳥數『(삭)』飛也니 學之不已를 如鳥數飛也라

습(習)은 새가 자주 나는 것이니, 배우기를 그치지 않음을 마치 새 새끼가 자주 나는 것과 같이 하는 것이다.

하나의 정통춤을 공부할 때 끝없는 반복 수련이 필요하다. 전수받은 것을 될 때까지 익히고 되더라도 계속하는 것이다. 한번 시작한 몸놀림은 끝이 없는 것이다. 몸으로 그 춤을 자유롭게 구사할 때까지 끝없는 수련이 이어지게 된다.

언제까지라고 기간이 정해져 있지 않다. 숨 쉬는 한 끝까지 한다는 마음으로 임해야 한다. 영원하게 이어지는 것이다.

영원히 해야 한다는 마음으로 끝없이 하다 보면 저절로 군더더기 같은 힘이 빠지고 최소한으로 필요한 요소만 남게 된다. 이 모든 과정이 자연스럽게 하나로 돌아가면서 삭혀지게 된다. 삭히고 삭혀져 곰삭아야 한다. 진액이 흘러나와 체화되고 체득이 될 때까지 곰삭아야 한다. 춤이 찰지고도 윤기가 날 때까지 삭혀져야 한다.

끝없는 반복 수련으로 삭히고 삭혀 춤이 어느 정도 체득되고 소화되면서 정도의 차이는 있겠지만 자연적으로 일상적인 수행이 되고 저절로 수도의 깊은 단계로 들어가게 된다.

④ 하나되는 경지

춤이 체화되고 체득되면 그 춤을 추지 않고 있어도 머릿속에 춤사위가 그려지게 되고 그 춤의 구조도 환히 보이게 되는 단계이다. 체득된 만큼 보이는 것이다. 그리고 춤이 움직여지는 이치와 원리가 정리되면서 급기야는 숫자와 우주체계로 간단명료하게 정리된다. 이것이 바로 춤의 법도이고 춤 법

法이다. 뭐라 안 해도 그 춤은 확연해지고 온몸과 하나가 된다.

⑤ 범접할 수 없는 경지 - 말이 필요없는 경지

이러한 과정은 누가 해줄 수가 없다. 정통춤을 몸에서 몸으로 제대로 본받았을 때 몸이 가뿐해지고 자유로운 경지가 된다. 몸과 하나 된 춤은 숭고한 아름다움으로 빛을 발하게 되고 누가 범접할 수 없는 경지가 된다. 그러할 때 그 춤이 몸말이 되고 몸사유가 되고 몸철학이 된다.

춤이 진정으로 자유로워지면 말이 필요 없어진다. 말이 필요 없는 경지이니 그것이 바로 춤의 경지이다. 참 춤의 경지가 되는 것이다. 이와 같이 진정한 춤은 생각과 말만 앞세운다고 되는 일은 아니다.

불립문자의 경지가 되면 전통이고 창작이고 구분이 없어지고 그냥 '춤' 한 글자면 된다. 이미 몸 안에 창작의 근원이 들어와 있다. 그러한 경지에서 역할과 사명도 스스로 생기는 것이다.

3) 한의 철학과 한걸음

우리 민족의 최초 경전이라 할 수 있는 『천부경天符經』의 첫구절은 '일시무시일一始無始一'로 시작한다. "하나로 시작하는데 비롯됨이 없는 하나이다"라는 뜻이다. 마지막 구절은 '일종무종일一終無終一'로 끝난다. "한에서 마침이니 마침[終]이 없는[無] 한[一]이다."라는 의미이다. 곧 '일시무시일'로 시작하고, '일종무종일'로 마친다. 처음도 一이고 끝도 一이다. 하나로 시작하여 하나로 마친다는 뜻이다. 여기에서 하나의 의미와 하나의 작용이 무한한 것을 알 수 있다. 시작도 없고 끝도 없는 '한'이다. 바로 한 걸음의 의미가 시작도 없고 끝도 없이 영원하다는 뜻이다. 한 걸음의 시작은 끝도 없이 이어지고 끝나면 다시 시작한다는 것이다. 지속적인 반복 연습이라는 것이다. 여기서도 놓치지 말아야 할 것은 정통성을 본질로 하는 한 걸음이다. 떡잎부터 알아본다는 속담이 생각난다.

## 4. 전통춤의 역할과 사명

 전통춤의 역할과 사명이란 것은 지금까지 살펴본 바와 같이 내세운다고 되는 일이 아니라고 본다. 자연스럽게 몸놀림이 되고 나서 체화 체득되어 저절로 길이 보여지는 것이다. 역할과 사명이 머리로서 되는 일이 아니고 몸으로 되어야한다. 춤 기본이 제대로 세워지지 않았는데 창작 운운하는 것과 같은 일이다. 끝도 없이 이어지는 몸놀림은 수련修鍊의 차원을 넘어 수행修行의 차원으로, 수행의 차원을 넘어 수도修道의 길로 들어서게 된다. 그러할 때 저절로 몸으로 깨닫게 되고 문리文理가 트이게 된다.

 춤에서 문리가 트인다는 말은 문자로는 설명이 어렵겠지만 최소한이라도 설명해 보도록 하겠다. 예컨대 하나의 정통춤을 공부할 때 몸으로 그 춤을 자유롭게 구사할 때까지 반복 수련이 필요하다. 끝없는 수련이 이어지면서 수행·수도의 깊은 단계로 들어가게 된다. 춤이 어느 정도 소화되면서 정도의 차이는 있겠지만 그 춤을 추지 않고 있어도 머릿속에 춤사위가 그려지게 되고 그 춤의 구조도 확연하게 그려지게 된다. 그리고 춤이 움직여지는 이치와 원리가 머릿속에서 정리되면서 춤 법法도 보이고 숫자와 우주체계로 간단명료하게 보여진다. 이것이 바로 춤의 법도이고, 뭐라 안 해도 그 춤은 확연해지고 온몸과 하나가 된다. 바로 이 모든 과정을 자연스럽게 거쳐 하나로 돌아가면서 진액이 흘러나와 윤기가 나고 숭고한 아름다움이 빛을 발할 때 그 춤이 몸말이고 몸사유이고 몸철학이다. 한걸음이라도 제대로 걸어 감동을 준 다음 창작도 되고 역할, 사명도 자연스럽게 할 수 있는 것이다. 생각과 말만 앞세운다고 되는 일은 아니다.

처음도 정통 몸놀림이고 마지막도 정통 몸놀림이다. 여여如如하게 춤을 행하다 보면 예고도 없이 찰나의 순간이 온다. 예고하지 않고 불쑥 단계를 뛰어넘어 버린다. 그 순간, 그 단계에서 역할과 사명이 같이 간다.

---

미주

1) 한성준 대담, 조선일보, 1939.
2) 이애주,「춤이란, 삶이란, 배움이란」『교학의 세월』도서출판 지식과 교양, 2013, 340면
3) 김종철,『녹색평론』창간호, 1991.10
4) 조선일보, 1939. 11. 8, 4면, 재인용
5) 이애주,「춤이란 무엇인가」『사대논총』제39권, 서울대학교, 1989, 26면, 재인용
6) 이애주,「한성준론;한성준의 춤인식과 춤정립-」『한국민속학』제28집, 민속학회, 1996, 287면
7) 이오덕,『우리말 우리얼』제1호, 우리말 살리는 겨레모임, 1998,
8) 『論語』學而편 제1장
9) 『論語』學而편 제1장

# 인문학으로 풀어보는 우리춤 이야기*

　안녕하세요. 저는 국가무형문화재 제27호 승무 예능보유자 이애주입니다. 국가무형문화재 예능보유자들은 일 년에 한 번 의무적으로 공개행사를 하기로 되어 있습니다. 그런데 그 여건이 예술적인 통합된 무대를 만들 여건은 못돼요. 그래서 이런 작은 공간이라도 빌려서 할 수 있으면 다행이다 생각하고 여기 문화재전수회관 자리를 빌렸습니다. 장소적인 제약이 있지만 어쨌든 오신 분들한테 춤이 뭔가를 인식시켜야 되겠길래, 제가 직접 시연을 하면서 설명을 하는 식으로 진행해볼까 합니다.

　오늘 제목이 〈인문학으로 풀어보는 우리춤〉인데요. 인문은 사람 '人' 자에다가 글월 '文', 그렇죠. 그러니까 사람과 글·말 모든 것이 들어간 거죠. 요즘 "인문학이 죽었다", "인문학이 살아야 된다"…… 이런 말들이 나오는데, 각 대학에서는 인문학을 다 없애고 돈 되는 거에 연결된 과만 살아남죠. 예술학과도 다 없어지고, 무용과는 모델과로 바뀌고, 그런 식이에요. 나라 문화가 이게 큰 문제가 아닌가, 문화적 관점에서 볼 때 정말 큰 책임감을 느

---

*〈국가무형문화재 제27호 승무 공개행사〉, 무형문화재전수회관 민속극장 '풍류', 2015. 10. 25. 이 글은 〈국가무형문화재 전승활동〉 기획행사로 진행된 이애주의 '살아있는 우리춤 이야기'. 2020. 9. 18를 정리한 것임.

끼기도 하고 이게 보통 문제가 아니구나, 어떻게 문화가 이런 식으로 되었나, 되돌아보면서 한번 우리춤 이야기를 풀어볼까 합니다.

## 1. 영가무도詠歌舞蹈

'관觀'

방금 '풀어본다'고 했는데, 풀어보는 첫 순서가 관觀이에요. '볼 관觀' 자는 황새 관雚 옆에 볼 견見자가 붙어있어요. 다리가 긴 황새가 높은 언덕에 올라가지고 사방을 둘러보듯 세상을 바라본다는 뜻이죠. 그게 인제 觀(관)인데, 이때에 觀(관)은 밖의 것만 보는 것이 아니라 우선 내 자신을 보는 게 중요하다고 생각합니다. 문자로 얘기하면 그것을 관아생觀我生, 그래서 내

자신을 먼저 바라보고 그 중심을 잡은 연후에 그 다음에 관기생觀其生, 밖의 사물을 바라본다…… 밖의 사물을 바라본 다음에 또 그것이 내화內化되어 가지고 다시 안으로 들어오는거죠. 그러니까 안팎 내외가 계속 왔다 갔다 하면서 중심을 잡게 되는 것이 이제 관觀이라고 볼 수 있는데, 관觀은 모든 게 다 관觀이에요. 무슨 종교가나 철학자나 무슨 전문가가 눈감고 집중해서 면벽하고 관하는 것이 아니라, '바라본다' '맛본다' '우리 이거 해 봅시다' 하듯이, '본다'는 말과 연결이 됩니다. 그러니까 관觀하는 것은 뭐든 행동거지가 깊게, 그 안에서 성찰을 하고 반성을 하고, 나 자신을 바라보면서, 내 자신이 뭔가, 내가 어떻게 나가야 되나, 이러한 그 깊숙한 의미가 거기에 연결이 되어 있지요. 그래서 관아생, 관기생을 먼저 말씀드린 겁니다.

### '오음소리=오행소리'

그런데 그 관觀 안에는 '볼 수 있나', '먹을 수 있나', 하는 식으로 수數라는 개념이 다 들어있어요. 수數라는 것을 왜 말씀드리냐 하면, 우리가 관觀을 한 다음에 오행五行소리, 오음五音소리를 합니다.

오행소리춤 일명 영가무도詠歌舞蹈라고 하는데, 길게 숨쉬고 길게 늘여서 소리내고[詠] 노래하고[歌], 춤추고[舞], 뜁니다[蹈]. 이것은 단군 이전 시대부터 우리 민족이 그냥 자연에서 심신수련법으로, 피곤하면 그렇게 냇가에 앉아서 그렇게 하고, 황소 우는 언덕에서 긴 호흡하면서 소리내고 노래하고 그렇게 살았던 겁니다.

그런데 그것이 쭉~ 내려오다가 맹자 시대 때 끊겨서 중국으로 갔다가 후대에 다시 우리나라로 들어왔어요. 김항金恒 선생님이, 일부一夫 김항 선생님이 어려서부터 몸이 병약해서 이걸 어떻게 치료하나, 그 시대에 약초도

먹고 한방치료 별거 다 하셨겠죠. 근데 오장소리를 내니깐 몸이 거뜬해지고 괜찮더라 이겁니다.

 오장이 뭡니까. 비脾·폐肺·간肝·심心·신腎입니다.
 비장에서 비롯되는 소리가 음~~~소리고,
 폐장에서 비롯되는 소리가 아~~~소리고,
 또 간장에서 비롯되는 소리가 어~~~,
 심장에서 비롯되는 소리가 이~~~,
 신장 콩팥에서 비롯되는 소리가 우~~~ 하면서
 음 · 아 · 어 · 이 · 우 소리를 계속 냈습니다.

근데 따져보니깐 "음~~~~" 그 소리는 태초의 소리예요. 어머니 뱃속에 태아가 양수 속에 있으면서 입을 다물고 음~~~~ 하고 있습니다. 우리가 또 물속에 들어가면, 음~~~~ 합니다. 입 벌리고 못 있죠. 음~~~~

그러고 양수 속에 어머니 뱃속에 갓 태초의 공간에 있다가 어머니 뱃속 바깥으로 나오면서 "아~~" 하고 입을 벌리면서 울게 되요. 인제 순서가 아~~, 그렇게 운 다음에 애기들이 내뱉는 소리가 어어어 엄마~엄마~, 엄마~아빠~ 그런다고요. 그러니깐 음~ 아~ 어~ 그런 순서대로 되죠.

그 다음에 울어요. 이~~잉~~ 하고 울어요. 화내거나 기쁠 때 감정이 안으로 뭉치는 그걸 "이~~"라고 상징화할 수 있죠. 그리고는 그 다음에 안으로 뭉쳤던 기운을 밖으로 확~ 내보내는 게 "우~~~" 이렇게 됩니다. 그래서 순서가 음~ 아~ 어~ 이~ 우~ 이렇게 되죠.

이것이 바로 영가무도인데요. 길게 소리낼 영詠에다가, 노래 부를 가歌에다가 춤출 무舞에 뛸 도蹈입니다.

## '숨쉬기'

사람은 생명이 태어나면서 바로 숨을 쉬게 됩니다. 그 숨이 쉬어지면서 기운이 움직여서 맨 처음에 일어나는 것이 소리입니다. 소리가 일어나는데 비·폐·간·심·신, 오장으로부터 "음-아-어-이-우"라는 그 소리가 일어나면서, 숨쉬기가 곧 그 율동이면서 그 기氣가 순환하는 운동인 거지요. 바로 그 기氣 운동이 사람 몸짓의 근원이라고 볼 수 있습니다. 그래서 영가詠歌 이것을 극히 자연스러운 생명의 소리라 그래요. 몸과 마음이 하나가 되면서 자연스럽게 나오는 생명의 소리인 거죠.

영가詠歌에서 길게 숨 쉬어서 소리내어 읊조리고, 거기서 나아가 노래하다가 이제 흥이 나면 춤추고, 거기서 더 신명이 나면 뛰게 되죠. 그것이 무도舞蹈, 맘껏 뛰면서 자기 몸과 마음을 모두 내던져 버려서 무無로 만드는 그것이 무도舞蹈입니다.

달리 얘기하면 영가무도는 소리와 춤을 통해 자기 자신을 다스리고 자신을 찾아가며 깨달음에 이르는 심신수행법이라고 볼 수 있습니다.

이 영가무도의 원류는 단군 이전부터 만년 이전에 우리 선조들이 그냥 생활로서 삶으로서 했던 건데요. 원래 우리 민족은 가무를 즐겨했다고 그래요. 여기 보듯이 제천의식, 하늘에 제를 지내면서 고구려의 동맹이라든가 부여의 영고라든가 예의 무천 등에서 보면 농사를 지어 사흘 밤낮 음주가무를 했다고 그러는데, 단기고사에 보면 "노인 어른은 영가하고 어린이는 무용하였느니라." 그런 얘기가 나와요.

다시 얘기하면 몸과 마음의 움직임이 근원이 되어서 어떤 몸짓, 동작으로 나타나고, 그 동작이 이제 실천적인 생활의 행동으로 이어지고, 그 행동이 바로 삶의 수행으로 이어지는 것이죠. 따라서 영가무도는 몸의 사상이다, 몸 철학이다, 다시 말해 몸 사상 몸 철학의 근원적인 원류라고 볼 수 있습니다.

## '내공 쌓기'

한국문화의 현재로 볼 때 영가무도는 어디에 자리매김이 되느냐? 현 우리문화의 상황은 세계 각종 문화가 무분별하게 도입이 되어가지고, 우리 자신이 뭔지 모르고 배알과 혼을 다 내팽겨쳐 버린 그러한 상황이라고 말할 수 있는데요. 외래문화에 젖어 우리 자신의 정체성을 거의 상실해가고 있다고 볼 수 있는 거죠.

소위 한류로 일컬어지는 그 대중문화. 비보이 뭐 그런 동작들은, 하면서 몸이 다 망가뜨려진다 그래요. 하지만 우리 전통춤은, 하면서 내공을 쌓아 점점 기운이 축적이 돼서 몸과 마음이 건강하게 튼실하게 하나로 통일이 되는 거죠.

그래서 그 대중문화의 통속적인 한류에서 전통문화를 인식하고 그것을 세계로 내보내야 되겠다, 진짜 본류 문화를 전파해야 되겠다, 아시아를 넘어 세계를 넘어 우주 끝까지 바로 우리의 무예적인, 춤적인 것을 퍼뜨려야 되겠다, 그런 생각을 합니다.

그러면 인류문명사 속에서 보는 영가무도는 어떤 것이냐? 우리의 춤, 소리, 영가무도의 구조는 우리 역사가 흘러온 내력과 일치합니다. 우리 역사의 굴곡이 바로 길게 늘려가지고 맺어지고, 맺어서 흔들고, 흔들어서 풀고,

터트리고 쓰러지고, 다시 일어나고…… 그것이 바로 영가무도의 구조고요. 아까 말씀드렸듯이 단군 시대 이전으로 거슬러 올라가서 유래되면서 중간에 끊겼다가 조선조 때 일부 김항 선생에 의해서 다시 재정립이 되면서 영가무도가 우리와 현재 만나게 됐습니다.

인류 문명사로 볼 때는 지금 대 격동의 시대인데요. 모든 문화 초점이 동아시아로 이동하고 있습니다. 동아시아 중에서도 그 중심이 우리 한반도로 초점이 모아지고 있습니다. 이러한 때 바로 우리는 문화의 종주국으로서 한국의 몸짓, 한국의 소리, 한국의 무예를 정말 자부심 있게 책임감 있게, 종주국에서 자신을 가지고 정체성을, 중심을 가져야 되겠습니다.

우리에게 전통이란, 전통의 소리와 몸짓이야말로 바로 미래 문화의 해답이라고 봅니다. 무극이대극無極而太極이라는 말이 있듯이, 아무 것도 없는 무無에서 태극太極에서 천·지·인 삼재 사상이 일어나면서 그다음에 사상四象 또 오행五行 쭉 연결이 되죠. 팔괘八卦. 그러면서 몸짓이 탄생되는데, 그것은 바로 몸과 마음이 하나 되면서 태동胎動하는, 인간으로 치면 어머니 뱃속 태아의 움직임에서부터 첫숨이 시작돼서 "응애"하고 세상에 나올 때 자기중심을 이미 갖고 나옵니다. 우리는 자라면서 학교 다니면서 중심 다 잃어버리고, 남의 것에 눈이 멀어가지고 지금 뭐가 뭔지 모르게 된 거죠.

조선조 때 우리 춤·소리에 상징이고 대부이신 한성준 옹께서도 "사람이 생겨나면서부터 춤은 있었다."고 말씀하셨지요. 이 우주 속에 인간이 생기면서부터 소리와 무예와 춤이 있었다는 건데요. 우리 민족이 살아온 삶과 끈질긴 역경의 몸짓이 바로 우리 무예武藝이자 춤[舞]이라고 봅니다. 전통 문화예술의 정통성과 그것이 현대적으로 재창조될 때, 뭔가 현대에 제대로 재정립이 되는 거겠죠.

'생명치유'

영가무도의 사상은 바로 우주적 생명의 자연스러운 몸짓이라는 겁니다. 이는 자연과 정신과 과학이 어우러져 기화氣化된 몸짓인데, 일기一氣가 오면 천·지·인 사상四象 팔괘八卦를 낳고…… 또 그런 말이 있죠. 기즉심 심즉기氣卽心, 心卽氣라고, 마음에서 바로 기가 나오고 기가 바로 마음이다. 잠자고 있던 기를 살려가지고 기가 살살 밖으로 피어나는 것이 바로 소리로 나오고 신나서 몸짓으로 나오고…… 저는 바로 그것이 한국 발發 우주사상이라고 봅니다.

그 효과는 요즘 다 몸과 마음이 망가지는 이때, 이 시대에 바로 치유법이란 뭐냐? 바로 영가무도가 그 처방이 될 수 있다는거죠.

"음-아-어-이-우" 소리는 가사도 없고 말도 아닙니다. 세계 어느 인류나 인간이나 어느 동물이나 내는 상징적인 다섯 소리입니다. 영가무도를 통해서 망가진 생명을 치유하는데, 그 생명치유라는 것은 우주의 모든 병든 것을 바꾸고 고쳐서 우주 생명을 되살리는 거겠죠. 영가무도는 기의 소통을 통해서 풀어주고 뚫어주는 치유의 몸짓이고, 그것은 바로 몸치유, 마음치유, 정신치유, 영혼치유이고, 더 크게 가서는 사회를 치유하고 세계 인류문명을 치유하고 우주를 치유하는 바로 이 시대의 생명치유법이 아닌가 합니다.

이와 동시에 영가무도는 우리 내부에 소리·춤을 통한 자아해방, 자기 자신의 깨달음이라고 봅니다. 관기생觀其生과 관아생觀我生의 탁월한 차원에서의 통일입니다.

'깨우침'

마지막으로 수처작주隨處作主. 계속 얘기했던 '중심' 이었죠.

어디로 가든 간에 어디에 처하든 간에 우리가 주인 된 중심을 가지고 기둥을 가지고 주인의식, 자신이 중심이 돼서 문화 종주국으로서의 본류의 몸짓에 기둥을 세워야 하고, 그것은 바로 천상천하 유아독존天上天下 唯我獨尊, 우아일체 범아일여宇我一體 梵我一如로 풀어집니다.

하늘 위에 하늘 아래 오로지 존귀한 우리가 있다. 우주와 내가 하나고 모든 물질과 우리가 같은 것이다. 모두 우리가 하나다. 바로 '한' 사상이죠. '한밝춤' 이죠. 그래서 바로 그것으로 우리가 진정한 반복 수련이 될 때 그것은 수행으로 이루어지고 마지막에는 깨우침이 됩니다. 소리와 몸짓이 마지막에는 깨우침입니다. 깨침입니다. 깨달음! 깨침! 깨우침!

그래서 우리 다같이 한 번 시연을 하면서, 같이 숨을 쉬고 소리 내보고 그러기로 해보겠습니다.

[영가무도 QR]

## 2. 예禮의 춤

영가무도하는 장면을 보셨는데, 여러분들 존재하는 가장 근원적인 것이 숨 쉬고, 생명의 근원적인 소리, "음 아 어 이 우"를 내고, 거기에서 다~ 이제 모든 것이 기성만물旣成萬物이 되는 거죠. 이제 그것을 토대로 해서 가장 기본적인 춤을 하나 소개하겠습니다. '예禮의 춤' 입니다. '예禮의 춤'!

예禮라는 것은, 사람 앞에 서면 "예를 갖춰라." "어른들에게 예를 갖추고 공경해라." 그러잖아요? 바로 이게 섬기고 모시는 겁니다. 섬김과 모심입니다. 섬기고 모시려면, 자신의 몸을 뻣뻣하게 하고서는 못 모시죠. 진짜로 모시려면 자기를 낮추면서 이렇게 허리를 굽혀야 모시게 되죠.

옛부터 우리 전통의 모든 춤은 처음과 마지막이 절하는 것에서 절하는 것으로 끝납니다. 종시終始가 절로 시작해서 절로 끝납니다. 그런데 절 형태가 좀 다릅니다. 처용무 같은 경우 사방으로 배례하는 동작으로 시작하고, 승무 같은 경우 땅에 엎드려서 땅과 일체가 되어 가지고 하늘과 교감하는 그러한 절을 드리게 되는 거고, 절 형태가 다 다른데…… 하여튼 '예의 춤'이라고 한 것처럼 절에서 시작해서 절로 끝나는 것처럼 바로 춤도 예의 정신을 갖고 있다고 봅니다.

우리가 절 드리는 동작, 오체투지 동작은 춤의 아주 근원적인 모습인 것 같아요. '예의 춤'은 일상적으로 우리 민족이 항상 예의를 갖추면서 하는 그 몸짓으로 시작이 됩니다. 절하는 동작이죠. 그러니까 예를 드리는 동작인데, 절을 한다, 또 절을 드린다, 우리가 일상생활에서 상대방을 만났을 때, 또 친지 어른을 만났을 때 항상 머리를 숙여서 우리는 이렇게 인사를 하게 돼요. 머리를 숙여서 인사한다는 것 안에 우리 춤의 철학이 들어 있습니다.

절을 하는 것은, 우리 민족이 절을 하면서, 자기를 이렇게 숙이면서 비우는 의미를 가지고 있죠. 이렇게 되다 보니까 또 어떤 게 되나요? 내 자신을 바라볼 수가 있는 거에요. 그래서 우리는 옛부터 조상들이 그 절을 드리는 춤을 그렇게 추어오곤 했습니다.

그래서 우리 단체에서는 전통춤에서 이 춤을 제일 기본으로 생각하고, 손님들을 맞이했거나 춤판을 벌리거나 상대방을 만났을 때는 항상 '예의 춤'으로 이렇게 절을 드리는 춤으로 시작을 하고 있습니다. 이 '절 드림'이라는 일상적인 동작은 우리 민족의 정신이면서 사상이면서, 우리춤은 다 절 드리는 걸로 짜여져 있어요 사실은.
살풀이나 승무를 보더라도 첫 동작과 마지막 동작이 절을 드리면서 시작을 해서 마지막에 끝날 때도 절을 하고 끝납니다.

그러면 이 절 드리는 동작, 살풀이와 승무는 어디에서 기원했느냐. 그거는 우리 아주 고대, 역사 초창기에…… 단군 이전이라고 해도 좋고 하여튼 상고대라고 우리가 생각을 하고…… 그 시대에 우리의 믿음이었고 우리의 마음이었습니다 이 동작은.

어떤 믿음이었나. 하늘을 숭배하고, 하늘에 제사를 지내고, 또 땅을 존중해서 땅에다도 우리가 제사를 지냅니다. 그래서 하늘에 제사 지내는 거는 천제天祭라고 그랬어요. 그래서 고구려 때 동맹이라든가 예의 무천이라든가 수없이 많은 사례들이 있고, 또 땅을 우리가 숭배하는 거는, 우리나라 전통놀이 중에 지신밟기라고 있습니다. 땅의 신을 밟는다…… "땅의 신을 왜 밟어? 밟으면 그게 뭐 예를 드리는 거야?" 묻는 사람이 있을 텐데, 밟는 것은 땅을 사뿐히 지려밟으면서 도닥여주고 안정시켜 주는 그러한 발걸음입니다. 춤의 발걸음이, 춤의 한걸음이 그런 식으로 출발이 되고 있습니다.

한번 보실까요? 춤을 보면서 그냥 춤 흐름에 같이 하나가 되시면 됩니다. 맨 처음에 느리게…… 그냥 서서 자기를 가다듬죠. 그러면서 천천히 이제 밑으로 내려가지요. 그 내려가는 속도가 굉장히 느리고 깊기 때문에 보시는 분들도, 관객들도 깊은 숨을 쉬시게 되죠. 춤꾼이 거기서 깊은 숨을 안 쉬면 춤이 안 돼요. 호흡하고 춤하고는 같이 가는 거니까…… 그러니까 앉아 계신 분들도, 보시는 분들도 같이 따라가시면 같은 춤에 한 울타리, 하나가 되는 느낌을 받을 수 있을 겁니다.

[예의춤 QR]

## 3. 본춤

다음에 할 종목이 '본춤' 이라고 하는 건데요.
저의 스승님 한영숙 선생님이 계셨고, 그 이전에 한영숙 선생님의 조부 되시면서 큰 스승이셨던 한성준 선생님이 계셨습니다. 한성준 선생님은 조선조 말부터 손녀 한영숙에게 춤을 가르쳤고, 또 저는 1960년대에 한영숙 선생님의 직계로 들어가서 첫 번째 제자로, 장자로 이렇게 자리하고 오늘날에까지 이렇게 내려오게 됐습니다.

이 애기를 왜 말씀을 드리냐 하면, 그 한성준 선생님이 초보자들이 춤을 처음 시작할 때 춤 기초를 어떤 식으로 가르치셨는지, 한영숙 선생님 살아계실 때 제가 수없이 물어보고 재연을 하고 분석을 하고 그랬습니다.

그래서 우리춤의 '본춤', '춤본' 이라 해도 되겠죠. 한영숙 선생님이 저희한테 주셨던 '본살풀이'가 있는데 그것도 할아버지 한성준 선생님한테서 받은 거고…… 본살풀이와는 또다른 춤본이 있어요. 그래서 살풀이라는 말 대신 춤자를 넣어서 '본춤'. 이렇게 명명을 해봤습니다. '이애주 본춤'. 일단 제가 정립을 하고 정리를 한 거니까요.

한성준, 한영숙, 지금 이 시대까지 내려온 그 삶의 몸짓, 살아있는 인간이 움직이는 가장 기본적인 몸짓이 있는데, 그러면 그 위로 거슬러 올라가서 고대의 상고시대에는 어떤 몸짓을 했을까, 살아있는 생명체의 근본 몸짓은 무엇일까 생각을 해본건데, 제가 선생님한테 전수받고 물려받은 춤 안에 다 들어 있습니다.

춤의 기본은 손보다 먼저 발입니다. 발걸음이 춤의 기초라는 거죠. 어떻게 무릎을 굽히고 또 어떻게 무릎을 펴서 어떻게 굽혀가지고, 많이 굽힐 때는 나를 숙여서 땅으로 들어가게 되고, 또 어떻게 하면 다시 펴주면서 이렇게 바른 자세로 또 서게 되고…… 이거를 하다 보면 저절로 이렇게 한 발이 들려지게 되죠. 한 발이 들려지면서 그 다음에 뒤꿈치부터 이렇게 딛게 됩니다. 이것이 춤의 한 걸음입니다.

그래서 발걸음이 정리가 된 다음에 손놀림이 이제 따릅니다. 우리 스승님한테 듣기로는 "발만 가지고 몇 년을 했다." 그렇게 말씀을 하셨어요. 그래서 그 발짓 발놀림을 굉장히 신경을 써서 되풀이 수련했다는 겁니다. 발동작이든 손놀림이든 제가 지금 새로 만들어낸 것이 아니라, 국가무형문화재 승무라든가 또 한성준 선생님이 정립한 '본살풀이' 같은 데 있는 가장 기초적이고 근본이 되는 동작을 차례대로 엮어봤고, 또 발동작을 다 한 다음에 손놀림을 찾아본 겁니다. 손놀림도 당연한 거죠. 내렸으면 올려야 되고, 올렸으면 다시 내려야 되겠죠. 그러다가 더 위로 올릴 수도 있고. 또 더 아래로 내려올 수도 있고…….

그런데 여기서 이렇게 올렸는데 바람이 분다, 그러면 '휙' 하고 이렇게 젖혀지죠. 젖혀졌다 다시 감아져요. 바로 우리 춤에 그것은 자연의 현상, 바람이 움직이는 자연에 의해서 나뭇잎이 어떻게 움직이는가, 물결이 어떻게 치는가. 그 모습하고 너무나 닮아있어요. 우리춤 동작은 자연과 일체로 닮아 있고, 그냥 같은 것이라고 보면 돼요.

우리가 자연을 떠나서 살 수가 없는 것처럼, 이 세상에 태초의 우주가 생기고 그에 의해서 천지가 생기고, 그 다음에 자연 만물이 생성이 되고, 자연

만물 중에 제일 영장을 누구라 그러죠? 인간이라 그러죠. 인간이 굉장히 위대한 일을 하지만 지금 현재 상황으로서는 너무나 인간이 못할 짓을 해서 지구가 사실은 다 파괴가 되고, 코로나 전염병이 전세계를 뒤덮고 있고…… 그래서 우리가 이 춤을 추면서 옛날부터의 자연의 몸짓을 회복해가지고 근본적인 것을 다시 성찰하면서 차근차근 해결해 나가자. 그러한 의미의 '본춤'이라고 생각합니다.

그럼 이어서 본춤을 한번 보시기로 하겠습니다. 여기 본춤에서도 맨 처음에 굽혔다 폈다 느리게 하고 그 다음에 이제 깊은 절 하고…… '예의 춤' 하고 똑같습니다. 그다음에 하는 동작들도 춤을 처음 시작하는 사람 누구라도 다 같이 하실 수 있는 동작이에요. 그게 숙련이 됐느냐, 얼마나 다듬어졌느냐 그런 차이점은 있겠지만 누구나 같이 다 하실 수 있는 쉬운 동작들입니다. 한번 보면서 따라서들 해보실까요.

[본춤 QR]

## 4. 본살풀이

다음에는 '본살풀이' 즉 살풀이 기본에 대해서 설명을 할텐데요. '본살풀이' 춤도 조선조 때 한성준 선생님께서 정립을 하신 거예요. 제가 한영숙 스승님한테 가서 처음 배운 것도 이 '본살풀이'부터 배웠습니다. 할아버지가 그냥 정립한 그대로, 통맥으로, 직맥으로 받은 거죠.

물론 저는 한영숙 선생님한테 가기 전에 어려서부터 춤을 춰서, 바로 그대로 춤을 받을 수가 있었습니다. 초보자들은 절대 따라하기 어려운 춤이지요.

'본살풀이'를 비롯해서 우리 춤의 역사가 얼마나 됐느냐 물어보면 "조선조 때나 뭐 그때 아니에요?" 이렇게 생각하기 쉬운데, 저는 그거를 만 년 전 우리 민족이 처음 이 터에 자리잡을 때, 저 북만주 벌판에 살 때, 지금 중국에서 홍산문화라고 하는 그 홍산문화에 우리 민족이 터를 잡고 살 때부터라고 봅니다. 저는 거기 그 터를 여러 번 답사를 갔습니다. 역사학자들하고 대여섯 번 더 갔을 거예요. 거기서 유물이 나오는데 만 년 이상 된 유물들이 많이 나와요. 그래서 저 같은 경우는 유물에 나타난 그림을 보고 우리 몸짓을 이렇게 유추할 수 있는 거지요.

아주 옛날에 쓰던 제단 터가 있어요. 그 제단터에서 우리 민족이 어떻게 천제를 지냈을까? 궁금해지죠. 여러분들 아바타 영화 보셨죠? 아바타에 이렇게 원으로 둥글게 앉아가지고 천제 지내는 장면이 나오지 않습니까? 저는 그것이 아주 옛날 모습을 잘 표현했다고 보는데요.

예를 들면 우리 기록에 삼국지 동이 위지전 쪽에 보면 '답지저앙'이라는 말이 나옵니다. 답지踏地, 땅을 밟는다. 저앙低昻, 이렇게 뛰어오르면서 밟습니다. 그렇죠, 밟으면 내려가서 낮아지고, 이것이 올라오면은 이렇게 높아지겠죠. 그러한 기록들이 다 있고…… 또 아까 발을 이동했을 때는 삼진삼퇴라는 기록이 그 몇천 년 전 기록에 있습니다. 그래서 세 번 앞으로 걸어가고 세 번 뒤로 물러나고, 그거면 다죠 뭐. 옆으로 걷고 세 번 앞으로 갔다가 제자리 돌아오고, 또 앞으로 갔다가 휙 돌고…… 그것이 바로 춤의 원초적 발생입니다.

거기서 아까도 말씀드렸지만 팔 들어서 바람 불면 엎어지고 또 바람 불면 또 제쳐지고, 이 부분이 나왔었죠. 자연스럽게 그렇게 연결이 다 되게 돼 있어요. 억지가 없어요. 어거지가 없어요. 그래서 자연과 하나가 되면서 자연에서 태어난 우리 인간, 사람들이 자연의 모습을 잘 본따면서 그대로 순응하고, 거기에서 자기 중심을 잡을 거는 잡고. 그러할 때 모든 역사는 발전적인 추동의 역사가 흘러가게 되는 겁니다. 춤도 마찬가지라고 생각합니다.

그래서 다음에 보실 춤, 아까 말씀드린 한성준 선생님이 정립한 조선조 때 '본살풀이'가 어떠했는지…… 그냥 고대로, 원본 그대로입니다. 저희 제자들 밖에 이거를 못 해요. 여기서 보는 춤들은 딴 데서 보실 수 없는 춤들이에요.

그래서 그러한 마음가짐을 가지고, 조선조 때 몸짓이지만 만 년 이전으로 올라가서 고대인들이 살았던 선조의 몸짓이 담겨있는 춤이 한성준 선생님의 '본살풀이'입니다.

'본살풀이'는 입춤 형식으로 동작이 매우 단아하고 좋습니다. 제가 직맥으로 받은 그 춤을 혼자서 직접 재연해볼까 하는데요. 음악도 반세기 전에 녹음된 건데, 제가 한영숙 선생님 살아 계실 때부터 쭉 그 녹음으로 해왔기 때문에 이제 차세대 젊은 음악선생들이 그것을 재연을 하셔야 돼요. 살풀이 수건 들고 추는 음악하고 내가 추는 '본살풀이' 음악하고는 달라요. 근데 '본살풀이'를 생음악으로 하자고 하면 도로 살풀이 음악하고 똑같아지더라구요. 그래서 옛날 음악, 음향질은 별로 안 좋지만 거기 맞춰서 해보겠습니다.

[본살풀이 QR]

## 5. 태평무와 태평춤

이번에는 '태평무'와 '태평춤'에 대해서 설명하겠습니다. 두 춤이 같은 춤 아니냐 이렇게 생각하실 텐데요. '태평무'나 '태평춤'이나 같은 말 아니냐, 왜 다른 춤처럼 얘기하나 의아할 거에요. 태평무와 태평춤은 공통되면서도 다른 춤입니다. 그래서 지금 '태평무'하고 '태평춤'하고 무엇이 같고 무엇이 다른지 설명을 해드리려 합니다. 우선 일반적인 얘기, 공통된 얘기부터 설명할게요.

태평은 크게 평화롭다, 그거에요. 평화의 극치죠. '평화의 극치'라는 것은 내적으로는 작악숭덕作樂崇德해서 이배조고以配祖考하는…… 덕을 받들어 음악으로 예를 지어서 조상을 잘 모시는 것, 그것이 바로 제대로 태평의 의미가 아닌가. 어려울 것 하나도 없어요. 근원을 잘~ 생각해 가지고 하다 보면 음악도 짓게 되고 춤도 짓게 되고 그러면서 결과적으로는 조상께 예를 잘 드리고, 상대방한테는 아까 '예의 춤'에서처럼 태평한 마음을 갖게 하는 춤이라고 해서 '태평무' '태평춤' 입니다.

먼저 '태평무' 얘기입니다. 제가 1980년대 초에 한영숙 선생님한테 '태평무'를 배워서 공식으로 발표를 했어요. '태평무' 반주음악을 보면, 경기도당굿 장단으로 춤이 구성되어 있지만 한영숙 선생님이 친분이 깊었던 지영희 선생님의 도움을 받아 가야금 명인 성금연 선생님의 〈새가락별곡〉이라는 독특한 산조 곡의 앞부분을 따서 연결해서 반주음악을 새롭게 구성해 놓으셨어요. 이 음악이 굉장히 아름다워요.

그럼 그 태평무를 먼저 한 번 보실까요.

[태평무 QR]

1983년에 공간사랑 〈전통예술의 밤〉에서 '한영숙 류-이애주 춤'이라고 제가 승무-살풀이-태평무 공연을 했는데, 그때가 서울대학교 교수 때인데도 선생님이 "너 안돼. 태평무 아직 안돼." 그러시는 거에요. "왜요?" "지금 아무나 다 태평무 추는데, 어린 아이까지도…… 그렇게 쉽게 추어서는 안된다."고 하셔서, 몇 날 몇 밤을 울고불고 빌면서 "선생님, 제가 밤 새고라도 연습해서 잘 해낼게요." "왜 그렇게 서둘러?" "지금 안 해 놓으면, 음악이 단절이 됐기 때문에, 선생님 안 계시면 음악을 복원할 수가 없어요. 지금 해 놔야 돼요."

그래서 그 당시 김덕수, 이광수, 김용배가 있는 마포 어느 회관에 가서 선생님이 직접 음악 장단을 가르치면서 춤을 짜주셨어요. 그런 뒤에 허락을 하시고, 그 음악이 지금 한예종 전통예술원에서 김덕수 선생이 가르치는 경기도당굿입니다.

'태평무' 란 이름으로 제가 그때 1983년에 한영숙 선생님으로부터 장단을 직접 배우면서 발표를 했는데, 이후에 더 살펴보니까, 1930년대 신문에 한성준 할아버지가 이렇게 말씀하셨어요. "앞으로 경기도당굿 12거리 안에서 행해지는 왕꺼리, 임금꺼리를 가지고 내가 춤을 추겠다. 그래서 도당굿을 상징화해서 그것을 앞으로 '태평춤' 이라 하겠노라." 그런 말씀을 하셨어요. 도당굿의 군웅거리나 진쇠 그런 것을 보면, 탕 탕 무게 있게 그냥 뭐 한 소리하면서 딱 딱 위엄있게 지시하는 것 같기도 하고 이끌어 내는 거 같기도 해서, 죄 많은 사람은 움찔하고 그래요. 도당굿을 상징화한 '태평춤' 은 굉장히 역동적으로 되어 있어서 지금 관 쓰고 궁중옷 입고 추는 '태평무' 하고는 느낌이 많이 달라요.

아하, 한성준 할아버지가 구성한 도당굿에 기초한 '태평춤' 이 오늘날 퍼져있는 '태평무' 의 근원, 뿌리인 것은 틀림없는데, 요즘으로 오면서 뭐가 달라졌을까? 장단도 다르고, 의상도 다르고, 그렇다면 후대에 와서 점차 정제되고 무대 예술화되었다고 볼 수 있겠지요. 그렇다면 원래의 태평춤이 지금보다는 현장의 역동성이 있는 제의적, 기원적 성격이 더 강하지 않았을까 이렇게 볼 수 있는 거지요.

주역의 16번째 괘에 뇌지예雷地豫 괘가 있어요. '뇌雷' 즉 땅 위에서 우레가 치는 건데,

〈雷出地奮이 豫니 君子以하야 作樂崇德하고 以配祖考하나니라.〉
　뇌출지분　　예　군자이　　작악숭덕　　이배조고

뇌출지분雷出地奮, 땅이 뚫고 나와서 그게 우레하고 하늘하고 만나요. 만나는데 그게 무서운 거냐? 결국은 그게 다 통합이 되고 그러면서 거기서 음악이 나와요. 우리 음악가 선생님들 잘 아셔야 해요, 작악숭덕作樂崇德이라 했어요. 음악을 짓고 덕을 숭상하는 바로 그것이 뇌출지분雷出地奮이다……. 땅에서 분출해서 기운이 땅을 뚫고 나와가지고 쫙~ 하늘과 만난다…….

'태평춤'을 추다보면 하늘하고 땅이 생기고, 사람이 천·지·인天·地·人 삼재三才가 되고 그 다음에 사방치기가 마지막에 있어요. 사방을 치면서 막 그냥 호령하기도 하고 역동적으로 막 휘젓고 다녀요. 그러니까 한의학으로 치면 태양-소음-소양-태음이 되겠네요. 그래서 사방치기를 한 다음에 그게 또 이제 중심을 잡으니깐 오행이 되고, 그 용用으로 체體로 해서 막 4방-8방-16방-64방으로 돌아다니게 돼요. 이걸 '태평춤'이라고 하는데, 제가 한영숙 스승님께 배운 '태평무'의 본래 근원이자 뿌리인 한성준 선생님의 원래 '태평춤', 그 태평춤을 그리면서 다시 지어서 한번 춰 보겠습니다.

[태평춤 QR]

# 6. 승무

그 다음에는 마지막 순서인 승무에요. 국가무형문화재 제27호 승무. 이 춤 역시 한성준 선생님이 정립을 하시고 한영숙 선생님이 전승하셔서 이제 저에게로 이렇게 맥이 이어지는데, 간혹 사람들은 "승무를 한성준이 창작했다." 그렇게 얘기하시는 분들이 있는데 그거는 조금 문제가 있는 표현입니다. 왜냐하면 "한성준이라는 어린아이가 승무를 잘 췄다."는 얘기가 전해오는 걸로 보면, 승무는 한성준 선생님 이전부터 전래해오던 춤이거든요. 그렇게 흩어져 있고 완성되지 못했던 춤을 한성준 선생님이 집대성하고 예술적으로 완성했다고 봐야겠죠.

그러니까 승무는 자연스럽게 몇천 년 역사가 축적이 돼서 몸놀림이 그렇게 정리가 된 것이지 지금의 서양무용 개념으로 무슨 동작을 만들어서 붙인 코레아그라피나 컴포지션의 개념이 아닙니다. 우리 민족이 살아왔던 몸짓들이 쌓이고 쌓여서 응축된, 달리 말하면 '생성된' 춤이라는 거죠.

## 원형이정 元亨利貞

그럼 승무에 담겨 있는 정서가 무엇이냐, 의미가 무엇이냐, 한 마디로 승무의 주제를 말하면 원형이정元亨利貞이라고 할 수 있습니다. 쉽게 말하면 춘하추동春夏秋冬이다. 또 생로병사生老病死다. 희노애락喜怒哀樂이다……. 춘하추동 계절이 거기 다 들어있고, 인간사 생노병사 고뇌가 거기 다 들어있고, 즐겁고 노엽고 슬프고 기쁜 감정의 변화가 거기 다 들어있다, 이렇게 말할 수 있습니다.

승무는 굉장히 우주적이고 삶의 몸짓이 깊고 다양하게 표현되어 있습니다. '우주적'이라는 것은 첫번에 땅에 엎드려서 이렇게 하늘을 향해 기도하듯이 두 팔을 올리면서 자기 절을 하고 다시 숙여요. 그것을 저는 천·지·인 동작이라고 합니다. 하늘과 땅이 만나서, 천지가 만나서, 바로 그 사이에서 인간이 생긴 거죠. 그래서 천지 만물인데, 천지 인간, 천·지·인. 그러면 그 안에 뭐가 담겨 있을까. 우리가 살아가는 데 있는 그대로 보시면

돼요. 살아가는데 지금은 무슨 계절입니까? 사계라는 것은 봄, 여름, 가을, 겨울이 있습니다. 승무에는 그러한 사계절, 봄-여름-가을-겨울 사시四時의 운행이 들어가 있습니다. 그 안에 인간의 희로애락, 모든 감정들이 들어가 있습니다. 그리고 승무 동작에 맺힌 것을 푸는 사위가 많습니다. 장삼을 뿌리면서 맺고 풀고, 감고 풀고…….

　맺고 푸는 그것의 본질은 뭐냐 했을 때, 그 본질이 바로 원형이정元亨利貞이라고 하는거죠. 으뜸 元자, 밝을 亨자, 이로울 利자, 곧을 貞자. 원형이정.

주역에 천天의 개념이 처음에 나와요. 천天의 개념은 뭐냐. 한문으로 얘기하면 건乾, 마를 건乾이면서 하늘 건乾 자예요. 하늘이고 천이고 여러가지로 표현이 돼요. 그것이 바로 주역에 나오는 '천天이 거듭된 괘'다. 그래서 중천건괘重天乾卦라고 그럽니다. 그냥 쉽게는 건괘라고도 하는데. 그 첫 문장에 바로 우리 인간 몸짓의 본질, 인간 삶의 본질이 들어 있어요. 승무의 본질을 저는 그걸로 정립한 거죠. 건乾이라는 것은 조금 전 말씀드렸듯이 하늘이 최고이고 으뜸이고, 원형이정元亨利貞은 "하늘 밝은 것이 으뜸으로 이롭고 곧은 것이다"라는 거지요. 승무의 본질은 바로 원형이정이다. 저는 이렇게 생각하고 있습니다.

그래서 승무의 그 사계, 춘하추동에 원형이정이 그 본질로 스며있고, 인간의 감정으로 나타내면 희로애락喜怒哀樂이 담겨있고, 또 생명의 과정으로 보자면 생장수장生長收藏을 담고 있습니다. 나서 자라고 더 살다가 모습을 감춥니다. 승무의 전개가 그렇게 네 단계로 돼 있어요.

따라서 승무의 구조도 네 과장科場으로 나뉘어 있습니다. 여기서 과장이란 춤이 진행되는 단위인 한 단락 곧 과정科程을 뜻하는데요. 승무의 구조를 큰 틀로 나누어보면 염불, 타령, 굿거리, 법고 이렇게 네 과장으로 구성되어 있어요.

마지막 법고 과장이 끝나고 마무리하는 짧은 굿거리 과정이 또 있으니까, 큰 틀로는 네 과장이지만 자세히 구분해보면 다섯 과장이지요.

## 절드림

　승무에서 그 사계절의 전개 과정을 구체적으로 한번 살펴볼까요. 첫째가 봄, 염불과장입니다. 아주 느린 염불에서 한 장단이 굉장히 길어요. 느린 염불에서는 우주창조, 천지창조가 일어나죠. 그리고 하나의 기둥이 딱 세워집니다. 만물이 세워지면서 그거를 상징할 수 있는 동작이 곧다 그랬잖아요. 바를 정正 자. 이렇게 자기 중심을 잡는 기둥이 세워져 가지고 거기서 왔다 갔다 하면서 만물의 얘기를 하고, 또 우주의 표현을 넓게 그렇게 포괄적으로 합니다. 아까 얘기했던 뇌출지분雷出地奮 일듯이 땅에서 우레가 우~~ 해서 땅을 뚫고 들먹이고, 그 다음에 또 하늘의 기운하고 합쳐져 가지고 승무 나름대로의 절드림을 합니다. 아까 '예의 춤'에서도 그랬고, 본춤에서도 본살풀이춤 때도 절을 했습니다. 승무에서도 똑같아요.

　절드림 사위는 승무에서 첫 동작으로 처음 시작하는 몸짓입니다. 엎드린 상태에서 상체가 서서히 일어나며 위로 합장을 하고 고개 숙여 절하는 동작이지요. 땅에서 시작해서 하늘을 향해 합장하고 자신을 향해 숙이는 동작입니다. 합장은 두 손으로 허공을 가르고 모으면서 밑에서 위로, 위에서 아래로 수직의 움직임을 나타내는 건데요, 이 동작은 온몸을 숙이고 비우는 오체투지의 춤사위로 자신을 남에게 회향하는 자세로 궁궁弓弓의 의미를 갖고 있습니다.

　그리고는 엎드린 상태에서 좌우 몸틀기를 하게 되지요. 양팔을 좌우로 펼치어 쭉 늘리면서 오른쪽으로 허리를 틀어 비틀듯이 쭉 짜주고나서 마지막 순간에 왼팔을 오른쪽 어깨에 얹으며 맺어줍니다. 이 움직임은 수평으로 움직여지는 춤사위로 땅의 동작인 을을乙乙에 해당합니다.

　이러한 몸짓들은 땅에 있는 인간이 하늘을 만나면서 하늘과 땅 사이에서 하나가 되는 것을 의미합니다. 사람[人]이 천지天地를 오가며 땅·하늘·사람이 하나가 되는 천·지·인天地人 합일의 의미를 갖고 있습니다. 바로 삼재三才사상이지요.

### 삼진삼퇴三進三退 - 되돌아옴[회귀]

절드림을 한 다음에 인제 춤사위가 좌우로 태극으로 풀어져요. 우리 태극기의 선이 있죠. 태극으로 풀어져서 양쪽으로 양겹치기를 한 다음에 딱 중심을 세우고 일어나요. 식물도 줄기가 중심을 세워서 일어나듯이 사람도 중심을 잡아야지 사람이죠. 중심 없는 사람을 사람이라고 할 수 없습니다. 중심을 잡고 딱 일어나서 방향 전환을 하는데, 자기가 일생 가야 할 방향으로 딱 멈춰 섭니다. 거기 멈춰서서 삼진삼퇴三進三退를 합니다. 세 번 나가고 세 번 다시 퇴하면서 계속 본래 있던 자리로 돌아오는 원리인데, 그냥 보기에는 전혀 안 그렇게 보여요. 우리처럼 이제 오래 한 사람은 "아휴 니가 복잡하게 춰봤자 삼진삼퇴구나." 대번에 알아요.

삼진삼퇴는 세 걸음 앞으로 나아가고 세 번 뒤로 되돌아오는 동작입니다. 세 번 나아가면서 쌓아놓고 세 번 뒤로 오면서는 지우는 것으로, 쌓고 지우며 제자리로 되돌아오는 것이지요. 곧 세 걸음 앞으로 세 걸음 뒤로 여섯 걸음을 걷고 나서 일곱 번째 되돌아온다는 칠일래복七日來復의 의미를 갖습니다. 다른 관점으로 보면 나가면서 쌓는다는 것은 맺어주는 것이고, 뒤로 되돌아오면서 지운다는 것은 풀어주는 것이 되죠. 맺음과 풀음, 맺고 풀며 처음 자리로 되돌아오는 회귀回歸의 원리를 갖고 있습니다.

### 기운생동氣韻生動

승무의 동작 중 특이한 춤사위로 '봉솟음'이 있습니다. 봉솟음은 온몸을 위로 솟구쳐 뛰어올라 가슴이 하늘을 향하고 그 다음 나무를 끌어 안듯이 내려앉는 동작입니다. 봉솟음 동작을 하자면 우선 굽히며 웅크렸다가 확 펼쳐, 뛴 다음 모든 것을 뿌려버리고 다시 포용하듯이 해야 합니다. 양팔을 펼칠 때도 천천히 죽 펴서 늘리듯이 해야 하죠. 수없이 모두어서 거두어들이고 다시 버리는 동작에서 불취불사不取不捨의 사상과 연결이 됩니다. 즉 버릴 것도 없고 취할 것도 없는, 혹은 버릴려면 다 버려야 되고 취하려면 다 취해야 되는 불취불사의 본질이 바탕이 되는 춤사위죠

다시 설명하면 생명체가 생겨나서 성장하고 쇠하여 죽음으로 이르고, 거기에서 다시 생으로 이어지며 계속 반복되는 그러한 기운생동氣韻生動의 모듬과 뿌림의 사위라 할 수 있습니다.

### 일하는 몸짓

느린 염불장단을 하고 나서 그 다음에 둘째 과장 여름, 타령장단으로 넘어가는데, 염불이 우주 얘기를 했다면 즉 천지가 만나서 인이 생기고 사방이 생기고 기둥이 세워져서 기본을 정립했다고 한다면, 인제 타령에서는 그야말로 인간의 노동의 역사, 일의 역사가 시작됩니다. 살기 위해서는 먹어야 되고, 먹기 위해서는 일해야 되죠. 옛날에 백장어록에 보면은 "일하지 않으면 먹지도 말라" 그랬어요.

타령 과장에서 인간의 노동이 시작되는데, 말뚝 박는 장단부터 시작돼요. 쩡~~ 쩡~~ 쩡~쩡 쩍~~ 사방에 말뚝을 박아가지고 일을 해서 거기 기둥 세

위겼던 나무줄기에 가시가 막 뻗고 싹이 막 나요. 싹이 나서 파릇파릇해지고 그렇게 해서 곡괭이질도 하고 또 호미로 풀을 다듬기도 하고, 농사도 짓고 사냥도 하고 여러가지 일 동작들이 거기 나옵니다. 타령의 첫 동작이 김매기 동작이에요. 일하는 몸짓, 힘든 노동의 동작이지요.

그런데 요즘은 승무를 출 때 기생춤으로들 춰요. 대충 예쁘게들 추려고 해요. 그건 승무가 아니에요. 한영숙 선생님도 그렇게 안 추셨고……. 근데 사람들이 분별을 못해요. 요즘 뭐 대학, 중·고등학교, 각 무용단 다 그렇습니다. 우리춤 한국춤에 일대 변혁이 일어나야 돼요. 제가 서울대학교에서 30년 이상 교수하고 지내면서 여태까지 생각하고 지켜온 게 정중지도正中之道에요. 바르게 중심을 잡고 그 길을 걸어가는 것이다. 비례불리非禮不履라는 말이 있어요. "예가 아닌 것은 밟지 않는다"고 했어요. "예가 아닌 것은 장단박도 안친다"고 했어요. 비례불리非禮不履, 예가 아닌 것은 삼가해서 결국은 극기복례克己復禮를 합니다. 나를 극복해가지고 본래 내 자신 순수하고 신성한 자기 자신으로 되돌아 오는 거에요.

## 심장의 박동

타령이 지나면 그 다음 셋째 과장 굿거리에서는 인간의 희로애락喜怒哀樂 개인사가 많이 들어가죠. 개인의 즐거움을 펼쳐가지고 뽐내기도 하고, 하여튼 삶의 사사로운 얘기, 이웃 간의 얘기가 펼쳐지는 것이 굿거리라고 볼 수 있습니다.

굿거리는 굿의 거리란 말인데요. 굿이라는 거, 총체적인 우리의 문화를 얘기하는 거에요. 우리 문화의 원형이 뭐냐? 고조선 고대의 굿이라고 보면 돼요. 거기서 그 거리들이 모여가지고 우리의 기본 장단과 기본 춤을 만들어내는데, 우리 호흡과 우리 맥박과 심장의 박동에 연결해서 굿거리장단이 나온 겁니다. 굿거리장단은 우리 장단과 춤의 시작이자 기본이에요. 심장의 박동을 담고 있으니까요.

셋째 과장은 계절로 치면 가을입니다. 여름에 막 무성했던 잎이 가을에 열매를 맺기 시작해요. 가을에 오곡이 익으면, 인간은 물론 살아있는 모든 생명들에게 먹을 것을 제공하고 그러한 풍성한 가을이 있어서 우리가 추석이 되면 일 년 농사지은 곡식을 정성스럽게 거두어서 다듬고, 과일을 따고, 그래서 제를 지내는 상을 차리게 되죠.

그중에서 제일 중요한 게 술입니다. 제주祭酒. 일 년 농사지은 그 쌀로 빚습니다. 정성을 다해서 농사를 지어가지고 빚어서 조상과 하늘에 제를 지내면서 온갖 정성이 들어간 술을 바치는 겁니다 하늘에. 바치고 끝나나요? 우리가 먹고 놀잖아요. 바로 하늘에 바쳐서 하늘에 뜻을 같이 하면서 음복을 하고, 공동체로 나누어 먹고, 잔치를 하게 되는 거죠. 셋째 과장 굿거리장단에 그런 인간사의 아기자기한 장면들이 들어와 있다, 이 말입니다.

### 법열法悅

굿거리장단 다음에 법고, 큰북을 칩니다. 계절로 보면 이제 겨울이 와요. 가을의 마지막에 후두둑 딱딱하고 찬 바람이 불고 그러면서 겨울이 오면 맺힌 열매들이 다 땅에 떨어져요. 땅에 떨어져서 삭혀지면서 거름이 돼서 모습을 드러내지 않고 땅속에 묻히게 되죠. 이것이 바로 생장수장生長收藏 생명의 과정입니다. 법고 소리가 바로 이런 생장수장의 문을 두드리는 소리이죠. 인간이 어떻게 태어났고 어떻게 자라서 어떻게 됐나, 또 나무, 풀벌

레, 동식물은 어떻게 이 세상에 태어나 가지고 어떠한 일생을 거쳐서 여기 와 있는가? 묻고 답하는 소리를 덩 덩 딱 북소리 북채소리로 듣는 겁니다.

옛 문헌에 '고지무지이진신鼓之舞之以盡神'이라는 표현이 나오는데, '북을 두드리고 춤을 추어 신을 다한다'는 뜻입니다. 역경 원문에 나오는 말인데, 법고 치는 것이야말로 고지무지이진신鼓之舞之以盡神 하는 동작이지요. 그렇게 함께 교감을 하면서 우주 만물의 존재 본성을 서로 느끼는 거지요. 이러한 고지무지이진신鼓之舞之以盡神 중에 진짜는 뭐냐? 바로 승무죠. 승무야말로 춤 추고 북 두드려서 신이 날 때까지 있는 힘을 다해서 쏟아내는 춤이거든요. 법고, 큰북소리야말로 심장의 박동이고, 이 모든 과정이 지극하고 웅대한 법열法悅의 경지이지요.

이렇듯 승무에 내재된 사상·철학의 면모를 살펴보면, 계절로는 춘하추동春夏秋冬, 인간사로는 희로애락喜怒哀樂과 생로병사生老病死, 생명의 관점에서 보면 생장수장生長收藏, 사람의 덕성으로는 인의예지仁義禮智, 철학적으로는 원형이정元亨利貞, 이같은 우주생명 철학을 내재하고 있습니다. 보통 사람들이 승무가 무슨 고깔 쓰고 장삼 입고 그냥 춤 추고 북 치고 하는 한국무용의 하나인가 보다 하고 생각하기 쉬운데, 승무는 속이 아주 깊은 춤입니다. 굉장히 심오한 철학이 그 안에 들어있어요.

제가 우리 스승님이신 한영숙 선생님의 할아버지 한성준 선생님의 역사를 연구하고 바이칼과 북만주 벌판을 돌아다니고, 백두산에서 태백산 한라산, 강화도에서 독도까지 사방팔방 돌아다니면서 땅과 만나고 하늘과 만나고 자연과 만나고 역사와 만나고 그러면서 깨달은 것이 바로 이겁니다. 우리춤의 정신은 이런 것이다, 승무의 정신은 바로 이런 것이다, 깨달음의 과정을 거친 거지요. 그러면서, 그럼 지금 현재 여기 있는 나는 뭐냐? 나는 앞으로 미래에 어떻게 나갈 것인가? 그런데 놀랍게도 승무의 춤 구성이 나 자신의 고뇌를 거쳐 미래까지 제시하면서 전개되고 있음을 깨닫게 된 겁니다. 승무는 구도求道의 춤이었습니다.

그러한 승무를 여러분들도 한번 깊게, 깊은 숨을 쉬면서 따라 해보시기 바랍니다. 깊은 숨을 쉬면 명상 따로 할 거 없고, 참선 따로 할 거 없고, 그냥 춤 보면서 명상도 되고 그냥 따라오시면 됩니다. 그래서 자연과 나, 사회와 나, 타인과 나, 모두가 일체가 되면 되는 겁니다. 그래서 여러분들도 같이 법열法悅을 한 번 느껴보세요.

승무는 '직관적 사유를 통한 깨달음의 춤' 입니다.

관觀 하세요.

[승무 QR]

이애주를 표상한 오윤의 그림 '비천도飛天圖' 53X65cm, 1985